全面发展

# 全过程人民民主

主　编　佟德志
副主编　漆程成

中国人民大学出版社
·北京·

# 代序

中国之治之所以取得举世瞩目的成就，一条重要经验就在于，中国共产党立足本国历史传统和现实国情、借鉴人类政治文明成果，确立了一套人民民主的政治制度，实现了真正的人民当家作主。习近平总书记在庆祝中国共产党成立100周年大会上提出，“我们必须紧紧依靠人民创造历史，坚持全心全意为人民服务的根本宗旨，站稳人民立场，贯彻党的群众路线，尊重人民首创精神，践行以人民为中心的发展思想，发展全过程人民民主”①。发展全过程人民民主，为推进中国特色社会主义民主政治建设指明了方向。

人民当家作主是社会主义民主政治的本质和核心，人民民主是一种全过程的民主。我国的人民民主坚持以人民为中心的价值导向，坚持人民至上，广泛体现人民意志，真实保障人民权益，有效

① 习近平：《在庆祝中国共产党成立100周年大会上的讲话》，人民出版社，2021，第12页。

激发人民创造活力，依靠人民参与，保障人民民主权利。国家的发展和进步一切依靠人民，一切为了人民，发展成果由人民共享。发展全过程人民民主，可以使亿万普通人民群众更好地通过各个领域的民主制度和各个层次的民主形式，共同行使管理国家事务、管理经济和文化事业、管理社会事务的权力。

我国的人民民主是广泛体现人民意志的民主，发展全过程人民民主，道出了我国人民当家作主的本质要求，彰显了社会主义民主的显著优势。中国共产党始终代表最广大人民的根本利益，与人民休戚与共、生死相依，没有任何自己特殊的利益，从来不代表任何利益集团、任何权势团体、任何特权阶层的利益。在伟大的抗疫斗争中，中国共产党和中国政府始终坚持以人民为中心，奉行生命至上、人民至上原则，把人民的生命权、健康权放在首位，全国上下齐心协力，抗疫斗争和复工复产迅速取得明显成效。这场突如其来的全球抗疫斗争是一场世界范围的政治大检验，不同政党的政治理念和执政能力高下立判，民众信任度的差距也一目了然。

近年来，越来越多的民意调查结果显示，中国共产党和中国政府在民众中享有超高信任度，而这是其他国家政府或政党难以企及并羡慕不已的。2020 年 7 月，美国爱德曼公关公司发布的一项政治信任度调查显示，中国民众对本国政府信任度达 95%，较新冠肺炎疫情暴发初期上升 5 个百分点，在受访国家中排名第一，中国已连续 3 年排名世界第一。2021 年 5 月 4 日，西班牙中国政策观察网站发表题为《当民主就是信任》的文章指出，不承认中国拥有西方许多所谓“民主国家”都想拥有的公民支持度，是有失公允的。

民心是最大的政治，得民心者得天下。人心向背关系党的生死存亡。中国共产党来自人民、依靠人民、服务人民，全过程人民民主体现人民意志、维护人民利益、保障人民福祉。党代表的是全体人民的、中华民族的整体利益和长远利益。中国共产党有着强大的领导力、组织力、号召力和动员力，在中国人民心目中享有崇高威信，受到广大人民群众的广泛支持和衷心拥护。西方一些政客企图挑拨离间中国人民和中国共产党，将中国共产党同中国人民分割开来、对立起来的企图，只是痴心妄想，绝不会得逞。“9500 多万中国共产党人不答应！14 亿多中国人民也不答应！”①

全心全意为人民服务是党的根本宗旨，必须以最广大人民根本利益作为一切工作的根本出发点和落脚点，坚持把人民拥护不拥护、人民赞成不赞成、人民高兴不高兴、人民答应不答应作为制定政策的依据，顺应民心、尊重民意、关注民情、致力民生。新时代中国共产党人继往开来，将继续团结带领中国人民不断为美好生活而奋斗。要始终秉持党的性质宗旨，站稳人民立场，贯彻党的群众路线，尊重人民首创精神，践行以人民为中心的发展思想，把人民对美好生活的向往作为奋斗目标，推动改革发展成果更多更公平惠及全体人民，推动共同富裕取得更为明显的实质性进展，凝聚起推动中华民族伟大复兴的磅礴力量。

---

① 习近平:《在庆祝中国共产党成立 100 周年大会上的讲话》，人民出版社，2021，第 12 页。

民主是各国人民的权利，而不是少数国家的专利。[①] 实现民主有多种方式，不可能千篇一律。在中国，民主不是仅仅行使周期性投票权的狭义和狭隘的民主，而是坚持以人民为中心，旨在保障和实现人民政治、经济、文化、社会、生态等广泛权利的人民民主。全过程人民民主是社会主义民主政治的鲜明特点，是一种全要素、全链条、全方位的民主。人民民主以全过程的程序和形式，保证人民意愿的代表性和真实性，体现人民利益的全局性、长远性和根本性。全过程人民民主通过一系列法律和制度安排，真正将民主选举、民主协商、民主决策、民主管理、民主监督各个环节彼此贯通起来，是最广泛、最真实、最管用的民主。

全过程人民民主意味着民主的所有要素、所有环节一个都不能少。习近平总书记指出，人民民主是一种全过程的民主，所有的重大立法决策都是依照程序、经过民主酝酿，通过科学决策、民主决策产生的。[②] 在中国，重大决策往往经过民意征集、民主酝酿，广泛听取意见，通过科学论证、民主决策产生。各层级意见建议尤其是基层民意，经过听证、函询、座谈、网络问政等多种方式被广泛纳入决策程序中。党的十八大以来，中国共有 187 件次法律草案向社会征求意见，有约 110 万人次提出 300 多万条意见建议，许多重要意见得到采纳。基层立法联系点是反映民情、倾听民意、汇聚民

---

① 习近平：《加强政党合作 共谋人民幸福——在中国共产党与世界政党领导人峰会上的主旨讲话》，人民出版社，2021，第 6 页。

② 《习近平：中国的民主是一种全过程的民主》，http://www.xinhuanet.com/2019-11/03/c_1125186412.htm。

智的“直通车”。2015 年以来，全国人大常委会法工委设立了多个基层立法联系点。截至 2021 年 6 月，各立法联系点对 109 部法律草案、立法工作计划等提出近 6 600 条意见建议，经认真分析研究，许多好的意见建议被吸收采纳。

全链条、全过程的人民民主，为凝聚最大政治共识和全社会智慧提供了制度保证。坚持顶层设计和问计于民相统一，《中共中央关于制定国民经济和社会发展第十四个五年规划和二〇三五年远景目标的建议》建议稿起草的过程，就是一个发扬民主、开门问策、集思广益的过程。在这个事关国家未来发展的重大远景规划设计和决策过程中，习近平总书记亲自指挥谋划，多次主持召开重要会议，多次赴地方调研考察。中国五年规划编制史上首次通过互联网向全社会征求意见建议。2021 年全国两会上，代表、委员认真审查讨论规划纲要草案，最终，在吸收各方面意见和建议基础上对规划纲要草案作出 55 处修改。十三届全国人大四次会议闭幕会上高票通过“十四五”规划和 2035 年远景目标纲要的决议。以上这些数据和事实，都是广泛真实管用的全过程人民民主的生动写照。

作为实现人民当家作主的一个重要实践平台，各级人民代表大会是全过程人民民主的重要一环。凡是人民代表大会及其常委会讨论决定的重大事项，会前都要经过多道“工序”：深入各地调研，多方充分论证，广泛听取各方面意见建议。每一次表决通过时响起的热烈掌声，真实体现了我国全过程人民民主的民心所向。

为更好保障人民当家作主，十三届全国人大四次会议新修改的

《中华人民共和国全国人民代表大会组织法》将“坚持全过程民主”写入法律，这就将全过程人民民主的实践创新纳入了制度化和规范化的轨道。这将发挥人民代表大会制度在发展人民民主中的引领作用，进一步推动从制度和实际运行上保证全国人大及其常委会始终同人民保持密切联系，倾听人民的意见和建议，体现人民意志，保障人民权益。

在中国，人民民主形式的多样性与实践的创新性相辅相成、相得益彰。协商民主在中国有着丰厚的实践经验和理论结晶。有事好商量，众人的事情由众人商量，找到全社会意愿和要求的最大公约数，是人民民主的内在要求。中国构建并完善程序合理、环节完整、形式多样的社会主义协商民主体系，不断推动协商民主广泛、多层、制度化发展，统筹推进政党协商、人大协商、政府协商、政协协商、人民团体协商、基层协商以及社会组织协商等各个领域的协商民主建设。近年来基层协商民主实践不断拓展，类型多样，主题不一，范围适当，有效发挥了协商民主在了解民情、反映民意、疏解民忧上的重要作用。

经过中国共产党长期的实践探索，社会主义民主不断发展，民主制度不断健全，民主形式不断丰富，民主渠道不断拓宽。我国的民主样态越来越丰富多彩，既有中国共产党的党内民主，也有党际民主和人民监督；既有政治民主，也有经济民主、社会民主；既有立法民主，也有司法民主；既有选举民主，也有协商民主；等等。实现了直接民主与间接民主相衔接、纵向民主与横向民主相促进、形式民主与实质民主相统一，推进了人民民主的程序性与实体性、代表性与广泛性相互融合、相互贯通。

近年来，西方政治生活中“精英政治”“金钱政治”盛行，新兴资本和老寡头争权夺利，财阀横行，操控选局。一些政党、政客为谋取选票不择手段，急功近利，置普通民众利益于不顾。中国共产党始终站稳人民立场，贯彻党的群众路线，尊重人民首创精神，践行以人民为中心的发展思想，发展全过程人民民主，维护社会公平正义。

习近平总书记指出：“人民只有投票的权利而没有广泛参与的权利，人民只有在投票时被唤醒、投票后就进入休眠期，这样的民主是形式主义的。”[①]在一些号称“自由民主”的国度，民主往往是即时性、间歇性的。普通民众只有投票的权利而缺少日常表达利益诉求的渠道。民众只能每隔一段时间进行一次性、短时间的投票，缺乏全程和经常性的政治参与和民主表达。

发展全过程人民民主有利于国家稳定、防止社会分裂，彰显出“中国之治”的制度优势。与西方政治中“纸牌屋”式的暗箱操作、利益争夺、党派对立等现象截然不同，中国共产党领导下的各国家机关和各地区、各界别的目标一致，都是为了实现好、维护好、发展好最广大人民的根本利益。为了国家的光明未来和百姓的幸福生活，代表们认真审议各项报告，既充分肯定成绩，又不回避矛盾、

① 习近平：《在庆祝中国人民政治协商会议成立65周年大会上的讲话》，人民出版社，2014，第14页。

不掩盖问题，积极协商议政、建言献策，寓支持于监督之中。国务院及其有关部门、最高人民法院、最高人民检察院认真听取代表、委员意见建议，积极改进工作，回应人民关切，充分体现自觉接受人民监督的政治主动。正是这种监督与被监督的良性互动，使政权更加稳固、人民更加团结、社会更加和谐。

发展全过程人民民主，就是要切实调动广大人民群众的积极性、主动性、参与性。民主恳谈会、村民议事会、居民论坛、小区协商、业主协商、村（居）民决策听证等一系列丰富多样的协商形式在中国城乡社区蓬勃生长，既实现了人民群众更广泛的政治参与和更有效的民意表达，又发挥了民主在了解民情、反映民意、疏解民忧上的重要作用。人民群众来参与，人民群众来监督，满足人民群众的发展需求和安全需要，实现了形式与效能的完美结合和有效统一，这就是我国全过程人民民主的鲜明优势。从群众中来，到群众中去，人民民主的丰富实践有效地防止了西方民主制度中政客在选举时轻易承诺、漫天许愿，选举后抛诸脑后、毫无担当等民主乱象。

习近平总书记说："民主不是装饰品，不是用来做摆设的，而是要用来解决人民要解决的问题的。"[①] 人大代表来自人民、代表人民。人大代表是践行全过程人民民主的重要纽带。人大代表通过履行代表职责，及时把人民群众最关心、最直接、最现实的问题通过

① 习近平：《在庆祝中国人民政治协商会议成立65周年大会上的讲话》，人民出版社，2014，第18页。

适当的渠道反映给党委和政府。对于一时难以解决的问题，给予正面引导和解释；对于带有普遍性的问题，依法提出议案和建议，推动从法律、政策层面予以解决。多年来，每年春天的全国两会举世瞩目，组成了展示全过程人民民主的一幅幅生动画面。各地两会的“热度”往往体现的是体恤民情、关怀民生的“热度”。从中可以看到百姓对美好生活的向往和期盼，看到代表、委员们依法履职、积极作为的责任感和使命感，看到民众在政治生活中的参与感和认同感。

面对世界百年未有之大变局，破除对西方民主的迷信，冲破西方政治叙事和逻辑框架的束缚，正当其时。丰富人民民主形式、创新全过程人民民主实践，总结我国社会主义民主建设和政治发展经验，提炼中国特色社会主义民主观和政治价值理念，传播中国声音，讲好中国故事，为人类文明发展贡献中国智慧和中国方案，正当其时。

人民民主制度，是中国共产党的伟大政治创造。中国共产党领导是全过程人民民主的根本政治保证，要进一步加强党的领导，丰富人民民主样态，持续提升全过程人民民主质量，发挥好社会主义民主政治的先进性和优越性。

# 目录

# 导论

民主是全人类的共同价值，人民民主是中国共产党始终高举的旗帜。在中国的革命、建设和改革的过程中，中国共产党把马克思主义普遍真理与中国实践结合起来，走出了一条适合中国人民的民主新路。党的十八大以来，以习近平同志为核心的党中央坚持党的领导、人民当家作主、依法治国有机统一，健全人民当家作主制度体系，推动人民民主发展更加广泛、更加充分、更加健全，社会主义民主政治的优越性不断显现。全面发展人民民主，提出了发展全过程人民民主的战略性要求。

在“两个一百年”的交汇期，也是中国特色社会主义民主政治发展的关键时期，全过程人民民主的提出具有重要的意义。先是在2019年，习近平在上海虹桥街道考察时提出全过程民主的概念，到2021年在庆祝中国共产党成立100周年大会的讲话中明确提出发展全过程人民民主的要求，到十九届六中全会再次提出这一要求，全过程人民民主的发展战略越来越清晰，这也为理论界、学术界提出了新的任务。认真地研究和总结全过程人民民主的实践探索与理论创新，科学地界定内涵，全面地丰富要素，系统地优化结构，进而全面地推进全过程人民民主的发展，是全面实现社会主义现代化国家的时代命题，必将极大地丰富人民民主模式，展现人类政治文明的新形态。

## 第一节

# 全过程人民民主的探索与创新

中国古代虽然没有产生明确而系统的民主制度和观念，但却并不缺民本的传统，这种传统与现代民主之间有着千丝万缕的联系。在中国近代以来的革命、建设和改革的过程中，中国共产党人始终重视民主政治建设，不仅在革命期间就提出了政治民主、经济民主、军事民主的重要理念，而且将民主政治建设作为中国跳出历史周期率的民主新路。在新民主主义革命时期，中国共产党领导的新民主主义革命本身就是为亿万人民群众谋求经济上的平等、政治上的民主。1945 年，针对黄炎培先生提出的如何打破中国历史朝代更迭“其兴也悖焉，其亡也忽焉”的历史周期率问题，毛泽东明确地提出了民主新路：“我们已经找到新路，我们能跳出这周期率。这条新路，就是民主。只有让人民来监督政府，政府才不敢松懈。只有人人起来负责，才不会人亡政息。”①

中国的民主新路是中国共产党领导中国人民进行革命、建设和

① 黄炎培：《八十年来》，中国文史出版社，1982，第 157 页。

改革的过程中走出的民主新路，继承和发展了马克思主义的民主思想。新中国成立以来，中国共产党团结带领全国各族人民逐渐实现从新民主主义到社会主义的转变，1954 年第一届全国人民代表大会通过的《中华人民共和国宪法》明确规定了中华人民共和国的一切权力属于人民，人民依法享有管理国家和社会事务的民主权利，确立了人民民主专政的国体，标志着中国人民走上了人民民主的新路。1956 年，通过社会主义改造，建立起社会主义基本经济制度和分配制度，同时，党领导确立了人民代表大会制度、中国共产党领导的多党合作和政治协商制度、民族区域自治制度，为人民当家作主提供了制度保证。党的八大及时提出了进一步巩固民主，发展和完善社会主义民主制度的任务。但是在探索社会主义民主新路的历史进程中，我们既取得了一些有益的经验，也在如何建设社会主义的问题上出现重大失误。由于“左”的错误滋长蔓延，民主原则、民主制度在当时遭到严重破坏，给党和人民的社会主义事业带来重大损失。

改革开放开启了中国特色社会主义的民主新路。在进入改革开放初期，中国民主新路面临的首要任务，就是重新确认民主的价值并实现民主的制度化。在认真总结历史经验和教训的基础上，邓小平深刻地提出了“没有民主就没有社会主义，就没有社会主义的现代化”[①] 的著名论断，同时推进了民主的制度化、法律化。在著名

① 《邓小平文选》(第 2 卷)，人民出版社，1994，第 168 页。

的《解放思想，实事求是，团结一致向前看》的讲话中，邓小平明确指出，“为了保障人民民主，必须加强法制。必须使民主制度化、法律化，使这种制度和法律不因领导人的改变而改变，不因领导人的看法和注意力的改变而改变”[①]。对民主政治建设重要性的重新强调，尤其是民主的制度化，使中国的民主新路在“文革”之后不仅没有停滞，还走得更加稳健，“人民民主彻底融入中国改革与发展的血液之中，成为中国特色社会主义的生命所在”[②]。

正是在改革开放的进程中，中国民主政治的制度化逐渐走上了快车道，全面推动了民主的制度化进程。在这期间，人民民主专政的国体、人民代表大会制度的政体、中国共产党领导的多党合作和政治协商制度、民族区域自治制度、基层群众自治制度，得以健全和巩固，人民民主的新路越走越宽。1982 年宪法还恢复了 1954 年宪法对民族区域自治制度的相关规定和主要原则，明确了设立居民委员会和村民委员会基层群众性自治组织，使得民族区域自治、基层民主政治建设以宪法的形式得到确认。此后，六届全国人大二次会议通过了《中华人民共和国民族区域自治法》，民族区域自治制度不断发展完善。1987 年和 1989 年，人大常委会先后通过《中华人民共和国村民委员会组织法（试行）》和《中华人民共和国城市居民委员会组织法》，基层群众自治制度也走上了制度化和法律化的轨道。1987 年，“共产党领导下的多党合作和政治协商制度”作

① 《邓小平文选》（第 2 卷），人民出版社，1994，第 146 页。
② 林尚立：《论人民民主》，上海人民出版社，2016，第 74 页。

为我国一项基本政治制度的内容写进了党的十三大报告。1989 年底,《中共中央关于坚持和完善中国共产党领导的多党合作和政治协商制度的意见》得以通过，各民主党派以参政党的身份参政议政。在此基础上，中国人民政治协商会议与全国人民代表大会会议一起形成了中国政治中一年一度的两会，体现了民主的广泛性。

党的领导、人民当家作主、依法治国三者有机统一的民主政治架构全面地发展了人民民主。在党的十五大报告中，江泽民不仅首次提出了依法治国的基本理念，还明确地提出将“党的领导、发扬人民民主和严格依法办事统一起来”①的治国理政思路。而推进社会主义民主政治建设，“必须处理好党的领导、发扬民主、依法办事的关系”，其中，“党的领导是关键，发扬民主是基础，依法办事是保证，绝不能把三者割裂开来、对立起来”②。在党的十六大报告中，江泽民明确提出，“发展社会主义民主政治，最根本的是要把坚持党的领导、人民当家作主和依法治国有机统一起来”③。中国特色社会主义民主制度三者有机统一的整体架构形成并得以确立，人民民主全面发展的基本框架得以搭建起来。

经过改革开放 40 多年的发展，中国的民主新路越走越宽，全过程人民民主也越来越成熟。随着改革的不断深化，全过程人民民主也得到越来越深入的发展：一方面，人民的民主权利不断扩大，

① 《江泽民文选》(第 2 卷)，人民出版社，2006，第 29 页。

② 江泽民:《在学习邓小平理论工作会议上的讲话》，人民出版社，1998，第 7-8 页。

③ 《江泽民文选》(第 3 卷)，人民出版社，2006，第 553 页。

人民有权利进入人民民主的全过程；另一方面，国家的民主制度不断完善，也为发展全过程人民民主提供了制度渠道。党的十八大以来，以习近平同志为核心的党中央在全面深化改革的实践中进一步发展了中国特色的社会主义民主，形成了以人民为中心的人民民主理论体系，开启了民主新路的新时代。以人民为中心，全面建设人民民主，发展全过程人民民主，已经成为历史必然。

全面发展的人民民主为发展全过程人民民主奠定了基础。在这一过程中，中国共产党始终坚持人民民主的理念，并在改革开放的过程中不断地实现了从“中心”到“全面”的发展，人民民主也逐渐发展成为全过程人民民主。党的领导、人民当家作主和依法治国三者有机统一，体现了党的领导与人民民主的关系，人民民主与依法治国的关系，使得全过程人民民主在中国政治制度的框架中形成了多个相辅相成、相得益彰的要素结构。在中国改革开放的新时代，落实“四个全面”战略布局，实现“五位一体”总体布局，更是在全面发展人民民主的同时，为发展全过程人民民主提供了更为全面的外部环境。

正是在人民民主得以全面发展的历史进程中，全过程人民民主得以形成。2019 年 11 月 2 日，习近平总书记到上海市长宁区虹桥街道古北市民中心考察调研，并强调：“我们走的是一条中国特色社会主义政治发展道路，人民民主是一种全过程的民主，所有的重大立法决策都是依照程序、经过民主酝酿，通过科学决策、民主决策产生的。”[①] 这是全过程民主的第一次提出。

2021 年是中国共产党成立 100 周年，也是全过程人民民主的元年。2021 年 7 月 1 日，在庆祝中国共产党成立 100 周年大会上，习近平明确提出了“全过程人民民主”的重大理念，我们要“践行以人民为中心的发展思想，发展全过程人民民主，维护社会公平正义”[②]，并将其视为中国共产党在新征程上的重要使命。2021 年 10 月，在中央人大工作会议上，习近平不仅对全过程人民民主的内涵作了深刻阐述，而且还提出了评判民主与否的标准和原则。[③]2021 年 11 月 11 日，在党的十九届六中全会通过的《中共中央关于党的百年奋斗重大成就和历史经验的决议》中，更是三次出现“发展全过程人民民主”的表述，而且都与“以人民为中心”“人民当家作主制度体系”“保证人民当家作主”相联系，表明全过程人民民主具有鲜明的人民性特征。

发展全过程人民民主，既是历史必然，更是实践使然。一方面，中国特色社会主义事业建设进入了一个更加全面的时代，“四个全面”战略布局、“五位一体”总体布局，为人民民主的全面发展提供了时代背景；另一方面，人民民主也由原来的“四大民主”

① 《习近平：中国的民主是一种全过程的民主》，http：//www.xinhuanet.com/2019-11/03/c_1125186412.htm。

② 习近平：《在庆祝中国共产党成立 100 周年大会上的讲话》，《人民日报》2021 年 7 月 2 日第 2 版。

③ 习近平：《坚持和完善人民代表大会制度 不断发展全过程人民民主》，《人民日报》2021 年 10 月 15 日第 4 版。

（民主选举、民主决策、民主管理、民主监督）发展为“五大民主”（民主选举、民主协商、民主决策、民主管理、民主监督），更加广泛、更加充分、更加健全的人民民主得到不断的发展。

全过程人民民主，是对“以人民为中心”的扩展，是“践行以人民为中心的发展思想”的结果。以人民为中心的发展思想，是中国发展模式全面发展的新阶段，政治发展也是其中应有的要义。发展全过程人民民主，就是以人民为中心这一要义延伸的政治逻辑。全过程人民民主，不仅丰富了以人民为中心的政治方面，而且全面地丰富了人民民主的内涵。全过程人民民主，不仅关注民主的过程，而且关注民主的结果；不仅关注民主的程序，而且关注民主的实质；不仅关注代表的代表性，更关注民众的直接参与。

以习近平总书记在虹桥街道视察的基层立法联系点为例，截至2021年10月，该联系点总计完成55部法律的意见征集工作，归纳整理各类意见建议1 001条，其中已有92条建议被采纳。由信息采集员、专家顾问、法律服务志愿者、专业智库组成的信息采集网，包括了人大的干部、企业的经理等来自各行各业的信息采集员，形成了全员参与的民主。

作为根本政治制度，人民代表大会制度在全过程人民民主中发挥着重要作用。虹桥街道基层立法联系点就是全过程人民民主的一个缩影。截至2020年底，上海25家基层立法联系点开展立法调研200多次，提出建议2 700多条，其中240多条在国家和上海市立法中得到采纳。正是从这个意义上，“小小的基层立法联系点，正诠释着‘全过程人民民主’的大气象”。截至 2021 年 4 月，国家立法机关共有 230 件次法律草案向社会公开征求意见。《民法典》草案在公开征求意见期间共收到 425 762 人次提出的 1 021 834 条意见。2021 年 3 月，十三届全国人大四次会议表决通过全国人民代表大会《关于修改〈中华人民共和国全国人民代表大会组织法〉的决定》，把“坚持全过程民主”写入国家法律，实现了全过程民主的制度化。

民主选举的全面开展是全过程人民民主的重要内容。截至 2021 年 4 月，全国各级人民代表大会产生代表共有 262 万多人，来自各民族、各行业、各阶层、各党派，具有广泛的代表性。在基层，城乡居民依法选举产生了近 280 万名村（居）委会成员。截至 2017 年，全国农村普遍开展了 9 轮以上村委会换届选举，98% 以上的村委会依法实行直接选举，村民参选率达 95%；居民委员会换届选举参选率达 90% 以上。

中国特色社会主义建设进入新时代，民主协商实现了广泛、多层、制度化发展，诠释了人民民主的真谛。第十二届全国政协五年来共收到提案 29 378 件，经审查立案 23 975 件，办复率达到 99%。自 2018 年 3 月全国政协十三届一次会议至 2021 年 4 月，全国政协共收到提案 23 048 件。多数意见和建议都得到采纳，为凝聚共识、推进国家现代化建设发挥了重要作用。各民主党派中央、无党派人士也积极投身到中国民主政治建设中来，党的十八大以来，向中共中央、国务院提出意见建议 730 多件，是新型政党制度的生动实践。

在全过程人民民主的实践中，民众可以针对政府的管理和决策提出意见和建议，直接参与到政府治理中来。从2014年开始，国务院开始组织“我向总理说句话”网民建言征集活动。2014年到2018年网民实名留言200多万条，达5.41亿字，内容广泛涉及三农、住房、教育、医疗等领域。2019年该活动精选整理出的网民建议90%以上在《政府工作报告》中都得到了体现。目前，该活动一直持续下来，并成为常规性活动，至今已经征集了7轮。中国民众的意见和建议，可以直达国务院，从而实现了民众直接参与到国家治理当中。从国务院到各乡镇一级的政府，都会在网站开设政府的领导信箱、热线电话，随时倾听民众的意见、建议以及各种要求。

作为中国“最大的民主”，基层民主不仅具有地域、单位的广泛性，还在主体、程序、方式、目标等各个方面表现出广泛性，鲜活、生动、直接地体现了全过程人民民主的实践。城乡基层民主有序发展，形成了以村民委员会为组织形态的农村村民自治、以社区居民委员会为组织形态的城市居民自治、以职工代表大会为组织依托的企事业单位职工自治，建成了全方位、立体化的基层群众自治制度。不仅如此，人民还发挥首创精神，创造了各种民主听证会、民主议政会、民主恳谈会、民主评议会、民情通报会、民情直通车、社区议事会、乡村论坛、意见征求征询会、专家座谈会等决策、议事、协商的机制和形式，将人民的需求、呼声、意见和建议等有效转化为中央和地方的各类政策。

综上所述，我们发现，发展全过程人民民主，是中国共产党人带领全国各族人民不断探索民主新路的历史，更是中国民主政治建设的实践，体现了马克思主义民主理论与中国具体民主政治建设实践相结合的理论品质。全过程人民民主，是马克思主义民主，是人民民主，具有很好的继承性，但全过程人民民主，又带有明显的创新性，是中国民主新路的历史逻辑使然、实践逻辑必然和理论逻辑应然。

发展全过程人民民主，是中国民主新路的历史逻辑使然，是中国民主新路全面发展的必然结果。全过程人民民主，是一个历史性概念，是对中国政治发展道路的总结。尽管其中有很多曲折，但在中国共产党的带领下，人民民主由小到大、由点到面，逐渐发展出全过程人民民主，这是中国民主新路的历史必然。一方面，全面发展的人民民主要求全过程人民民主；另一方面，人民民主也在发展的过程中逐渐丰富了人民民主的结构要素和过程优化。

发展全过程人民民主，是中国民主新路的实践逻辑必然，是新时代中国特色社会主义建设的时代命题。全过程人民民主的实践丰富多彩，体现在人大、政府、政协等各个机关的立法、选举、协商、决策等治国理政的全过程。全过程人民民主的实践不但彰显了人民民主的显著优势，在民主治理的过程中提升了治理效能，而且更新了人类对民主的认识。

发展全过程人民民主，是中国民主新路的理论逻辑应然，是21世纪马克思主义民主的时代命题。以全面发展的人民民主，推进全过程人民民主，这是历史的必然；而发展全过程人民民主，又会丰富全面发展的人民民主，这是逻辑的推演。习近平新时代中国特色社会主义思想以人民为中心，全面发展人民民主，创新性地提出全过程人民民主的理论，丰富了人民民主的内容。

全过程人民民主理论，是习近平总书记对中国特色社会主义民主的最新提炼和高度概括，科学揭示了中国特色社会主义民主的深刻内涵、时代特征和政治优势，具有重要的理论价值和实践意义，标志着我们党对社会主义民主政治建设规律、人类政治文明发展规律的认识达到了一个全新的高度。全过程人民民主理论，是推进马克思主义民主理论中国化的最新成果，是符合中国国情，彰显中国之治，具有中国特色、中国风格、中国气派的民主政治理论，是新时代坚持和发展中国特色社会主义根本政治制度、基本政治制度和各方面民主制度的理论指导和实践遵循，是保障人民当家作主，让人民享有更加充分、更加全面、更加丰富的民主权利，拥有更多的获得感、幸福感和民主感的科学理论，是引领全面建设社会主义现代化国家、实现中华民族伟大复兴中国梦的理论旗帜。①

---

① 李林：《全过程人民民主的本质特征和理论内涵》，《社会治理》2021 年第 8 期，第 9 页。

## 第二节

# 全过程人民民主的内涵与结构

党的十九大报告提出："在我国政治生活中，党是居于领导地位的，加强党的集中统一领导，支持人大、政府、政协和法院、检察院依法依章程履行职能、开展工作、发挥作用，这两个方面是统一的。要改进党的领导方式和执政方式，保证党领导人民有效治理国家；扩大人民有序政治参与，保证人民依法实行民主选举、民主协商、民主决策、民主管理、民主监督；维护国家法制统一、尊严、权威，加强人权法治保障，保证人民依法享有广泛权利和自由。巩固基层政权，完善基层民主制度，保障人民知情权、参与权、表达权、监督权。健全依法决策机制，构建决策科学、执行坚决、监督有力的权力运行机制。各级领导干部要增强民主意识，发扬民主作风，接受人民监督，当好人民公仆。”[①]从这里，我们可以看出，以党委、人大、政府、政协和法院、检察院为主体框架和结构的中国政治生活场景，也是中国全过程人民民主全链条、全方位、全覆盖的基本结构。

习近平总书记指出：“我国全过程人民民主不仅有完整的制度程序，而且有完整的参与实践。我国全过程人民民主实现了过程民主和成果民主、程序民主和实质民主、直接民主和间接民主、人民民主和国家意志相统一，是全链条、全方位、全覆盖的民主，是最广泛、最真实、最管用的社会主义民主。”[②]这是对全过程人民民主实践的明确描述，也是我们发展全过程人民民主的根本遵循。全过程人民民主，既保证人民依法实行民主选举，也保证人民依法实行民主协商、民主决策、民主管理、民主监督；不仅有完整的制度程序，而且有完整的参与实践，从而把人民当家作主体现到国家政治生活和社会生活的方方面面，有效确保人民当家作主。因此，民主的实质就是人民当家作主，全过程人民民主是人民当家作主的生动实践和必由之路。

全过程人民民主不仅是最广泛、最真实、最管用的社会主义民主，也是全链条、全方位、全覆盖的民主，深刻理解“全链条、全方位、全覆盖的民主”这一命题，对于深入把握全过程人民民主意

---

① 习近平：《决胜全面建成小康社会 夺取新时代中国特色社会主义伟大胜利——在中国共产党第十九次全国代表大会上的报告》，人民出版社，2017，第36-37页。

② 习近平：《坚持和完善人民代表大会制度 不断发展全过程人民民主》，《人民日报》2021年10月15日第4版。

义重大。[①]学界也基本上论证了全过程人民民主的全链条、全方位、全覆盖特征。一种经典的解释路径是：全过程人民民主贯通国家政治生活和社会生活各环节、各方面，使人民意志得到更好体现、人民权益得到更好保障、人民创造活力进一步激发。另一方面，全过程人民民主还体现为相互补充、相辅相成、相得益彰的民主。全过程人民民主，起始于人民意愿充分表达，落实于人民意愿有效实现，实现了过程民主和成果民主、程序民主和实质民主、直接民主和间接民主、人民民主和国家意志相统一。[②]但是，全链条、全方位、全覆盖如何理解，仍然存在着各种各样的不同认识。

## 一、全链条

对全过程人民民主“全链条”的认识的共识性相对较大。一般认为，全过程人民民主的“全链条”指的是由民主选举、民主协商、民主决策、民主管理、民主监督构成的民主全链条，将这五种民主形式有机地统一于民主政治的全过程。正是从这个意义上讲，“我们要坚持国家一切权力属于人民，既保证人民依法实行民主选举，也保证人民依法实行民主决策、民主管理、民主监督，切

① 时和兴：《全过程人民民主是全链条全方位全覆盖的民主》，《学习时报》2021年12月1日第1版。

② 王炳权、张君：《发展全过程人民民主 丰富人类政治文明形态》，《人民日报》2021年12月15日第7版。

实防止出现选举时漫天许诺、选举后无人过问的现象”[①]。从这个意义上来说，民主不是仅仅停留于表决程序，通过投票一投了事，重点在于投票通过的政策是否能够争取到共识，以民主的、同心协力的方式，得到充分的执行，落到实处。社会主义民主之所以是管用的民主，在于它关心的是实效而不是形式，关心决策过程而不是表决。[②]民主选举与投票表决广泛地存在于民主各环节之中，而不仅仅是“选举日”投票。由此构成人民当家作主的全过程民主制度体系，用这一制度体系来实现人民当家作主。这是中国共产党领导中国人民对人类制度文明的伟大创造，破解了人类政治制度史上的千古难题。[③]

从民主选举来看，我国宪法规定了公民的选举权和被选举权。根据宪法，各级人民代表大会代表都由选举产生，代表人民的意志和利益。从民主协商来看，我国形成了政党协商、人大协商、政府协商、政协协商、人民团体协商、基层协商、社会组织协商等多种协商形式，能够把各方面智慧和意愿凝聚起来。从民主决策来看，无论是重大政策的出台还是重要法律的颁布，事关国计民生的每一项重大公共决策都是经过充分的民主程序、最大限度征询各方面意见建议后作出的。同时，广大人民群众可以在所在单位、社区、农

---

① 《习近平谈治国理政》（第 2 卷），外文出版社，2017，第 290 页。

② 陈周旺：《全方位民主：中国特色社会主义民主的理论体系与制度选择》，《学术月刊》2020 年第 2 期，第 70 页。

③ 鲁品越：《全过程民主：人类民主政治的新形态》，《马克思主义研究》2021 年第 1 期，第 89 页。

村等，行使民主管理的权利，还能够通过畅通的渠道依法对各级国家机关和公职人员进行监督。民主选举、民主协商、民主决策、民主管理、民主监督，各个环节既各自发挥作用，又相互支撑与配合，形成完整持续的民主链条，把人民当家作主落到实处。①

全过程人民民主的全链条决定了民主要素的广泛性。全过程人民民主的实现方式具有多样性，这就使得包括选举、协商、参与、监督、共识等在内的民主实现形式都构成了全过程人民民主的要素。如果说“选举民主”是民主的重要方面，那么“决策和管理民主”和“监督民主”也应该是民主的重要方面。②中国决策过程中的共识民主模式，这种相对于多数决民主形式的新型民主，意味着规则的制定和机构的设置旨在使人们广泛地参与政治过程，并就政府推行的政策达成普遍的一致。③而从民主参与的角度来看，虽然政治参与本身未必能够带来民主，但是缺乏参与的民主必定是形式主义的，甚至是虚假的。参与式预算改革聚焦“参与”，强调参与的公开性、广泛性、程序化，“充分保障人大代表和社会公众对公共事务的知情权、参与权、表达权和监督权”，凸显了全过程人民

① 桑玉成：《社会主义民主优势的集中体现》，《人民日报》2021 年 8 月 3 日第 13 版。

② 燕继荣等：《中国治理：东方大国的复兴之道》，中国人民大学出版社，2017，第 71 页；另参见燕继荣等：《中国现代国家治理体系的构建》，社会科学文献出版社，2018，第 169 页。

③ 杨光斌：《中国决策过程中的共识民主模式》，《社会科学研究》2017 年第 2 期，第 40 页；另参见杨光斌：《中国的政策过程追求的是一种共识民主》，《北京日报》2018 年 3 月 5 日第 18 版。

民主的意义。[1]因此，全过程人民民主实现方式的多样性也使得民主要素具有广泛性，这也为全过程人民民主的实践创新和理论创新提供了广阔的空间。

全过程人民民主提供了一种全新、统一、可操作的民主实现逻辑。一方面，全过程民主表现为一种动态的迭代式闭环结构。对全过程人民民主而言，其与西方民主的运行结果的典型差异在于其明显的迭代性，即将民主实现过程中的各要素和内容联结成一个迭次进展的推进过程。具体而言，主要包括以人民需求为本位，拟订符合人民利益的实现方案；在经过广泛征询、讨论进而在人民群众中达成一致意见的基础上，制定出具有实操性的制度实现机制与举措；通过人们广泛参与政策制定过程对具体内容进行干预，进而保证政策制度能最大限度地还原人民意志；在形成共识性制度后，通过强有力的执行推进制度的实现，在此过程中人民群众可不断对照原初需求监督政策的执行情况。另一方面，全过程民主将人民民主的实质与程序统一于国家权力运行之中，具有广泛性、全面性、全流程性与全局性。其一，广泛性保障国家赋予社会成员均等的政治权利，特别强调民主选举中平等计算法则，有别于西方民主的选区与投票中的“格里蝾螈”陷阱；其二，全面性保障人民有效参与，在决策与正式制度化之前必须经过充分的民主协商，广泛动员人民群众了解、认识与理解相关问题，在商讨中优选方案；其三，全流

① 上官酒瑞：《参与式预算是全过程民主的实践形式》，《探索与争鸣》2020年第12期，第28页。

程性保障人民充分知情，为了保证具体政策的制定能惠及全体民众，就需要全流程参与，以此保证决策的人民意志性同监督的人民直接性有效衔接；其四，全局性重点解决“监督自我－自我监督”的历史难题，在监督保障中体现了“权力产生”的一致性，又在内部结构里将权力运行的独特性凸显出来，通过内在独立负责和监督实现整体的一致性。①

全过程人民民主的五个链条，既体现了一定的时间序列，又在各个环节当中体现出全链条，进而形成了一种更加全面的链条。在一般的政治过程当中，民主选举、民主决策、民主管理、民主监督等各个环节是先后衔接的，构成了事前、事中和事后。但在具体的政治过程中，这五个环节又不一定按照时间顺序展开。比如，民主监督本身就存在着事前监督、事中监督和事后监督等全过程，民主协商也是如此，可能会存在于各个环节。但在总体上，这五个环节分布在政治过程的各个节点，构成了一个全面的链条，是完整的。

全过程人民民主不仅因为制度链条完整，更因为共享与合作的理念而呈现出全链条的特点。全链条的各个环节，不是互相冲突的，而是能够全面融合的。比如，民主选举与民主协商是互相补充、相辅相成的过程，在一些事务上，两者可以同时运用，先进行充分的协商，保证参与者充分知情与互相了解，然后再通过投票的方式作出决定，这就比简单的投票能更加体现民主的本意。再比

① 亓光：《全过程民主：中国共产党治国理政的思维变革与政治逻辑》，《社会科学研究》2021 年第 2 期，第 2-3 页。

如，在民主决策、民主管理的过程中贯彻民主协商的过程，也会使决策和管理的主体能够更好地了解情况，作出充分尊重民意、体现更强共识的决策。

在政治实践当中，中国人民在中国共产党的带领下，发挥主体地位，发挥首创精神，创造了生动鲜活的全过程人民民主形式。比如在人大立法工作中，设立基层立法联系点是发展全过程人民民主的生动实践，人民群众的意见、建议通过基层立法联系点直达国家立法机关。此外，民情直通车、民主听证会、民主恳谈会、民主议政会等多样的民主形式，也有助于拓展全过程人民民主的实践领域，更好地满足人民日益增长的美好生活需要。在政治实践中，正是通过将“回应机制、透明机制、参与机制、协商机制、协作机制、评估机制、监督机制、激励机制等有机统一于社会主义民主政治运作的全过程”[①]，人民当家作主的目标才能最终得以实现。

## 二、全方位

全过程人民民主，是全链条、全方位、全覆盖的民主。全链条主要指程序，体现为民主选举、民主协商、民主决策、民主管理和民主监督；全方位指的是全过程人民民主的主体，既包括了人民主体，也包括了民主在党委、人大、政府、政协等主要机构中的体

① 唐亚林:《社会主义民主就是人民当家作主》,《红旗文稿》2020 年第 13 期，第 15 页。

现，这是全过程人民民主的四个方位，分别对应党委领导、人大立法、政府治理和政协协商四个关键环节；全覆盖主要指客体，体现为民主方式贯穿在国家治理的经济、政治、社会、文化、生态文明等各领域。

尽管学术界对于全方位的界定还不统一，但是对党委、人大、政府、政协这四套体系在民主政治建设中发挥的作用却有着共识。中国共产党处于领导地位，必须加强党的集中统一领导；但党的领导不是包办一切，而是为了保证人民有效治理国家。要扩大人民有序政治参与，保证人民依法享有广泛权利和自由；要健全依法决策机制，构建决策科学、执行坚决、监督有力的权力运行机制。这个结构展开来就是一个由“四梁八柱”构成的全过程人民民主链条。“四梁”是：党委领导、人大立法、政府治理、政协协商。“八柱”是：人民有所呼、人大有所应、党委有所引、政协有所商、法律有所定、政府有所为、两院有所司、监委有所督。[①]“四梁八柱”是对全过程人民民主结构形式的一种理解。

首先，党的领导是全过程人民民主的根本政治保证。全过程人民民主将民主的价值与形态、性质与质量、内容与形式、过程与绩效、制度与道路五者有机地统一起来，是中国民主的最新进展和最新形态，而中国共产党的领导是确保全过程人民民主的发展性质不会发生变异变质、全过程人民民主的制度体系不断臻于完善、全过

---

① 虞崇胜：《全过程人民民主具有自我完善和发展能力》，《中国党政干部论坛》2021 年第 7 期，第 45 页。

程人民民主的实践绩效不断取得新进展的根本政治保证。[①] 党的领导主要在三个方向上发挥全过程人民民主的机制作用：一是意识形态的支持和保证作用，即通过党的意识形态和政治功能支持和保证人民当家作主；二是组织的支持和保证作用，即“最广泛地动员和组织人民依照宪法和法律规定，通过各级人民代表大会行使国家权力”；三是直接发挥参与机制的作用，即党的组织网络的参与功能。党的领导内含的全过程人民民主的上述三方面机制，其目标都在于建构人民主体性的地位和作用。[②]

其次，人民代表大会制度是全过程人民民主的主渠道。如果说全过程人民民主是以中国特色社会主义制度为核心内容和基础的，那么，人民代表大会制度就是全过程人民民主实践的主渠道。第一，它是最正式的人民有序政治参与的制度通道，能够直接和真切地体现全过程民主的实践；第二，政策是国家治理的核心要素，人大作为中国政治体系中最正式的决策机关，其决策的社会适应性取决于各级人大代表及广大民众对政策过程的参与程度。也就是说，全过程民主只有在人大履职实践中得到充分体现，人民民主作为全过程民主才是现实的和经验性的。[③] 人民代表大会制度是实现我国

---

① 唐亚林：《党的领导是全过程人民民主的根本政治保证》，《中国党政干部论坛》2021 年第 7 期，第 33 页。

② 程竹汝：《论全过程人民民主的制度之基》，《中共中央党校（国家行政学院）学报》2021 年第 6 期，第 30-31 页。

③ 程竹汝：《人大制度内涵的充分展现构成全过程民主的实践基础》，《探索与争鸣》2020 年第 12 期，第 25 页。

全过程人民民主的重要制度载体，近年来进行了许多新的探索和实践，包括发挥立法联系点作用、探索民生实事票决制、推进代表联络站建设、完善代表述职制度、加强议案建议办理工作等，努力把全过程人民民主落实在履职各方面各环节全过程。[①]

再次，全过程人民民主为人民群众参与政策制定和国家治理提供了创新性的理论表达。当代中国公共政策的核心决策主体圈主要包括执政党、全国人大和各级地方人大、国务院和地方各级政府。这些主体均行使公共权力，但各自又具有不同的权限；决策形式表现为党的政策、人大立法和行政决策。全过程人民民主的环节贯通机制，通过紧扣公共政策的整个流程，保证人民群众在多领域、多环节行使不同类型的民主权利。[②]改革开放以来，我国坚持发扬集中民意民智办大事的优良传统，不断推进公共政策过程的民主化，保证了人民群众在各项重大决策的出台过程中享有全链条参与的权利，促使人民群众拥有了更多的获得感、幸福感。[③]公共政策过程包括政策问题建构、政策议程设置、政策方案设计、政策执行、政策评估、政策终结等基本环节，将全过程人民民主嵌入公共政策过程，实现民主政治发展与公共政策过程优化的有机统一，是实现全

① 孙剑纲：《新时代全过程人民民主的人大实践》,《中共中央党校（国家行政学院）学报》2021 年第 6 期，第 36 页。

② 李笑宇：《全过程人民民主：运行机制与显著优势》,《科学社会主义》2021 年第 5 期，第 119-120 页。

③ 张君：《全过程人民民主：新时代人民民主的新形态》,《政治学研究》2021 年第 4 期，第 17 页。

过程人民民主的另一条有效途径，由此形成的政策导向的民主知识体系，无疑是中国政策过程研究的重要学术话语。全过程人民民主与公共政策过程具有天然的相融性，以全过程人民民主优化公共政策过程，对推进政府治理现代化来说，无疑是一个十分重要的理论赋能行动。①

最后，人民政协是践行全过程人民民主的重要舞台。为了更好地体现全过程人民民主在制度安排和议程设置的全过程性与实际操作的全过程化，就必须考虑“以何全过程”“如何全过程”等问题，即弄清楚全过程人民民主是否“行得通”，找准其“真管用”“有效率”的关键突破点。具体来说，全过程人民民主“行得通”，关键在于真正认清“协商民主”这一独特法宝；全过程人民民主“真管用”，首要在于发挥协商民主的系统性、完整性与贴近性的实践优势；全过程人民民主“有效率”，先决在于展现协商民主的民主集中制优势。② 协商民主倡导各党派、各阶层广泛参与，主张以平等对话、协商交流的方式化解矛盾分歧、增进共识，将民主参与、理性协商与民主监督有机统一起来。人民政协作为我国协商民主最早的制度化的组织形式和机制保障，是我国实行协商民主的重要舞

---

① 孔繁斌：《全过程民主：政策参与过程优化的新情景》，《探索与争鸣》2020 年第 12 期，第 22-23 页。

② 亓光：《全过程民主：中国共产党治国理政的思维变革与政治逻辑》，《社会科学研究》2021 年第 2 期，第 7 页。

台，发展人民政协协商民主就是践行全过程人民民主的生动实践。[①]目前，协商民主已经融入社会生活的方方面面，相应地形成了丰富的、多层次的制度体系和运作机制。除了传统上所理解的各级政治协商会议，协商民主的制度还贯穿在各领域、各行业、各地区、各群体内部和跨领域之间处理问题、制定决策的全过程之中，能够将选举民主与协商民主有机结合，不仅两者兼顾并重，更重要的是选举民主中包含协商民主因素，协商民主中也不排斥选举民主的运用，具有显著的制度优势。[②]

## 三、全覆盖

全覆盖主要是从客体角度对全过程人民民主提出了要求，也就是说，全过程人民民主覆盖了经济、政治、社会、文化、生态等各个领域，是全覆盖的民主。全过程人民民主利用丰富多样的民主形式，实现了民主过程的全覆盖；各层级都在积极探索全过程人民民主的实践形式；全过程人民民主实现了经济、政治、社会、文化与生态文明等议题或范围的全覆盖。[③]

随着现代社会的发展、市场经济体制的建立和完善，与国家权

① 蒯正明：《全过程民主视域下深化人民政协协商民主建设路径探析》《学术界》2021年第6期，第181页。

② 陈周旺：《全方位民主：中国特色社会主义民主的理论体系与制度选择》，《学术月刊》2021年第2期，第74-75页。

③ 刘乐明：《发展全过程人民民主》，《人民日报》2021年8月26日第7版。

力相分离的社会生活领域逐渐扩大，这就要求将民主的原则和方法扩大到社会生活领域。人民民主作为一种全过程民主，就是将人民当家作主这个社会主义民主的本质和核心，贯穿到国家和社会生活的各个方面，体现在国家治理和社会治理的各个环节。[①] 从领域来看，全过程人民民主实现了经济、政治、社会、文化与生态文明等议题或范围的全覆盖。人民民主所关注与应对的问题并不局限于某个单一领域，经济发展、社会治理、老百姓急难愁盼问题等都可以纳入民主议事日程。以人民代表大会为例，各级人大不仅要求人大代表结构有广泛的代表性，还要求代表履职范围具有广泛的代表性。显然，不论是代表结构还是履职范围，都能提升人大代表关注议题的广泛性。[②]

人民当家作主不是在投票选举代表时才显示出来，而是要在经济、政治、社会、文化与生态文明的方方面面都让人民真正感受到了自己是主人，所谓“主人翁”精神是体现在方方面面的。[③] 随着中国特色社会主义进入新时代，除了物质文化方面的需求不断提升之外，人民群众对民主、法治、公平、正义、安全、环境等方面的要求日益增长，体现了人民对美好生活的向往。从这个意义上说，“全过程人民民主是保证人民依法通过各种途径和形式管理国家事

---

① 王宗礼、李振江：《全过程人民民主：社会主义民主政治理论与实践的重大创新》，《行政论坛》2021 年第 4 期，第 15 页。

② 刘乐明：《发展全过程人民民主》，《人民日报》2021 年 8 月 26 日第 7 版。

③ 储建国：《全过程人民民主的理论逻辑与核心内容》，《国家治理周刊》2021 年 9 月第 1-2 期，第 8 页。

务，管理经济文化事业，管理社会事务，巩固和发展生动活泼、安定团结政治局面的民主”[①]。因此，社会生活各个领域，包括经济、政治、社会、文化与生态文明等各个领域，都应以民主方式来处理问题，通过完善相关制度和激发人民广泛的民主参与，不断提升民主治理水平。

同时，全覆盖的人民民主，还包括在民主各个实现层次上的全覆盖。全过程人民民主在国家政治层面的民主形态，意味着人民群众能够全方位地参与行使国家权力，实现对国家政治生活的全覆盖；全过程人民民主在社会生活层面的民主形态，意味着人民能够全领域地直接行使各种法定权利，实现在基层社会事务各环节的自我管理。一方面，经过长期的探索发展，我国已经建立了较为系统完备的人民当家作主制度体系，形成了日益完整的制度程序，满足了全过程参与的民主需求，在民主政治实践中实现了人民群众参与国家政治生活的全覆盖；另一方面，全过程人民民主在基层有着最广泛的生动实践，体现在基层群众自治的各领域各方面各环节，保证了人民群众在日常社会生活中依法管理自己的事情，直接行使民主选举、民主协商、民主决策、民主管理、民主监督的一系列权利，实现民事民管、民事民议、民事民办、民事民享。[②]

全链条、全方位的全过程人民民主，推动了全过程人民民主的

---

① 李林：《深刻理解全过程人民民主丰富内涵》，《北京日报》2021 年 10 月 25 日第 9 版。

② 张君：《全过程人民民主：新时代人民民主的新形态》，《政治学研究》2021 年第 4 期，第 12-14 页。

全覆盖。全链条的人民民主使各方面制度和国家治理更好体现人民意志、保障人民权利、激发人民创造，确保人民依法通过各种途径和形式管理国家事务，管理经济文化事业，管理社会事务，进而将民主的价值、民主的过程、民主的绩效以及民主的发展道路有机统一于中国社会主义现代化历史进程之中。[①]全过程人民民主通过“五大民主链条”，把人民当家作主体现到国家政治生活和社会生活的方方面面。全方位民主，使党委、人大、政府、政协都必须注意工作当中的民主性，切实不忘初心，通过群众路线、民主立法、民主决策、民主监督等各种形式贯彻人民民主。

相较于西方民主，全过程人民民主是全覆盖的民主，因此政治民主、社会民主和生活民主也构成了全过程人民民主的要素。由于政治民主、社会民主和生活民主是统一体，政治民主不能以不利于社会发展为代价，相反民主应促进、带动社会成长，成为社会和谐的推动力。同样，只有最大程度上实现社会和谐，民主才是可行的。简单的竞争性投票，往往制造社会撕裂，而那种破坏社会、分裂社会的民主，是不可持续的，最终都将沦为不同政治势力的工具。这正是西方国家所标榜的竞争性选举的最危险之处。片面强调选举的重要性，将竞争性视为民主的应有之义，极易陷入严重的理论误区。事实上，竞争性只有在社会分化程度极低的社会才有可能是良性的，但也不必然是良性的。通常来说，竞争性选举造成的是

---

① 唐亚林：《社会主义民主就是人民当家作主》，《红旗文稿》2020 年第 13 期，第 13 页。

分裂而不是团结——特别是在两党制国家中，执政党与在野党处于完全没有合作动机的条件下。反观全过程民主，不是以竞争而是以合作为目的，强调在社会生活各个领域都通过集体协商讨论来形成关于公共事务的决策，凝聚社会共识，强化社会团结，使民主观念和民主程序扎根于社会生活之中，只有在这种条件下，民主才能打好深厚牢固的社会基础，才能形成可持续的创造性发展。①

## 四、全过程人民民主的特征

全过程人民民主之所以能够成为中国特色社会主义政治发展的方向选择，主要是由社会主义的本质以及民主的本意所决定的。全过程人民民主超越了“非全过程民主”，弥补了“非全过程民主”的某些缺陷，改变了那种“一次性消费行为”般的民主游戏。全过程人民民主具有如下一些基本特征：一是时间上的持续性。全过程人民民主不是间歇性、阶段性的政治民主。全过程人民民主不仅包括选举环节，而且应当保持始终如一的持续性状态。二是内容上的整体性。全过程人民民主不是零散性、碎片化的民主。在全过程人民民主状态下，民主不仅仅体现在每隔几年选举一次国家或地方的领导人这样的政治事件上，而且把事关国计民生的重大公共决策等都放到民主范畴中进行考虑。三是党政部门的协同性。通过分工协

① 陈周旺：《全方位民主：中国特色社会主义民主的理论体系与制度选择》，《学术月刊》2021 年第 2 期，第 72 页。

同，把民主的精神、民主的原则、民主的方法等，运用到公共权力机关的所有部门及其所有的工作环节中。四是公民参与的全过程性。全过程人民民主避免了选举民主的缺陷，形成了公民对公共事务、公共决策的多种渠道的参与机制。五是多环节的连续性。全过程人民民主体现为民主选举、民主决策、民主协商、民主管理、民主监督等环节的互动和并举，形成了全过程人民民主的完整实践体系。[①] 具体来看，全过程人民民主具有以下鲜明的特征，构成了全过程人民民主区别于其他形态民主的特点。

第一，坚持党的领导是全过程人民民主区别于其他民主的显著标志。党的领导是实现人民当家作主的根本保证。党的领导确保代表、实现、维护好人民利益的最大公约数，实现了程序民主和实质民主有机统一。具体来说体现为三个方面：一是中国共产党代表、实现、维护好人民利益的最大公约数，是中国人民的主心骨。二是中国共产党建立了以公有制为主体、多种所有制经济共同发展，按劳分配为主体、多种分配方式并存，社会主义市场经济体制等社会主义基本经济制度，从经济基础上保证了人民利益最大公约数的实现。三是人民代表大会和人民政协，都接受中国共产党的领导。政协委员通过民主协商制把社会上不同的“众意”聚集起来，人大代表通过民主集中制把不同的“众意”综合起来，集中在每年召开的两会上，形成国家意志即“公意”，最终找到并实现人民利益的最

---

① 桑玉成：《全过程人民民主：人民当家作主的本质特征》，《北京日报》2021 年 8 月 9 日第 9 版。

大公约数。[1] 因此，坚持党的领导构成了全过程人民民主的显著特征。在中国这样一个地域广阔、人口众多、民族多元的超大型国家，坚持党的领导对全过程人民民主的实践具有十分重要的价值和意义。

第二，坚持以人民为中心是全过程人民民主的鲜明特色。中国的民主坚持以人民性为价值导向，坚持人民至上，广泛体现人民意志、真实保障人民权益、有效激发人民创造活力，依靠人民主体参与，保障人民民主权利。人民通过选举产生自己的代表组成人民代表大会，管理国家事务，管理经济和文化事业，管理社会事务。[2] 从理论逻辑来看，全过程人民民主以人民为中心的价值取向主要表现在两个方面：一是人民是主权的拥有者。全过程人民民主的性质决定了这一民主不是一般类型的民主，而是人民民主。国家主权由人民拥有并掌控，民主权利由人民享受并实践，人民是民主权利行使的主体。二是人民是权益的获得者。全过程人民民主所要保护和实现的权益不是什么具有特殊地位和权力的群体，而是在国家公民中占据大多数的人民群体。通过民主选举保障人民的政治权利得以实现，通过民主决策保障人民的利益得以维护，通过民主管理保障

---

① 祝灵君：《推进全过程民主离不开党的领导》，《探索与争鸣》2020 年第 12 期，第 7 页。

② 张树华：《人民是全过程民主的底色和特质》，《光明日报》2021 年 8 月 31 日第 2 版。

人民的意志得以尊重。[①] 在具体实践中，广大人民群众能够通过多种渠道参与基层民主治理，实行自我管理、自我服务、自我教育、自我监督，提升了基层治理效能，促进了社会和谐稳定。在我国社会主义制度下，有事好商量，众人的事情由众人商量，找到全社会意愿和要求的最大公约数，是人民民主的真谛。社会主义协商民主深深嵌入社会主义民主政治之中，丰富了民主形式，拓展了民主渠道，深化了民主内涵。村民理事会、村民监事会、村民议事会、居民议事会等一系列丰富多样的基层民主形式在城乡社区蓬勃生长，电视问政、网络问政等一系列基层民主渠道不断拓宽。[②]

第三，全过程人民民主形成了复合结构。党的十八大以来，以习近平同志为核心的党中央立足中国特色社会主义进入新时代的新形势新要求，对人民民主的实现形式进行了新的探索，进一步丰富和发展了人民民主实现形式的理论和实践。从人民民主实现形式的角度看，全过程人民民主主要体现在以下四个方面：一是党的领导、人民当家作主、依法治国的有机统一；二是国家形态的民主和非国家形态的民主有机统一；三是回应式民主和参与式民主的有机统一；四是选举民主和协商民主的有机统一。[③] 以选举为

---

① 张明军：《全过程人民民主的价值、特征及实现逻辑》，《思想理论研究》2021年第9期，第32页。

② 陈承新：《最广泛最真实最管用的社会主义民主》，《人民日报》2021年10月26日第9版。

③ 王宗礼、李振江：《全过程人民民主：社会主义民主政治理论与实践的重大创新》，《行政论坛》2021年第4期，第14-16页。

主要内容的西方民主决定了其形态特色主要是选举的直接性。全过程人民民主则不同，丰富的民主内容决定了必然运用多种形式和方式予以表达，由此产生了从不同维度划分形式的多样性和整体的复合性，如直接民主和间接民主、选举民主和决策民主、协商民主和票决民主等。而在众多形式的复合之中，协商民主与票决民主的复合最具价值和意义。① 在这个意义上，“复合民主将成为中国未来的民主化发展和社会主义现代化建设所特有的政治优势和制度优势”②。

第四，全过程人民民主深深扎根于中国历史文化传统，是对中国传统文化的创造性转化和创新性发展。民主是人类的共同价值，但实现民主价值的民主形式必须是内生的，民主的实践形式必须与一个国家的历史文化和社会结构相适应。历史文化是多元的，民主实践形式也必然是多样的。③ 正是深深扎根于中国历史文化传统，不把西方民主奉为圭臬，最终形成了全过程人民民主。全过程人民民主的传统渊源，不在于具体的民主机制、过程等在古代政治思想或制度实践中有无直接体现，而在于其独特的政治思维和观念在中国历史文化传统思想中有明确渊源。从“天下”政治观到“人民”政治观，从民本思想到人民民主，从贤能政治到党的领导，中国政

① 张明军：《全过程人民民主的价值、特征及实现逻辑》，《思想理论研究》2021年第9期，第34页。

② 林尚立等：《复合民主：人民民主促进民生建设的杭州实践》，中央编译出版社，2012，第51页。

③ 杨光斌：《民主的“飞来峰”不易成功》，《人民日报》2016年4月22日第7版。

治文明坚持以马克思主义为指导，继承传统政治文化的优秀基因，克服传统政治的内在困境，开创了以人民根本利益为最高权威来源的责任政治新形态，使由人民利益所界定的责任机制贯彻到国家公共事务治理的各领域、各层次、各环节之中，形成了全过程的人民民主。①

第五，全过程人民民主是中国特色的民主。全过程人民民主牢牢立足中国国情并植根于中国大地。西方的“三权分立”和“多党政治”是它们的历史、文化和国情的产物，与中国国情有着本质不同。②中国没有照搬他国民主模式，从一开始就坚持从中国国情出发来发展社会主义民主政治。中国的基本国情要求中国的政治制度与体制，必须能够调动和发挥广大人民群众建设国家、追求幸福美好生活的积极性、主动性、创造性，同时又能够集中民力和民智，有利于在全国范围内合理有效调配资源、有利于保卫国家安全和保障社会的安定团结。③中国的民主在实践探索中，既立足中国国情，又合理借鉴其他政治文明发展成果；既继承历史文化传统，又结合时代发展要求全面深化改革；既不全盘照搬他国政治制度，又不搞制度上的“飞来峰”，形成了符合我国基本国情、适应国家发展要求、反映人民群众心声的民主道路。正因如此，中国的民主超越了

---

① 刘九勇：《全过程人民民主的传统思想渊源》，《政治学研究》2021 年第 4 期，第 18 页。

② 李良栋等：《中国特色社会主义民主政治发展道路研究》，中共中央党校出版社，2013，第 21 页。

③ 房宁：《中国道路的民主经验》，《红旗文稿》2014 年第 6 期，第 4-5 页。

西方民主发展模式，打破了西方民主教条和理论迷思，代表着一种全新的民主理念和自主的民主道路。[①]

① 张树华、冯钺:《中国民主的比较优势和光明前景》,《人民日报》2021 年 12 月 20 日第 11 版。

## 第三节

# 全过程人民民主的推进与发展

没有民主就没有社会主义，就没有社会主义现代化，就没有中华民族伟大复兴。社会主义愈发展，民主也愈发展。在前进道路上，必须坚定不移走中国特色社会主义政治发展道路，坚定不移坚持和完善人民当家作主制度体系，发展更加充分、更加健全的人民民主。因此，在全面建设社会主义现代化国家新征程上，发展全过程人民民主成为一项重大理论与实践课题。[①]

### 一、实现人民当家作主

发展全过程人民民主，需要不断健全人民当家作主制度体系，

① 商红日:《全过程人民民主的发展机理研究》,《统一战线学研究》2021 年第 5 期，第 27 页。

使人民群众能够通过各个层面的民主制度来实现广泛的民主参与，能够保障人民群众享有真实的民主权利，能够有效维护人民群众提出合理的民主诉求。同时，发展全过程人民民主必须从中国特色社会主义民主政治的根本要求和本质属性出发，着眼于体制机制的系统性、整体性和协同性，通过不同体制机制之间的紧密衔接、相互配合，发挥制度体系的行为规范、权利保障和关系协调作用，确保制度体系的所有组成部分和构成要素能够有效保证和促进人民当家作主的真实性、广泛性。① 为了使全过程人民民主的优势更好地发挥出来，还需要通过改革创新不断完善人民当家作主制度体系。

人民代表大会制度是符合我国国情和实际、体现社会主义国家性质、保证人民当家作主、保障实现中华民族伟大复兴的制度。在权力的行使上，人民代表大会制度是人民当家作主的主要途径和最高实现形式；在人民当家作主制度体系中，人民代表大会制度是根本政治制度，是其他基本政治制度得以形成和运行的逻辑前提和制度基础。② 正因如此，人民代表大会制度是全过程人民民主的主渠道。我们也应该看到，人民代表大会制度的治理效能发挥还需要在实践中不断发展。其中，选举制度改革、会议制度改革、发挥人大预算监督职能、发挥联系制度的作用等都是很好的思路。③ 人大基

---

① 张贤明：《全过程人民民主的推进之道》，《光明日报》2021年9月11日第7版。

② 程竹汝：《人大制度内涵的充分展现构成全过程民主的实践基础》，《探索与争鸣》2020年第12期，第25页。

③ 佟德志、漆程成：《人民代表大会制度的复合优势与合力效能》，《理论与改革》2020年第1期，第67页。

层立法联系点制度也是很好的制度创新，其已经在民主立法中发挥了重要作用。比如截至 2021 年 6 月，各立法联系点对 109 部法律草案、立法工作计划等提出近 6 600 条意见建议，经过认真分析，许多好的意见建议被吸收采纳。

中国共产党领导的多党合作和政治协商制度是从中国土壤中生长出来的协商民主形式，是人民当家作主制度体系的重要组成部分。人民政协制度以其特有的治理效能，在民主政治建设、政治体制改革、国家治理等各个方面起到了越来越重要的作用，成为当代中国最广泛、最真实、最管用的民主形式。① 新时代深化人民政协协商民主建设需要以“全过程人民民主”的精神和要求，进一步提高人民政协协商主体意识、增强政协委员的履职能力，加强和改进人民政协工作，推进政协协商与党委政府工作的衔接，以及政协协商与基层协商的衔接。② 同时，为了更好发挥政协在全过程人民民主中的作用，就要在界别的设置以及委员的深入群众、深度调研、深度协商、协商结果的深度传导等方面下更大的功夫。只有把履职目的深度聚焦于解决问题，才能使政协的民主作用得到充分彰显。③

民族区域自治制度是我国的一项基本政治制度。我们在谈论中

① 佟德志：《人民政协的制度优势与治理效能》，《人民论坛 · 学术前沿》2020 年第 1 期，第 60 页。

② 蒯正明：《全过程民主视域下深化人民政协协商民主建设路径探析》，《学术界》2021 年第 6 期，第 180 页。

③ 宿正伯：《全过程人民民主中的人民政协》，《人民政协报》2021 年 11 月 17 日第 8 版。

国特色社会主义民主制度体系的时候首先会想到人民代表大会制度、中国共产党领导的多党合作和政治协商制度以及基层群众自治制度，往往会忽视民族区域自治制度。实际上，民族区域自治制度也是中国非常重要的一种民主制度，因为自治本身就体现了民主的特征。民族区域自治制度的建立和发展，“解决了世界上许多国家所面临的民族治理难题，创造了一条超大型国家民族治理的道路，巩固了中华民族共同体，在维护国家统一、领土完整，在加强民族平等团结、促进民族地区发展、增强中华民族凝聚力等方面都起到了重要作用”①。今后，需要不断探索民族区域自治制度实施的体制机制，处理好中央领导和地方自治的关系、区域自治和民族自治的关系、法律保障和法律规制的关系、民族共治和民族自治的关系，使民族区域自治制度内在机理的外在效用在政治生活和经济实践中得到充分发挥，使其现实价值得到充分展现。②

基层群众自治制度也是我国的一项基本政治制度。中国实行以村民自治制度、居民自治制度和职工代表大会制度为主要内容的基层群众自治制度。新中国成立以来，“在中国共产党的领导下，基层民主建设始终坚持以人民为中心、以发展为导向，在广泛的领域内吸引了众多公民的参与，成为人民当家作主最有效、最广泛的途

---

① 任勇：《中国民族区域自治制度创建与发展：基于中国共产党治理的研究》，《民族研究》2019 年第 1 期，第 23 页。

② 陈华森：《我国民族区域自治制度的内在机理及其现实价值》，《政治学研究》2013 年第 3 期，第 25 页。

径，成为维护人民根本利益的最真实、最管用的民主”[①]。基层群众自治制度是基层群众实行自我管理、自我服务、自我教育、自我监督的主要渠道，是全过程人民民主的重要实现形式，具有非常大的发展潜力。发展和完善顺应国家治理体系和治理能力现代化要求的组织基础、体制机制、法律法规，使基层群众自治制度更加系统和完善，使广大人民群众管理社会各方面事务的能力不断增强，推进国家治理体系和治理能力现代化就具有了扎实的群众基础和创新动力。[②]

## 二、优化民主治理结构

坚持党的领导、人民当家作主、依法治国有机统一是发展全过程人民民主的根本要求。党的十九大报告明确指出，发展社会主义民主政治要坚持党的领导、人民当家作主、依法治国有机统一，“党的领导是人民当家作主和依法治国的根本保证，人民当家作主是社会主义民主政治的本质特征，依法治国是党领导人民治理国家的基本方式，三者统一于我国社会主义民主政治伟大实践。”[③]党的十九

① 佟德志：《70 年基层民主建设的历史与逻辑》，《人民论坛》2019 年第 27 期，第 37 页。

② 彭海红：《基层群众自治制度体现人民民主实质》，《红旗文稿》2018 年第 20 期，第 22 页。

③ 习近平：《决胜全面建成小康社会 夺取新时代中国特色社会主义伟大胜利——在中国共产党第十九次全国代表大会上的报告》，人民出版社，2017，第 36 页。

届六中全会通过的《中共中央关于党的百年奋斗重大成就和历史经验的决议》进一步指出，建设社会主义民主政治，发展社会主义政治文明，“必须坚持党的领导、人民当家作主、依法治国有机统一，积极发展全过程人民民主，健全全面、广泛、有机衔接的人民当家作主制度体系”[①]。相较于原来的表述，虽然仅加了“必须”二字，却从根本上进一步明确了发展全过程人民民主的政治要求。

发展全过程人民民主，最根本的是始终坚持党的领导。中国在发展全过程人民民主中能够保持稳定的社会秩序和社会活力相统一，一个重要的原因就是中国始终坚持在党的领导下人民当家作主与依法治国相统一。[②] 中国共产党始终坚持以人民为中心，制定的一切路线方针政策都充分发扬民主、反映民意、吸收民智、凝聚民心。中国共产党是国家治理集中统一领导的核心力量，这是中国共产党的政治属性和中国国家治理属性的现实规定，也是中国国家治理的本质特征和最大优势。[③] 正是在党的领导下，民主制度不断健全、民主形式不断丰富、民主渠道不断拓宽，确保人民当家作主体现在党领导人民治理国家的各个方面。同时，只有在党的领导下依法治国、厉行法治，坚持民主执政、依法执政、科学执政，人民当

---

① 《中共中央关于党的百年奋斗重大成就和历史经验的决议》，人民出版社，2021，第 39 页。

② 樊鹏：《全过程人民民主：具有显著制度优势的高质量民主》，《政治学研究》2021 年第 4 期，第 10 页。

③ 王浦劬、汤彬：《当代中国治理的党政结构与功能机制分析》，《中国社会科学》2019 年第 9 期，第 23-24 页。

家作主才能充分实现，国家和社会生活的法治化才能有序推进。因此，党的领导确保了依法治国与人民当家作主的高度统一，要以党的领导推进全过程人民民主。①

发展全过程人民民主，最关键的是坚持人民当家作主。党的十八大以来，以习近平同志为核心的党中央把健全和完善人民当家作主制度体系与推进国家治理体系和治理能力现代化有机结合起来，“坚持国家一切权力属于人民的宪法理念，最广泛地动员和组织人民依照宪法和法律规定，通过各级人民代表大会行使国家权力，通过各种途径和形式管理国家和社会事务、管理经济和文化事业，共同建设，共同享有，共同发展，成为国家、社会和自己命运的主人”②。在此意义上，全过程人民民主通过系统的民主体系与操作流程来贯彻民主的原则，打通民主的政治生活与日常生活空间，将人民民主视为现代文明社会的生活方式。只有全过程，才能保证最广大人民的参与；只有全过程，才能让民主的结果更符合人民的利益；只有全过程，才能统合民主的程序与实质，实现人民当家作主。③正是广大人民群众在政治、经济、文化生活中享有真正的主人翁地位，因而才能够调动他们投身社会主义现代化建设的主动性、积极性和创造性。

发展全过程人民民主，最重要的是坚持全面依法治国。法治是

---

① 祝灵君：《推进全过程民主离不开党的领导》，《探索与争鸣》2020 年第 12 期，第 7 页。

② 《习近平谈治国理政》（第 1 卷），外文出版社，2018，第 139 页。

③ 张贤明：《全过程人民民主的推进之道》，《光明日报》2021 年 9 月 11 日第 7 版。

坚持党的领导、实现人民当家作主、推进国家治理体系和治理能力现代化的重要依托，在全过程人民民主实践中发挥着重要的引领、规范和保障作用。要在实践中提高“全过程人民民主”的治理效能，则必须将“全过程人民民主”治理机制纳入法治轨道，运用法治思维和法治方式来科学地和有效地解决在实践“全过程人民民主”中所遇到的各种理论和实践问题。[①] 而要将全过程人民民主的机制纳入法治轨道，需要充分发挥法治保障的作用，“进一步加强对全过程人民民主的组织保障、职权保障及程序保障应成为未来立法的重点，从而激发出更好的民主绩效、更高的民主兑现率和获得感”[②]。从具体实施而言，要深入推进科学立法、民主立法、依法立法，把全过程人民民主贯穿于立法工作全过程，在提高质量的前提下加快立法修法步伐，尽快构建更加科学完备、统一权威的良法体系，努力使每一项立法和每一部法律法规都反映人民意愿，保障人民利益，得到人民拥护。[③] 公众参与立法也是全过程民主立法的题中应有之义，是人民行使立法权的关键性内容。在实践中民众可以通过参加立法座谈、立法听证会参与民主立法，同时“基层立法联系点”更是成为反映民情、汇聚民智的立法“直通车”，为立法机

---

① 莫纪宏：《在法治轨道上有序推进“全过程人民民主”》，《中国法学》2021 年第 6 期，第 5 页。

② 林彦：《全过程人民民主的法治保障》，《东方法学》2021 年第 5 期，第 21 页。

③ 周佑勇：《全过程人民民主的制度优势和法治保障》，《学习时报》2021 年 11 月 29 日第 1 版。

关与普通民众之间搭起了信息沟通、意见交流的桥梁。[①]

## 三、拓展全面发展空间

第一，推动选举民主和协商民主相协调。全过程人民民主在实现方式上，表现为选举民主与协商民主的有机结合。一是人民通过选举、投票行使民主权利；二是在作出重大决策前在人民内部进行充分协商，达成共识。习近平指出："协商民主是党领导人民有效治理国家、保证人民当家作主的重要制度设计，同选举民主相互补充、相得益彰。"[②]全过程人民民主之所以重视选举民主与协商民主的有机结合，就在于可以弥补选举民主的阶段性、"一次性消费"之类的缺憾，"通过人民对于政治过程的参与，以提高政治过程的民意基础"[③]。两种民主形式的有机结合主要反映在我国的"两会制度"中。在"两会制度"中，通过政协委员列席人大会议，参与讨论《政府工作报告》，提出意见和建议，以及中共中央、国务院的主要党政负责人列席全国政协会议等形式，在人大和政协之间形成了交流合作，最终促进了更广泛的意见表达，进而能够更有效地实现人民对自己和国家事务的管理。今后为进一步发挥"两会制度"

① 封丽霞：《民主立法：全过程民主的展现》，《中国党政干部论坛》2021 年第 7 期，第 41 页。

② 《习近平谈治国理政》（第 3 卷），外文出版社，2020，第 295 页。

③ 桑玉成：《拓展全过程民主的发展空间》，《探索与争鸣》2020 年第 12 期，第 11 页。

的政治影响力和重要作用，需要从以下方面发力：一是进一步健全“两会制度”下的决策协商机制；二是规范和保障人大代表和政协委员的知情权和监督权；三是提高两会组成人员的专业化水平及其建议、提案的协商价值；四是扩大民众有序政治参与的空间，建立公众旁听两会的合理程序。[①]

第二，加强制度设计与重点领域改革相结合。一方面，要注重中观、微观层面的研究和推进，以把全过程人民民主的原则和精神落实到实际的政治实践之中。在全过程人民民主理论的指导下，着力进行中观、微观层面的研究和推进，在政治过程的诸多领域和层面中进行系统的制度设计和工作安排，这方面具有非常大的发展空间。另一方面，要在重点领域按照全过程人民民主的原则和精神着力推进改革和完善，以取得实质性的成果。一是要改革决策体制。在我国的政治实践中，决策主体在主观上尚缺乏重视议事规则的意识，因此要特别强调议事规则的建设，重视议事规则的制度内涵。二是要完善干部制度。加强对新时代干部制度的改革和发展进行系统思考和顶层设计；必须切实重视干部分类管理的意义；切实改变选任干部重形式条件而轻实质条件的状况；尽快制定选任干部的“动议权制度”或者“初始提名权制度”，提高选人用人的效率，完善选人用人的责任。三是要优化财政制度。政府预算的制度优化和程序规范是全过程人民民主的题中应有之义。就政府预算的制度优

① 徐行：《“两会制度”推动中国政治发展》，《中国社会科学报》2017年3月16日第1版。

化与规范运行来说，有必要构筑公共预算的“三角基石”，即法治、参与和技术。四是要拓展基层治理。基层治理要实现三个转向，从社会领域转向政权领域，从村级民主转向乡镇及县级政府层级的民主，从重权力的获得转向“五个民主链条”的均衡发展。[①]

第三，推进自我完善与社会发展变革相统一。相对于其他民主形式而言，全过程人民民主具有自我完善和发展的能力。一是全过程人民民主由于具有全面性的特点，因而它能够辐射到社会生活的各个层面，施之于政治和经济生活的各个环节，具有自我提高功能和自我修补机制，从而能够实现自我完善与发展。二是全过程人民民主之所以具有自我完善和发展能力，就是因为它适应了民主主体的发展需要，全过程人民民主就是用民主过程的连续性来保障人民当家作主。三是由于全过程人民民主具有全过程性，从而使之不会因为人为因素而中断，能够从程序的完整链条上保证人民当家作主，其自身也能够不间断地实现自我完善和发展。[②]同时，社会变革和科技革新也为全过程人民民主的发展提供了广阔的空间。当代信息技术的发展，为民主发展提供了广阔的前景。信息技术与全民、全过程、全时段具有内在的契合性。信息技术的发展拓宽了民主参与的平台，让人民民主的实践更通畅、更便利，制度和技术相

---

① 桑玉成：《拓展全过程民主的发展空间》，《探索与争鸣》2020 年第 12 期，第 11-12 页。

② 虞崇胜：《全过程人民民主具有自我完善和发展能力》，《中国党政干部论坛》2021 年第 7 期，第 42-45 页。

交融，全过程人民民主孕育着新的大突破。[①] 在人类社会开始进入新的智能文明的背景下，应当充分利用智能技术和相应的社会条件，推动全过程人民民主这一更高实践形式的发展。中国也应当在民主政治领域顺应智能文明所带来的变革趋势和内在要求，进一步推动全过程人民民主的发展。[②]

通过以上导论，我们可以发现，全过程人民民主的理论研究和实践发展已经有了大量的成果，对于我们进一步的深入研究有着重要意义。在目前已有研究的基础上，结合实践为全面发展全过程人民民主提供智力支持，是学术界义不容辞的责任。

---

① 陶文昭：《为什么说人民民主是一种全过程民主》，《中国党政干部论坛》2021年第7期，第32页。

② 高奇琦、杜欢：《智能文明与全过程民主的发展：国家治理现代化的新命题》，《社会科学》2020年第5期，第31页。

# 第一章

# 全过程人民民主的探索与创新

## 第一节

# 人类政治文明的新探索

全过程人民民主，顾名思义，强调的是民主的人民性、全面性、广泛性、过程性、有序性、有效性。这种民主实践活动强调中国共产党的领导，坚持以人民为中心，坚持人民至上，是人民当家作主的理论、原则、制度、程序、技术等诸多要素在社会主义政治建设各领域、各方面、各环节的充分实践。早在 1980 年，邓小平在《党和国家领导制度的改革》一文中就强调，“我们进行社会主义现代化建设，是要在经济上赶上发达的资本主义国家，在政治上创造比资本主义国家的民主更高更切实的民主”①。习近平总书记所提出的“全过程人民民主”，就是这样一种比资本主义国家更高更切实的民主，是对西方民主的超越，是对传统社会主义国家民主政

① 《邓小平文选》(第 2 卷)，人民出版社，1994，第 322 页。

治的新发展，是对中国特色社会主义政治发展规律的深刻认识。归结到一点，就是人类政治文明的民主新探索。

## 一、全过程人民民主是对西方民主的超越

在世界政治发展的历史长河中，民主已有2 500多年，其间民主经历了发展转变。从历史的逻辑来看，这种转变体现在西方资本主义民主制度的建立、巩固和完善的过程中。在这个过程中，以西欧、北美国家为代表的西方国家建立了早期的资本主义民主制度，后来逐渐推行普选制，一定程度上满足了人民的民主要求，在人类政治文明史上具有积极意义。

民主概念来源于西方国家，并不意味着西方国家对民主有专属解释权和发展权。民主作为人类美好社会的政治理念和价值追求，世界各国人民都有发展创新的内在动力和探索民主实现方式的正当权利。并且，不容否认的是，随着资本主义民主政治制度的发展演变，西方民主的局限性日益显现，主要局限于一人一票式的投票选举、更多地体现少数人的利益、越来越受到资本的强力影响、党争政治对国家“公意”的撕裂。与西方民主相比，中国的全过程人民民主具有无比的优越性和显著优势。

首先，在选举与治理的关系中，全过程人民民主强调民主的过程性和完整性，既重视选举，也重视选举后的治理以及人民的有效有序参与。全过程人民民主是一种全程参与式、全流程民主，这个

流程包括授权（选举）、议事、决策、管理、监督，授权的民主性、议事的协商性、决策的科学性、管理的有效性、监督的有力性，充分保证了全过程人民民主所体现出的平等参与、平等发展的政治旨向。与全过程人民民主的体系完整、程序闭环相比，西方民主则是一种“残缺不全”的民主。20 世纪 40 年代，美国学者熊彼特提出一个观点，即判定一个国家是否是民主国家，（判断标准）在于这个国家的领导人是否是由定期的、轮流的竞争性选举产生的，如果是，这个国家就是民主国家；如果不是，这个国家就不是民主国家。当时就有学者批评熊彼特的观点，认为熊彼特的民主理论极大地限制了民主发展的空间，削弱了民主的广泛性和丰富性，将民主只限于投票选举，这就意味着人民投完票，他的权利就“清零”了。

西方民主片面强调形式民主，认为民主等于选举，选举等于民主，将选举作为判定一个国家是否民主的唯一标准，只注重选举程序和选举结果，将比较复杂的政治民主简单化为一套选举程序，把一人一票、多党竞争作为民主政治的核心政治安排，在这种制度设计下，就出现了选举时漫天许诺、选举后无人过问的现象。选举时热热闹闹，选举后冷冷清清，这本身就说明选举民主存在问题。而全过程人民民主则要求，民主的内容不仅仅是选举，而且也包括选举后的日常参与。习近平同志在担任浙江省委书记的时候就曾经讲过，民主选举不是民主政治建设的全部，一选了之肯定会出乱子，“民主选举、民主决策、民主管理、民主监督”都要配套完善起来。

"民主选举"仅仅是一个"马蹄"，是个"半拉子"的民主，推进民主政治建设光是换个"马蹄"，倒还不如不换，否则就会造成"选时有民主，选完没民主"，反而把原有的秩序都搞乱了。[①]他在全国人大成立60周年和全国政协成立65周年的庆祝大会上就选举与选举后的参与进行了深刻的阐释，"人民只有投票的权利而没有广泛参与的权利，人民只有在投票时被唤醒、投票后就进入休眠期，这样的民主是形式主义的"[②]。因此，要"既保证人民依法实行民主选举，也保证人民依法实行民主决策、民主管理、民主监督，切实防止出现选举时漫天许诺、选举后无人过问的现象"[③]。

由此可以看出，全过程人民民主重视选举，强调选举民主的真实性，强调保护选举人的意志、遵从人民的意愿，同时也强调选举之后的日常治理。这种治理不仅是国家层面的治理，也包括社会经济文化等诸多层面的治理；不仅包括国家和社会事务的民主协商、科学决策，也包括对权力运行的制约与监督，确保人民赋予的权力始终掌握在人民的手里，始终为人民服务。这种全过程人民民主的全面性与广泛性，充分保证了民主过程的真实性和人民的获得感。

其次，在少数与多数、劳动与资本的关系中，全过程人民民主

---

① 习近平:《干在实处 走在前列：推进浙江新发展的思考与实践》，中共中央党校出版社，2016，第382页。

② 习近平:《在庆祝中国人民政治协商会议成立65周年大会上的讲话》，人民出版社，2014，第14页。

③ 习近平:《在庆祝全国人民代表大会成立60周年大会上的讲话》，人民出版社，2014，第21页。

强调民主的人民性，坚持以人民为中心，更多地体现为以劳动者为主体的绝大多数的人民的根本利益。正如马克思、恩格斯在《共产党宣言》中所强调的，过去的一切运动都是少数人的，或者为少数人谋利益的运动。无产阶级的运动是绝大多数人的，为绝大多数人谋利益的独立的运动。人民性是民主的第一属性，人民民主充分体现人民当家作主的本质要求，表现为多数人的民主。西方民主虽然从形式上赋予了多数人的选举权利，但实际上享受民主成果的是少数人，其本质是少数人或者为少数人谋取利益的运动。

西方民主之所以是少数人的民主，就是因为它受资本的影响过大，甚至有的学者指出，西方民主不是民主而是“钱主”，不是人民当家作主，而是金钱的力量作主，谁的钱多谁说了算。实现普选权的西方国家虽然没有财产限制，但在实际的选举过程中，没有雄厚资本力量的支持，选举成功几乎是不可能的事情。

少数与多数、劳动与资本这两对关系的背后，反映出民主政治和国家政权为了谁、服务谁的本质与核心。西方民主国家的资本力量处于强势地位，资本力量的把持者和驾驭者必然是处于少数地位的财阀及其代理人，因此西方民主尽管形式搞得五花八门，但其本质是民主活动不能伤及资本的力量，民主成果也很难为人民所共享。反观之，中国的全过程人民民主则强调资本是社会发展的重要推动力量，但资本不能绑架国家政权，不能异化公共权力，不能伤及占人口大多数的以劳动者为主体的人民的根本利益，不能影响人民作为推进全过程人民民主的主体力量和主导力量的政治要求和政治效果。

再次，在竞争与合作的关系中，全过程人民民主更多地强调共享与合作的理念。近些年来，西方民主的一个突出特点是党争政治，在多党竞争日益加剧的背景下，社会共识很难形成，对国家重大事务的决策相互否决、彼此各不相让，其结果必然造成社会撕裂，造成民主的民粹化倾向和“极化”现象，导致国家政策的剧烈波动甚至中断。而中国的全过程人民民主则强调在中国共产党的领导下，人民内部各方面广泛商量，在重大问题决策之前进行充分协商，尽可能就共同性问题取得一致意见。与西方国家相互否决、互不买账的竞争型、博弈型民主政治不同，中国的民主强调共治共建共享，强调利益各方在全过程人民民主中形成最大公约数。习近平总书记指出，在人民内部各方面广泛商量的过程，就是发扬民主、集思广益的过程，就是统一思想、凝聚共识的过程，就是科学决策、民主决策的过程，就是实现人民当家作主的过程。这样做起来，国家治理和社会治理才能具有深厚基础，也才能凝聚起强大力量。

冲突与合作是推动社会发展、人类不断进步的两种力量。竞争冲突虽然可以通过不同力量的博弈激发社会活力，但零和博弈的制度安排特别是政治力量的冲突和较劲，不但不利于形成政治共识，而且相反，会破坏形成政治共识的氛围，造成博弈双方或多方的猜忌和内耗。合作共享的理念则与此不同。全过程人民民主坚持共同体意识，坚持共存共荣的合作理念，强调凡事好商量，遇事多商量，有事商量着来，众人的事情由众人商量，找到全社会意愿和要求的最大公约数，是人民民主的真谛，也是全过程人民民主的核心要义。

## 二、全过程人民民主是对社会主义民主理论的重要创新

有国家以来，与以私有制为基础的社会形态不同，以公有制为基础的社会主义建立了以劳动者为主体的新型国家政权和新型民主形态。作为比资本主义更高级的社会形态，社会主义不仅是民主的，而且比资本主义国家的民主形态更高级。这是因为社会主义民主在人类历史上第一次将民主真正扩展到广大的劳动群众，扩展到经济生活、政治生活、文化生活、社会生活之中，并使它成为人民群众实现自我管理、自我教育、自我服务、自我监督的重要实践形式，从而促进了以劳动者为主体的人民政治意识的觉醒。

俄国十月社会主义革命获得成功后，社会主义政治制度在一个民族国家正式建立，并经过多年的发展到 20 世纪 30 年代获得了建成社会主义的伟大历史成就。到了后来，社会主义从一国发展到多国，一些亚非拉发展中国家选择了科学社会主义，并不断探索社会主义民主的不同实践形式，越来越多的以工人、农民为主体的劳动者阶级获得了前所未有的民主权利。尽管苏东剧变使世界范围内的社会主义运动陷入空前的低潮，但以中国为代表的社会主义国家不断总结历史经验教训，妥善处理党的领导与人民民主的关系，处理

经济发展与政治改革的关系，社会主义在中国这块土地上取得了世所罕见的经济快速发展和社会长期稳定的奇迹。特别是中国特色社会主义进入新时代，意味着科学社会主义在21世纪的中国焕发出生机和活力。这种生机和活力一个十分重要的方面，就是形成了中国的全过程人民民主。

与苏东等传统社会主义国家相比，中国的全过程人民民主不仅在法律上获得了不受民族、种族、性别、职业、家庭出身、宗教信仰、教育程度、财产状况等歧视的充分的民主权利，而且民主形式不断丰富、民主渠道不断拓宽、民主制度不断健全，全链条、全方位、全覆盖的民主活动在经济政治社会文化各领域各方面各环节不断铺展，在政治实践中民主的获得感不断增强，从而成为维护人民根本利益的最广泛、最真实、最管用的民主。

全过程人民民主是中国现代化新道路、人类文明新形态在民主政治领域的客观要求和必然选择。中国的现代化必然包括中国的政治现代化，中国的现代化新道路必然包括中国的民主新路。20世纪40年代黄炎培和毛泽东的延安“窑洞对”告诉我们，民主新路是当时以毛泽东同志为主要代表的中国共产党人提出来的破解“王朝兴衰周期率”的解决方案。毛泽东当时讲的“只有让人民来监督政府，政府才不敢松懈；只有人人起来负责，才不会人亡政息”这句话有两层含义：一是人民对公权力特别是政府的监督，能够避免执政者的精神懈怠和政府权力的异化；二是人民的负责精神特别是对公民责任、公共责任的张扬，将避免人亡政息。对政府权力的有效监督、对人民责任的行动自觉，只有通过全过程人民民主才能实现。毛泽东虽然没有提出“全过程人民民主”这一概念，但对民主新路的认识极其深刻，这种深刻性体现了广大人民群众对权力监督和公民责任的清醒认识与理性反思。

全过程人民民主是当代中国民主发展的新探索，是以习近平同志为核心的党中央对中国民主道路和民主理论的原创性贡献。

首先，全过程人民民主极大地丰富了人民民主的内涵和外延。全过程人民民主的“全过程”，是全面性和过程性的有机统一。所谓全面性，就是指民主实践的范围广覆盖、无盲区；所谓过程性，就是指民主的权利必须通过民主实践的参与过程来实现。全过程人民民主的新意在于：一方面，把人民平等参与和平等发展的权利结合起来，把选举民主和协商民主结合起来，将过程民主与结果民主、形式民主与实质民主、直接民主与间接民主相统一；另一方面，民主的完整性，即不仅有完整的制度程序，也有完整的参与实践，不仅有民主选举，也有民主协商、民主决策、民主管理、民主监督，从而把人民当家作主体现到国家政治生活和社会生活的方方面面，有效确保人民当家作主。民主参与的有序与完整，既是全过程人民民主的客观要求，又是人民民主内涵的丰富和延展，揭示了我国社会主义民主的显著优势和特点。

其次，全过程人民民主是对人民更高水平的美好生活需要的适应性发展和针对性回应。中国特色社会主义进入新时代，除了物质文化方面的需求不断提升之外，人民群众对民主、法治、公平、正义、安全、环境等方面的需求不断提升，全过程人民民主所承担的政治使命越来越大，特别是人民群众对民主参与的直接性要求越来越高。人民当家作主，一方面是由人民选举产生的代表通过人民代表大会管理国家和社会事务，管理经济文化事业；另一方面，就是在人民内部各方面就关系国计民生和群众关心的热点难点问题，直接通过协商的办法形成一致意见。只有不断丰富全过程人民民主的制度与程序、内容与形式，才能不断满足人民群众日益增加的民主的直接性或者直接民主的诉求。

再次，全过程人民民主的良性发展离不开中国共产党的领导。中国共产党的领导是中国特色社会主义的本质特征，是中国特色社会主义制度的最大优势。这种特征和优势体现在方方面面，其中一个很重要的方面就是，全过程人民民主是由中国共产党进行顶层设计，党中央是全过程人民民主的领导力量和总体统筹者，党的地方组织特别是基层组织是全过程人民民主的主要实践者，基层党组织的战斗堡垒作用和广大党员的先锋模范作用的发挥，是全过程人民民主有序健康发展的重要体现和坚强保证。在推进全过程人民民主的过程中，逐渐形成了一种以党内民主带动人民民主的民主发展战略，这种以党内带动党外的推进战略，主要缘于中国共产党是领导党、是先锋队组织。正是基于党的先进性建设的政治要求，通过全过程党内民主带动全过程人民民主，将民主的理念、价值贯穿于党和国家政治建设与各方面系统治理的各领域各环节，才确保了民主发展的正确政治方向，不断提升了民主的质量和民众的获得感满意度。

最后，全过程人民民主更加凸显民主的人民性。从 2019 年习近平总书记在上海考察时提出人民民主是一种全过程的民主，到 2021 年在中国共产党成立 100 周年纪念大会上他提出要发展全过程人民民主，充分体现出以习近平同志为核心的党中央对社会主义民主政治建设规律的新认识，对人类政治文明特别是民主发展的新认识。一方面，不断增强全过程人民民主的人民性要充分发挥人民群众的主体作用，保证人民以直接或间接的方式依法有效行使管理国家事务、管理经济和文化事业、管理社会事务的权利。另一方面，全过程人民民主的实践活动要体现人民意志、保障人民权益、激发人民创造活力，用制度体系保证人民当家作主。

# 第二节
# 人类民主政治的新形态

2020 年中国决战脱贫攻坚的伟大胜利，用中国特色社会主义经济制度破解了人类经济领域的千古难题——如何消除绝对贫困。取得此伟大成就的一个原因则是中国特色社会主义政治制度，它通过全过程人民民主破解了人类政治领域的千古难题——如何建立真正代表人民根本利益的国家权力。通过破解这两大千古难题，中国共产党及其领导下的中国人民为人类作出了伟大贡献。

## 一、剥削阶级国家权力的阶级性与政治制度的千古难题

使国家的公共权力代表广大人民意志和根本利益，是人类文明史上广大人民的美好梦想。正因如此，历史上几乎所有的剥削阶级执政者都声称其代表人民利益，以获取人民的信任。古罗马执政者

声称以人民的名义行使权力，中国历代统治者也声称自己爱民如子。通过民选程序上台的西方执政者，更是声称自己代表全体民众的利益。但是事实与其所言完全相反，他们执掌的国家权力归根到底代表的是在社会经济基础中占据支配地位的剥削阶级集团的利益。如何实现人类在政治制度上的伟大理想，建立代表人民根本利益的国家政权？这是人类政治史上的千古难题。

1. 剥削阶级国家权力的阶级性及其“公共性”幻象

一切剥削阶级国家根本不可能解决这个千古难题，这由其政权的阶级性所决定。自从人类社会出现了对剩余劳动的争夺与占有，便形成了由不同地位的阶级组成的社会经济结构，此即作为生产关系总和的社会经济基础。而在社会经济基础中掌握关键资源、处于优势地位的剥削阶级，必然把自己的经济权力转化为政治权力，建立以有组织暴力为威慑力量的权力机构——国家，用以维护其经济地位与利益。由此产生的国家在其行使公共权力的过程中，必须得到经济基础中占支配地位的剥削阶级的支持才能生存，否则将会立刻失去经济支撑而垮台，因而绝不可能代表广大劳动人民的利益。恩格斯深刻地阐明：“由于国家是从控制阶级对立的需要中产生的，由于它同时又是在这些阶级的冲突中产生的，所以，它照例是最强大的、在经济上占统治地位的阶级的国家，这个阶级借助于国家而在政治上也成为占统治地位的阶级，因而获得了镇压和剥削被压迫阶级的新手段。”[①]列宁进一步指出：“国家这种强制人的特殊机构，

① 《马克思恩格斯文集》(第 4 卷)，人民出版社，2009，第 191 页。

只是在社会划分为阶级，即划分为这样一些集团，其中一些集团能够经常占有另一些集团的劳动的地方和时候，只是在人剥削人的地方，才产生出来的。”由此得到国家的定义：“国家是维护一个阶级对另一个阶级的统治的机器。”[①]

因此，剥削阶级国家政权的深层的根本矛盾是统治阶级与被统治的人民大众的矛盾，它贯穿于全部施政过程中。然而统治者为了维护其权力，都竭力掩盖这一真相，声称自己代表全体国民的意志与利益，以使其政权具有“天经地义”的合法性，由此“建立一种‘秩序’来缓和阶级冲突，使这种压迫合法化、固定化”[②]。为达此目的，其采取了下述两条途径，从而使国家的这一根本矛盾表现为表面现象层次的“公共性”与本质层次的阶级性之间的矛盾。

一是在意识形态上，制造代表全体国民的“超阶级国家”的精神幻象，实现对人民的精神统治。剥削阶级统治者总是声称其统治权力及其维护的社会秩序是上帝的旨意或合乎宇宙的理性法则，给其政权披上超阶级的神圣的“合法性外衣”，以蒙蔽民众接受其统治。国家政权的根本矛盾——统治者与被统治的人民的阶级矛盾，于是表现为“超阶级国家”的精神幻象与现实国家的阶级本质的矛盾。

二是在执政过程中，以行使公共事务职能为手段来建立维护统治阶级利益的社会政治经济秩序，实施对人民的现实统治。每个国家都面临必须应对的公共事务，如应对自然灾害，建设交通水利等

① 《列宁全集》（第 37 卷），人民出版社，2017，第 65、68 页。
② 《列宁全集》（第 31 卷），人民出版社，2017，第 6 页。

公共设施，维护社会秩序，以及处理与别国的关系，等等。处理这些公共事务是全体社会成员的共同需要（公共性），这成为国家“公共权力”之所以必须存在的最重要的理由。然而建立怎样的社会秩序、制度和政策来处理这些公共事务，则各阶级立足于自身利益，形成不同的政治主张，从而使“公共权力”具有了阶级性。剥削阶级必然争夺处理公共事务的“公共权力”，以建立符合剥削阶级意志的典章制度、法律政策，实施对人民的现实统治。行使公共事务职能是手段，而维护阶级统治、实现统治阶级的利益、统治人民则是其目的。于是，国家政权的根本矛盾——统治者与被统治的人民大众的阶级矛盾，在现象层次就表现为人民大众对处理公共事务的要求（公共性）与统治集团利用公共事务来牟取其阶级利益（阶级性）的矛盾。例如，面临疫情灾害，政府必须进行防疫抗疫的公共事务。人民大众对这一公共事务的要求是维护每个人的健康权与生命权，这是“公共性”要求。而由资本支配的国家权力却将公共事务视为谋求自身权力的手段，例如，为了满足资本扩张的需要故意淡化疫情，利用疫情来煽动社会对他国的仇恨情绪以实现其政治目的，甚至利用生产和分配防疫抗疫物资来发国难财，这些都体现了国家的阶级性。

从历史事实来看，古代奴隶制与封建制国家统治者主张“君权神授”，将自己扮成凌驾在人民之上的神的化身，将其维护的等级制度当作天经地义的宇宙法则，由此制造人民对于其国家政权的合法性与神圣性的精神幻象，以实现对人民的精神统治，进而利用国家履行公共服务职能（公共权力）来建立和巩固其等级制度，这种国家制度当然只是压迫人民的机器。作为现代西方民主制历史源头的古希腊“直接民主制”也同样如此，这是自由移民（来源于海盗和工商业奴隶主）建立的“城邦社会”与贵族寡头政权长期斗争和融合的产物，是贵族和奴隶主通过辩论、抽签与投票的方式运行的政治权力，从而是压迫奴隶与妇女的权力机器。[①]这种民主制由于常常使国家政权处于无休止的争吵之中，而导致亡国的噩运，柏拉图、亚里士多德将这种民主制称为“变态政体”，认为其将导致极端的“暴民统治”。[②]事实上，这种“民主制”已经作为失败的政体而被历史淘汰。

资本来到人间，“资本和市场”成为重组社会的组织方式，必然要打破建立在血缘关系与土地贵族所有制基础上的封建权力结构，以开拓资本扩张空间。为此，新兴的资产阶级用理性主义揭露“君权神授”的迷信，而主张通过“国权民授”建立国家政权。资本主义民主制度由此诞生，“选举民主”成为国家权力神圣性的来源，声称由此产生的国家必然代表全民利益。然而事实上，这种单环节的“民主选举”只是一种民主幻象，其本质是将资本的经济权力转化为政治权力的机器。

2. 多党选举民主制的根本缺陷：资本经济权力向政治权力的转化器与“单环节民主”

多党选举制一直被西方制度自诩为“自由”“民主”的制度。

① 胡骏：《古希腊民主想的萌芽》，《华东政法大学学报》2008 年第 5 期。黄颂杰：《普罗太戈拉和古希腊民主政治》，《复旦学报（社会科学版）》1981 年第 1 期。魏凤莲：《对近年来国内古希腊民主制研究的思考》，《史学月刊》2009 年第 9 期。

② 亚里士多德：《政治学》，吴寿彭译，商务印书馆，1965，第 134 页。

因为表面看来，它意味着全体人民按照自己的意志自由地投票选择，所以能够产生代表多数人民意志的国家政权。然而这只是表面的“自由民主”幻象，其至少有两方面的致命缺陷。

首先，从本质上说，多党竞争民主制使候选人必然是资本集团的代言人，而各政党通过获取“选票”将经济基础中的资本权力转化为国家政治权力。多党制度在法律上允许人们自由组织政党，但是在社会资源被资本占有、社会传媒被资本垄断、一切政党活动依靠金钱开路的现实环境下，依靠穷人政治献金生存的政党无法与实力雄厚的资本集团支持的资产阶级政党相匹敌，因此至多只能获取议会中少数席位而作为多党竞争中的陪衬，其政治主张永无实现之可能。唯有“大金主”（垄断资本）强力支持的政党及其推出的候选人，才有可能执掌国家政权。民众只能在这些候选人中进行选择，因此无论选举结果如何，当选者只可能是资本意志的代表者。实际上，多党制本身并非民主的必然体现，而只是资本的竞争本性的必然产物：每个资本都力求将资本的经济权力转化为政治权力，为此必须拉帮结派，组织和经营各个政党，最后形成作为政治寡头的几个大党，其唯一职能就是将金主的钞票转化为民众的选票，充当资本的经济权力转化为政治权力的转化器。经济基础决定上层建筑，能够获取执政权的政党永远只能是在经济基础上处于支配地位的资本联盟。当今美国形成了代表石油、钢铁等传统产业资本集团（集中在中部“红区”）的共和党，以及代表金融资本集团（包括依靠金融市场而兴起的“数字产业资本”，集中在沿海“蓝区”）的民主党。由于大资本往往通过“两头投注”以求“旱涝保收”，导致各个政党所代表的资本集团相互交叉重叠而日益复杂，但说到底都代表资本意志，而非人民意志。德国学者米歇尔斯承认：多党制度中“任何政党组织都代表了一种建立在民主基础上的寡头化权力”[①]。政党间的相互制衡并非人民意志对国家权力的制衡，而是资本集团之间相互制衡与政客们争夺政治利益的闹剧。而在此过程中，各个政党为了争夺选票，会蓄意挑起民众对立，撕裂社会，甚至引起社会动乱。自命为“民主灯塔”的美国选举乱象已经将多党制民主的丑恶面目显示在世界人民面前。

其次，从运行机制上说，脱离民主决策施政全过程，将“民主”限制在“民主选举”环节，不可能产生真正能够代表人民集体意志的政府。民主是复杂的过程：分散的人民意志要形成一致的集体意志，并且使集体意志能够得到统一执行与改进，按照人民的意志行使处理公共事务的公共权力，这本身需要复杂的全过程才能实现，投票表决只是这个复杂过程中的一个环节。“民主”一旦脱离复杂的全过程，仅通过投票“多数决原则”来体现，那么即便不受任何因素干扰，也不能产生真正代表大多数人意志的“集体意志”，这就是著名的“阿罗不可能定理”。阿罗证明：只要被需要表决的对象超过两个，每个人按照自己对表决对象的偏好次序（个体意志）进行投票，那么按照“多数决原则”得到的群体偏好次序（集

---

① 罗伯特·米歇尔斯：《寡头统治铁律：现代民主制度中的政党社会学》，任军锋等译，天津人民出版社，2003，第351页。

体意志）必然自相矛盾——“A 既好于 B，B 也好于 A”。随着选民数量和待决事项的增加，奉行“多数决原则”的“程序民主”必将越来越远离实质民主。[①]

人们对“阿罗不可能定理”会困惑不解：明明是根据民众选票决定结果，其结果为何不能代表多数人的意见？其实此乃必然，真正能够代表人民根本利益的民主决策绝非简单的投票表决，而应包括由政策的形成、评估、实施、反馈和改进等复杂环节组成的“全过程”，民主必须体现在这“全过程”中，而不能仅仅体现于投票表决中。这是掩藏在“阿罗不可能定理”背后的深层社会机制。[②]有人会说，用两党取代多党可以把多项偏好次序简化为对两党的偏好次序以避免“阿罗不可能定理”。但是这种简化必然导致个人对

---

① 肯尼斯·阿罗：《社会选择与个人价值》，丁建峰译，上海人民出版社，2010。该定理源于 18 世纪法国思想家孔多赛提出的“投票悖论”。假设需要投诸表决的备选方案是 A、B、C 三项，而投票者有甲、乙、丙三人，他们对这三项方案的偏好排序分别是：甲 A>B>C，乙 B>C>A，丙 C>A>B。甲、乙两人的共识是 B 好于 C，按照少数服从多数原则而产生的群体意志是 B 好于 C：而乙、丙两人的共识是 C 好于 A，产生的群体意志是 C 好于 A。既然群体意志认为 B 好于 C（甲乙共识），而 C 好于 A（乙丙共识），按照递推原理，群体意志应当是认为 B 好于 A。于是得到了两个相互矛盾的群体意志：“A 好于 B”和“B 好于 A”。由此可见，按照“多数决原则”得到的结果是相互矛盾的。

② 产生投票悖论的根本原因，是在方案 A、B、C 的形成过程中，没有形成最充分的共识，三者意见都各不相同。其排序相同的部分并非“共识”，而只是这些方案的偏好次序的数目限制，导致其间必然发生外在的、随机的选项“重合”，正像人们抽到同样的签牌一样。于是由此形成的悖论就不足为奇了。消除这个悖论的根本途径，是让投票者对投票方案进行充分讨论协商，形成了修订后的方案 A′、B′、C′，于是其形成的共识不再是随机的外在的选项“重合”，而是沟通后的内在共识，于是其偏好排序发生了改变。例如，变为三者完全一致：甲 A′>B′>C′，乙 A′>B′>C′，丙 A′>B′>C′，或者三者中某两人完全一致：甲 A′>B′>C′，乙 A′>B′>C′，丙 C′>B′>A′，投票悖论便在民主决策的全过程中得到消除。

两党的偏好次序处于迷茫状态：人们在某些事项上支持 A 党，在另一些事项上支持 B 党。因此，两党制无法避免“投票悖论”，无法产生出代表人民意志的群体选择结果。

以上是假定的“公正透明”的民主操作。现实的民主必然更加糟糕：处处充斥着资本操纵的黑手，再加上繁杂不合理、不公正的选举制度，导致只要有并不占多数的铁杆支持者就有可能当选。对美国的“选举人制度”进行精明的计算表明，只要取悦占美国人口 35% 到 40% 的铁杆支持者，以保证在“摇摆州”取得简单多数就能当选总统。于是不仅选举结果是借百姓之手将某些资本集团抬上国家权力圣坛，而且选举过程也是金钱政治、造谣抹黑、撕裂社会的过程。

如此糟糕的多党制选举却被西方思想家捧上神圣地位，被推崇为民主政治的唯一形式。在他们看来，民主不在于“人民当家作主”，不在于代表人民根本利益，而在于实行多党选举。熊彼特将民主定义为“那种为作出政治决定而实行的制度安排，在这种安排中，某些人通过争取人民选票取得作决定的权力”[①]。亨廷顿断言：“民主政治的核心程序是被统治的人民通过竞争性的选举来挑选领袖。”[②]不采用“普选”就被判定为专制。而渴望民主政治的伟大战士马克思曾一针见血地讥讽过这种对选举政治的迷狂，“1848 年以

① 约瑟夫·熊彼特：《资本主义、社会主义与民主》，吴良健译，商务印书馆，1999，第 395-396 页。

② 塞缪尔·亨廷顿：《第三波——20 世纪后期民主化浪潮》，刘军宁译，上海三联书店，1998，第 4 页。

来，在全欧洲大陆上流行着一种特殊的病症，即**议会迷**，染有这种病症的人就变成幻想世界的俘虏，失去一切理智，失去一切记忆，失去对外界世俗事物的一切理解”[①]。这是何等深刻的洞见！

之所以会发生如此咄咄怪事，是因为多党选举制是资产阶级将资本的经济权力转化为政治权力的最佳途径：它既确保了由此产生的权力牢牢地掌握在资本家的手中，又能使其披上民意合法性的外衣，同时还能充当平息资产阶级内部争夺政权的斗争的工具。一旦选举结束，所谓的“民主”仪式也就随之结束，从而只是仪式性的“选举日民主”。被选上的统治者必然会按照“大金主”（垄断资本集团）的意志行使公共权力，作出符合这些资本集团的根本利益的各种决策。

当然，应当承认，现代“民主共和制和普选制同农奴制比较起来是一大进步”[②]。资本权力之间通过争夺选票的竞争来作裁决，使各政党不得不迎合部分民众的利益诉求，客观上能增进民众某些方面的福利。但是我们必须清楚地看到，这丝毫不能证明由此产生的政权代表人民利益。那些有利于民生的政策主张只是资本为了获取政权而不得不付出的代价，其真正目的是通过由此获取的政治权力，得到远远超出这些代价的巨大资本利益。正如专门研究民主制度的美国学者乔万尼·萨托利所承认的：“甚至由获胜的投票多数

① 《马克思恩格斯选集》（第 1 卷），人民出版社，1995，第 648 页。
② 《列宁选集》（第 4 卷），人民出版社，2012，第 38 页。

组成的人民也不真正行使权力。”[①]而且，那些表面上有利于人民的政策主张，其长期效果往往是违背人民的根本利益的。例如，为了选票而不断加码的福利制度承诺，导致国家陷入债务危机乃至破产，其后果仍由人民承担。为此，西方学者们不得不承认，“多数民主模式是排他的、竞争性和对抗性的”，并不能代表全体人民的长远利益。[②]

总之，尽管西方民主制较封建社会有巨大进步，其中含有的积极因素今天仍然值得我们批判地借鉴和吸收，但是不可能解决国家政权如何代表人民利益这个千古难题，其只能产生由资本权力转化而来、维护垄断资本利益的国家政权。

## 二、全过程人民民主的基石

解决人类政治史上的千古难题，建立代表人民根本利益的国家的重任，历史地落在无产阶级及其政党身上。中国共产党自成立以来，特别是1949年以来长期执政之后，一直在破解这个千古难题，建立了真正代表人民根本利益的国家政权的基本框架，这就是我国宪法规定的“工人阶级领导的、以工农联盟为基础的人民民主专政的社会主义国家”。这是与剥削阶级国家完全不同质的新型国家。

---

① 乔万尼·萨托利：《民主新论：当代论争》，冯克利、阎克文译，上海人民出版社，2015，第61-62页。

② 阿伦·利普哈特：《民主的模式：36个国家的政府形式和政府绩效》，陈崎译，北京大学出版社，2006，第2页。

其“新”之所在，集中体现在坚持党的领导、人民当家作主、依法治国有机统一。

1. 人民当家作主是人民民主的本质特征：人民从旧国家中的被统治者转变为新国家的主人

首先，这体现在将人民当家作主作为国家权力的合法性和神圣性的来源。剥削阶级国家将其政权的合法性归于凌驾在人类社会之上的“上帝”与“天则”，这只是其国家权力的幻象，是对现实关系的颠倒，因为国家权力并非“上帝”或“天则”所赐，也不是由“天赋人权”的割让所产生，而是来自创造历史的人民。人民在生产物质财富与精神财富的同时，也生产出以这些财富为载体的人与人的社会关系，由此生成一切权力的物质基础。剥削阶级国家的统治者占有人民创造的这种物质基础并将其作为实施自己意志的工具，才形成了其手中的国家权力，并用这种权力反过来压迫人民。而社会主义新型国家则将这种被颠倒的关系再颠倒回来。毛泽东说过：“这个上帝不是别人，就是全中国的人民大众。”[①]共产党人将国家权力归还到创造权力的人民手中，将人民当家作主作为人民民主的本质特征，将为人民服务作为最神圣的事业，将人民性作为国家权力的合法性和神圣性的来源。

其次，这体现在国家权力的公共职能上。剥削阶级国家利用履行公共职能的机会来实现其阶级统治的目的。而社会主义新型国家

① 《毛泽东选集》(第3卷)，人民出版社，1991，第1102页。

则实行人民当家作主，按照人民的意志履行公共职能，建立符合人民根本利益的社会结构与法律政策。正如习近平总书记所指出："我国是工人阶级领导的、以工农联盟为基础的人民民主专政的社会主义国家，国家一切权力属于人民。我国社会主义民主是维护人民根本利益的最广泛、最真实、最管用的民主。发展社会主义民主政治就是要体现人民意志、保障人民权益、激发人民创造活力，用制度体系保证人民当家作主。"①

2. 党的领导是人民民主的根本保证：党领导人民行使当家作主的权利

人民当家作主不是空洞的口号，而是现实的政治实践过程。这个过程绝不是每个社会成员都行使"公共权力"的无序过程，因为那只会导致全社会极度混乱，使人民当家作主走向反面。这个过程也不可能通过多个政党争夺政权来实现，因为这必将导致掌握社会资源的"各路诸侯"通过各个政党争夺人民的选票而掌握公共权力，最后建立的必然是少数人统治多数人的国家。因此，能够实现人民当家作主的唯一途径，就是通过真正扎根于人民、与人民保持血肉联系的政党来领导人民实现当家作主。在中国，这样的政党正是中国共产党。中国共产党是由工人阶级和广大劳动人民的先进分子组成的政党，将劳动人民的根本利益作为自己奋斗的唯一目的，此外不谋取任何其他特殊利益。因此，必须由党领导人民行使当家

① 习近平：《决胜全面建成小康社会 夺取新时代中国特色社会主义伟大胜利——在中国共产党第十九次全国代表大会上的报告》，人民出版社，2017，第35-36页。

作主的权利。离开党的领导，人民群众就会成为一盘散沙，社会就会陷入无序混乱，所谓“当家作主”必然沦为空谈，最后只会导致剥削阶级恢复对人民的统治。因此，“中国特色社会主义制度的最大优势是中国共产党领导”[①]。那种把党的领导与人民当家作主对立起来的观点是幼稚的形而上学的观点，因为它割裂了党和人民的血肉联系，不理解党领导人民的过程正是党领导人民行使当家作主的权利的过程。

3. 全面依法治国是党领导人民治理国家的基本方式

剥削阶级国家的法律制度说到底是为了建立有利于剥削阶级根本利益的社会秩序，为此将其法律披上凌驾于人民之上的“神喻”或“天则”的光环，主张人类服从法律如同万物服从“上帝”与“天则”。马克思主义揭开了蒙在这种“法律”上的神秘面纱，指出其被奉为“天则”的法律本身是社会关系的产物，贯穿着剥削阶级的意志。而新型的人民民主国家则将“党领导人民当家作主”的过程制度化，使党的领导活动、政府的施政行为与人民行使当家作主权利的行为有章可循、有法可依。党领导人民通过民主程序制定法律。而法律一旦制定，就因其符合人民根本利益而具有了神圣性，包括党和政府与全体人民在内的一切社会组织和社会成员都必须遵循，都要在法律规定的范围内进行其社会活动。

上述三个方面构成统一整体，为破解国家政权上的千古难题奠

① 习近平：《决胜全面建成小康社会 夺取新时代中国特色社会主义伟大胜利——在中国共产党第十九次全国代表大会上的报告》，人民出版社，2017，第 20 页。

定了基础。习近平深刻地指出:“坚持党的领导、人民当家作主、依法治国有机统一。党的领导是人民当家作主和依法治国的根本保证,人民当家作主是社会主义民主政治的本质特征,依法治国是党领导人民治理国家的基本方式,三者统一于我国社会主义民主政治伟大实践。”[①]这三方面的辩证统一,鲜活地体现了唯物辩证法和历史唯物主义方法论,是对马克思主义的伟大发展。

## 三、用制度体系保证人民当家作主

要实现党的领导、人民当家作主和依法治国三者的统一,就必须建立一整套制度体系以实现“用制度体系保证人民当家作主”[②]——这正是全过程人民民主。习近平总书记指出:“我们走的是一条中国特色社会主义政治发展道路,人民民主是一种全过程的民主,所有的重大立法决策都是依照程序、经过民主酝酿,通过科学决策、民主决策产生的。”[③]全过程人民民主突破了选举民主的神话,使“中国的民主不仅仅表现在政治选举上,还体现在经济、文

① 习近平:《决胜全面建成小康社会 夺取新时代中国特色社会主义伟大胜利——在中国共产党第十九次全国代表大会上的报告》,人民出版社,2017,第 36 页。

② 习近平:《决胜全面建成小康社会 夺取新时代中国特色社会主义伟大胜利——在中国共产党第十九次全国代表大会上的报告》,人民出版社,2017,第 36 页。

③ 《习近平:中国的民主是一种全过程的民主》,http://www.xinhuanet.com/2019-11/03/c_1125186412.htm。

化、社会方方面面”[①]，开拓了人类制度的新境界，创造了人类民主制度新形态。

马克思指出：“在民主制中，任何一个环节都不具有与它本身的意义不同的意义。每一个环节实际上都只是整体人民的环节。”[②]坚持党的领导、人民当家作主、依法治国有机统一的人民民主制度必须通过一系列环节来实现，由此构成全过程人民民主制度体系。从总体上说，民主的全过程包括三大过程：一是通过民主协商形成人民的集体意志，并且将人民的意志确定为法律和政策的过程；二是在人民的民主参与下，政府部门执行、实施和改进这些法律和政策的过程；三是对上述民主决策和政策执行进行民主监督的过程。这三大过程必须通过一系列环节来实现，其中主要环节及其破解的难题可大致概括如下：

第一环节，通过党的基层组织制度密切党和人民的血肉联系。党的基层组织牢牢扎根于全社会每一个细胞之中，使全体党员时刻不忘初心、牢记使命，建立起党和人民群众的命运共同体。从“三湾改编”开始至今，我们党始终坚持“支部建在连上”的组织原则，形成“纵向到底、横向到边”的严密组织体系，成功地破解执政者与群众相脱离、相对立的治理难题。资产阶级政党不可能建立与人民群众的血肉联系，因为其“深耕选区”的目的仅是获取选

---

① 韩震：《全过程民主制度保证了中国道路的成功》，《社会主义论坛》2019 年第 12 期。

② 《马克思恩格斯全集》（第 3 卷），人民出版社，2002，第 39 页。

票，一旦当选则服务于“金主”。只有奉行以人民为中心、不忘初心使命的中国共产党才会真正扎根于基层人民群众，形成党和人民密切联系的命运共同体。

第二环节，通过党领导下的基层民主和群众路线来发挥基层自治功能。中国社会具有按村规民约进行基层自治的传统，这对维系社会稳定至关重要。通过强化党的基层组织建设，走群众路线，倾听群众呼声，发挥群众参加基层自治的积极性，在国家法制范围内充分发挥和鼓励基层自治功能，“着力推动基层群众自治组织的性质复归和功能复位”[①]。由此形成党和群众的强有力的监督，严惩乡村宗族势力和村霸势力违背国家政策法制、欺压基层民众的行为，这就使基层自治单位能够代表基层民众的利益和意志，实现基层单位人民当家作主。

第三环节，通过民主集中制形成党的统一意志，破解如何将个人意志统一为集体意志的治理难题。每个社会成员都会有其个人意志，必须把不同的个人意志集中为统一的集体意志，否则要么陷入群龙无首的混乱局面而导致解体，要么陷入领导者个人专断独裁而导致民怨。我们党解决这一难题的法宝是“民主集中制”。习近平总书记强调：“民主集中制是我们党的根本组织原则和领导制度，是马克思主义政党区别于其他政党的重要标志。”[②]其具体内容

① 李慧风、郁建兴：《基层政府治理改革与发展逻辑》，《马克思主义与现实》2014 年第 1 期。

② 《树牢“四个意识”坚定“四个自信”坚决做到“两个维护”勇于担当作为 以求真务实作风把党中央决策部署落到实处》，《人民日报》2018 年 12 月 27 日第 1 版。

是“民主基础上的集中和集中指导下的民主相结合”。所谓“民主基础上的集中”，即“自下而上”充分收集与了解广大基层党员和群众的诉求，发动广大群众提出各种意见建议，力求最大限度地掌握和吸收民意。所谓“集中指导下的民主”，即“自上而下”由上级机关形成的初步意见按照民主程序下发下级充分讨论，提出修改建议。如此反复多次，最后投票表决通过相关决议。这既能避免党组织“一把手”在决策时搞“一言堂”，又能避免陷入没有结果的无休止的争吵议论。

第四环节，中国共产党领导的多党合作和政治协商制度，破解社会各界意见冲突的难题，形成代表全体人民总体利益的共同意志。人民既是整体，又包括不同的阶层、界别、民族、职业等；既有共同利益，又有不同利益诉求。如何既代表绝大多数人民的根本利益，又兼顾少数人的利益，一直是民主政治的难题。在西方民主中，这些矛盾是通过以实力为基础的各派力量之间的争吵、博弈与抗争来实现的。其结果必然是处于优势地位的资本力量获胜，广大人民必然处于被压迫被剥削的地位，社会也因此而被撕裂。而中国共产党领导的多党合作和政治协商制度，通过协商民主成功地为破解这一难题开辟了道路。习近平指出：社会主义协商民主是“中国社会主义民主政治中独特的、独有的、独到的民主形式”，“具有深厚的文化基础、理论基础、实践基础、制度基础”。[①] 代表各个阶

① 习近平：《在庆祝中国人民政治协商会议成立 65 周年大会上的讲话》，人民出版社，2014，第 15 页。

层界别的民主党派和无党派人士充分表达自己的意见，中国共产党则根据扎根于基层和民主集中制形成的集体意见，来领导与协调各民主党派的意见。重大政府决策事前必须进行充分调研，举办覆盖面广的听证会、协商会；完善民主协商平台和载体，注重运用网络信息化手段，增强民意感知力，让更多社会阶层的群众参与民主协商。经过这一系列民主决策过程，将各方意见包容统一于中国人民的根本利益之中，从而达到最大程度地代表全中国人民的利益。

第五环节，通过“顶层设计”和“问计于民”的统一，作出充分集中体现民意与民智的科学决策。党和政府在决策过程中，由党和政府提出决策需求，向人民开门问策，通过专家咨询、智库研究、群众献策、网络征集意见等各种民主形式，充分听取民意、集中民智，使尽可能多的民众参与决策过程。《中共中央关于制定国民经济和社会发展第十四个五年规划和二〇三五年远景目标的建议》的制定过程是其典型案例。习近平指出：“这次建议稿起草的一个重要特点是坚持发扬民主、开门问策、集思广益。我就‘十四五’规划编制明确提出一系列要求，强调要把加强顶层设计和坚持问计于民统一起来，鼓励广大人民群众和社会各界以各种方式为‘十四五’规划建言献策。”[①]为此，习近平先后主持召开各种性质的座谈会，当面听取各方面的意见和建议，而且有关方面还从网上征求的100多万条留言中整理出1 000余条建议，对所有建议

① 习近平：《关于〈中共中央关于制定国民经济和社会发展第十四个五年规划和二〇三五年远景目标的建议〉的说明》，《人民日报》2020年11月4日第2版。

与意见逐条分析，能吸收的尽量吸收。这是我国民主制度的生动实践与光辉案例。

第六环节，通过人民代表大会的根本政治制度将党的意志转化为国家法律。“法律是治国之重器，法治是国家治理体系和治理能力的重要依托。”[①]通过上述环节形成的、代表人民根本利益的党的意志，必须转化为国家的法律，才能形成国家权力。将执政党的意志转化为国家法律乃是破解民主政治难题的关键环节。西方政党通过政党博弈来完成这一环节，各党派为了维护其所代表的资本利益进行无休止的党争，造成一系列政治闹剧，人民利益成为党争的牺牲品。我国确定人民代表大会制度作为国家的根本政治制度，成功地开辟了解决这个难题的道路。由前述过程形成的党的意志，通过各种决定、议案和建议等形式，交给人民代表审议，广泛征求代表意见，最终通过民主表决形成法律。

第七环节，政策实施过程的反复检验、反馈与改进，使党和政府的各项决策在实践中日益精准地代表人民利益。通过上述过程形成的代表人民根本利益的法律与政策，能否达到预想的目的，还需要实践检验。在西方民主政治中，各项政策往往代表特殊资本集团的利益，这就会导致决策效率的低下。例如，美国每年数万人死于枪击案，但是历经数十年政党恶斗，这个问题始终无解。而在我国，党和政府的政策一旦推出，就遵循“从群众中来，到群众中

① 《习近平关于全面依法治国论述摘编》，中央文献出版社，2015，第 6 页。

去”的总体程序路径，交给群众实践不断检验和反馈，根据反馈意见实行改进和完善，实现“试错优化”后再行推广，在推广中继续改进与调整，使其日益精准地服务于人民。因此，“中国的政治制度具有强大的政策动员能力，从而促成政策的及时变化”。[1]这只有在时刻以人民为中心的中国共产党的强有力领导下才有可能。这既能迅速解决当下面临的迫切问题，又能立足社会发展长远战略进行长期规划，这是以获取选票为核心的西方民主制度望尘莫及的。

第八环节，建立不忘初心、牢记使命的制度，建立党内党外的权力监督体系，构筑“不敢腐、不能腐、不想腐”的制度铁笼，破解反腐难题。对权力进行广泛的监督，是实现人民当家作主的重要表现。西方民主制不可能真正解决这一难题。虽然其各政党之间的确相互监督，但这种监督往往沦为各方争夺政权的政党恶斗，结果导致真相与谣言相混、清廉与腐败不辨的乌龙阵，进而引发民众分裂，反而形成对腐败现象的掩盖与保护。而政治献金制度、议会游说制度等则使腐败行为合法化、制度化。中国共产党在长期执政的过程中，形成了一整套党内外监督制度，特别是党的十八大之后，进一步健全完善了各级巡视制度、检察机构内部的回避制度和内部监督制度、人民群众举报监督制度等，初步建立了“不敢腐、不能腐、不想腐”的标本兼治的制度体系，有效地确保了党和政府的各项权力掌握在代表人民利益的各级干部手里，为社会主义民主政治

① 郑永年：《中国改革路线图》，东方出版社，2016，第 171 页。

建立坚强防线。

以上各环节只是对全过程人民民主的粗线条概述。“全过程的民主意味着民主的所有环节一个都不能少”，从制度上和实际运行上保证民主要体现在从选举到决策、管理、监督的全过程，实现全链条化。[①] 由此“扩大人民有序政治参与，保证人民依法实行民主选举、民主协商、民主决策、民主管理、民主监督”。[②]民主选举与投票表决广泛地存在于以上各个环节之中，而不仅仅是“选举日”投票。由此构成人民当家作主的全过程人民民主制度体系，用这一制度体系来实现人民当家作主。这是中国共产党领导中国人民对人类制度文明的伟大创造，破解了人类政治制度史上的千古难题。

## 四、人类社会治理体系的新创造

在拥有 14 亿多人口的大国土地上，中国实现了经济快速发展和社会长期稳定两大奇迹，消除了绝对贫困，实现了全面小康，经受住了突如其来的世界性疫情的严峻考验，在把人民生命健康放在首位的前提下取得疫情防控和经济社会发展双胜利，等等。这一系列铁的事实证明中国新型民主制度具有巨大优越性。这种优越性当然首先表现在用制度体系保证人民当家作主这个主功能上。对此前

① 辛向阳：《人民民主是全过程的民主》，《光明日报》2020 年 5 月 29 日第 13 版。

② 习近平：《决胜全面建成小康社会　夺取新时代中国特色社会主义伟大胜利——在中国共产党第十九次全国代表大会上的报告》，人民出版社，2017，第 37 页。

文已专门讨论，兹不重复。此外，全过程人民民主的运行过程本身还具有一系列重要功能，使我国人民在行使民主权利、实现民族复兴的过程中，也全方位塑造自己，塑造中国社会。

全过程人民民主是淬炼各级干部的“民主大熔炉”。全过程人民民主的各个环节的实践，要求各级干部克服官僚主义，深入基层一线，经受艰难困苦的考验，全面充分地体察民情民意，凝聚民心民力。这不仅能为决策提供实践依据，而且能筑牢干部与群众的血肉联系。各级干部在这个过程中加深对群众的思想感情，使我们党永远与人民群众血肉相连，与人民共谋社会发展，同时接受人民监督，其中的不合格者将被淘汰。

全过程人民民主是提升人民素质的“民主大学校”。人民群众参与全过程人民民主的过程就是自我学习和相互学习，从而提高自身素质的过程。它使人民群众理解社会治理面临的问题，了解参政议政程序，知晓民主政治规则，遵循表达个人意志、与他人交流政见的途径与方式。从而学会依法守法，提高政治素质与法治素质，为全面依法治国提供国民素质基础。

全过程人民民主是激发民智、问计于民的“民主大论坛”。问计于民能够激发民智，采纳吸收人民智慧，并且能够由此发现与培育人民群众中的各类人才。而群众通过参与决策献计，更加深入地理解党和政府的各项决策的目标与根据，从而更自觉地执行决策，在执行过程中发现新问题，提出新建议，在提高各级政府治理水平与治理能力的同时，也提高人民群众的参政能力。

全过程人民民主是构筑和谐社会的“民主大家庭”。在党的领导下，引导人民群众参与决策的过程，能够及时发现各个阶层、界别、民族、群体之间的社会分歧与矛盾，从而能够及时通过民主协商过程，通过合法途径找到化解矛盾和解决问题的路径，在共同目标的引领下，形成与凝聚共识，从而创造稳定和谐的社会生活环境，保持社会稳定。这是中国能够创造社会长期稳定奇迹的原因之一。

以上“大熔炉”“大学校”“大论坛”“大家庭”合在一起，将整个中华民族塑造成个人意志与国家意志相统一，为实现民族复兴与人民幸福的中国梦而奋斗的有机整体，从而具有巨大的全民性的组织动员能力。这就使民主决策过程成为组织动员全民族为共同目标而奋斗的过程。在资本主义民主制度下，个人自由受到两大外在因素制约：一是在资本掌控的货币体系中，社会活动范围受到其拥有的货币数量的限制；二是受到凌驾在个人与社会之上、由被奉为“天则”的所谓“普世价值”所决定的法律条文的约束，而这些所谓“天则”实质上乃是资本意志的体现，只不过披上了超人类、超社会的理性外衣。而我国全过程人民民主，作为党领导人民当家作主的制度体系，则通过自上而下、自下而上的反复循环沟通，最大程度地凝聚社会共识，形成凝聚绝大多数人民意志的集体意志，从而使个人意志与国家集体意志达到最大程度的内在统一。由这种统一所形成的社会法规秩序，受到绝大多数人民的理解与支持。这就使我国的全过程人民民主的运行过程对全体人民具有巨大的号召力，具有强大的内在的组织动员能力。我国正是靠着这个强大的组织动员力，将14亿多人民组织成为实现中华民族伟大复兴的中国梦而奋斗的巨大力量。

与长达数百年的西方民主相比，中国的全过程人民民主的探索、建立与推行只有几十年的时间，还有许多需要解决的难题，是一种正在成长过程中的新型民主制度。上述种种优越性还有待在实践中进一步发挥，使潜在优势转化为现实优势。面对这些优势，一些反华势力感到极其恐慌，无理性、无底线地诬蔑抹黑。但是一些具有理性头脑的进步的西方学者，却能够正视西方选举政治的种种乱象，看到中国当代民主制度的优越性。例如，有学者提出了用“协商民主”（deliberative democracy）改进西方民主的设想。[①] 这一事实显示了中国民主制度的强大生命力与世界影响力。随着历史的发展，人类的国家治理史上的这一新型民主制度必将日臻完善，人民当家作主的伟大愿景，必将在实践过程中得到日益充分的实现。

① 高奇琦、杜欢：《智能文明与全过程民主的发展：国家治理现代化的新命题》，《社会科学》2020年第5期。

## 第三节
# 社会主义民主的重大创新

习近平在庆祝中国共产党成立100周年大会上的讲话中提出“践行以人民为中心的发展思想，发展全过程人民民主”的重要论断，这是对中国特色社会主义民主政治建设经验和规律的深刻总结，是社会主义民主政治话语权建构的重要成果，是对社会主义民主政治理论与实践的重大创新，为新时代发展社会主义民主政治、建设社会主义政治文明指明了方向。认真学习、深刻阐释习近平的这一重要论断，是哲学社会科学工作者的重要职责。

### 一、丰富和发展了社会主义民主政治的本质内涵

“民主”就其原意而言，是指“人民的统治”，古希腊时期，思想家们通常将民主理解为一种政体形式，主要是指公民直接参与政

治活动和政治决策的一种制度安排。近代以来，随着资产阶级代议制民主的兴起，资产阶级民主理论家也都从政体意义上来理解民主概念，有的学者甚至将民主理解为一种竞争性的选举制度。如，在当代西方有广泛影响的经济学家约瑟夫·熊彼特就将民主定义为："那种为作出政治决定而实行的制度安排，在这种安排中，某些人通过争取人民选票取得作出决定的权力。"[①]"民主政治并不意味着人民真正的统治——就'人民'和'统治'两词的任何明显意义而言——民主政治的意思只能是：人民有接受或拒绝将来要统治他们的人的机会。"[②]很显然，在西方学者看来，民主仅仅意味着政治家在选举中获得多数选票，人民只在选举中才发挥作用。在西方民主理论中始终没有解决的一个关键问题，就是"人民"的性质和范围问题。

马克思主义实现了在民主思想史上的革命性变革。马克思主义认为，民主作为一种国家制度，其实质是人民与国家政权的关系，也就是哪个阶级掌握国家政权的问题，是人民在国家政权中的地位问题，是国体问题，这一问题反映了民主的本质。民主作为上层建筑，它建立在一定的经济基础之上。资产阶级民主是建立在资本主义私有制的基础之上的，其选举过程始终受到资本逻辑的支配，无论其选举形式如何眼花缭乱、选举程序如何严格，实际上都体现了

---

① 约瑟夫·熊彼特：《资本主义、社会主义与民主》，吴良健译，商务印书馆，2012，第395-396页。

② 约瑟夫·熊彼特：《资本主义、社会主义与民主》，吴良健译，商务印书馆，2012，第415页。

资本的力量，是名副其实的金钱政治。因此，资产阶级民主实际上掌控在少数资本家和政客手中，对广大劳动人民而言只是一种摆设，人民实际上处在无权的地位。

社会主义民主，是在推翻资产阶级统治基础上建立的广大人民的政治统治，它是建立在以生产资料公有制为主体的经济制度的基础上，真正实现了人民当家作主，实现了对资产阶级民主的超越，从性质上看是比资产阶级民主更高类型的、更真实的民主。社会主义民主即人民民主，其实质是人民当家作主，是人民在生产资料公有制为主体的经济制度的基础上，享有通过各种形式管理国家事务、管理经济和文化事业、管理社会事务的权利。中华人民共和国的一切权力属于人民。人民对国家政权的拥有、人民的主体地位不是一句空话，必须落实到具体的政治实践中、体现在政治制度的各个环节。人民民主是一种全过程民主，体现了人民享有的权利是真实的、广泛的，说明我国社会主义民主政治将人民在国家中的主体地位落实到了具体的政治制度和政治生活之中，从而极大地丰富和发展了社会主义民主政治的理论。一是中国共产党的领导是实现全过程人民民主的根本保证。人民当家作主，是人民作为整体掌握和行使国家权力，中国共产党作为人民利益的代表者，发挥着整合人民利益和意志、凝聚人民力量、维护和实现人民整体利益的作用。党没有自身的特殊利益，党的领导本质上是保障和支持人民当家作主。只有在中国共产党的领导下，才能确保人民在各个环节、各个领域行使当家作主的权力，也只有在中国共产党的领导下，才能确保人民民主的社会主义方向。二是全过程人民民主从政治制度层面将人民当家作主落到了实处。社会主义民主是一种确保人民当家作主的政治制度安排。习近平在党的十九大报告中指出："发展社会主义民主政治就是要体现人民意志、保障人民权益、激发人民创造活力，用制度体系保证人民当家作主。"[①]我国现行的确保人民行使国家权力、人民当家作主的制度体系主要是由人民代表大会制度、中国共产党领导的多党合作和政治协商制度、民族区域自治制度、基层群众自治制度所构成。只有坚持人民当家作主的制度体系，人民民主才能有效运行、不断扩大，才能从民主选举、民主协商、民主决策、民主管理、民主监督等环节确保人民当家作主。三是全过程人民民主确保了人民群众对政治生活的有效参与，直接体现了人民民主的本质。习近平指出："社会主义民主不仅需要完整的制度程序，而且需要完整的参与实践。"[②]建设社会主义民主政治，既要不断完善我国的政治制度，用制度体系保障人民当家作主，也要不断丰富民主形式、拓宽民主渠道，使人民通过各种渠道有序参与政治生活。人民不仅通过人民代表大会等制度参与国家政治生活，还通过农村村民委员会、城市居民委员会、企事业单位职工代表大会等参与公共事务和自身事务的管理，真正体现人民的知情权、参与权、表达权、监督权，确保基层群众自我管理、自我教育、自我服

---

① 习近平：《决胜全面建成小康社会 夺取新时代中国特色社会主义伟大胜利——在中国共产党第十九次全国代表大会上的报告》，《人民日报》2017 年 10 月 28 日第 1 版。

② 习近平：《在庆祝中国人民政治协商会议成立 65 周年大会上的讲话》，《人民日报》2014 年 9 月 22 日第 1 版。

务、自我监督。

人民民主既是一种政治价值原则，也是一种政治制度安排和政治参与实践。发展全过程人民民主，其实质就是把人民当家作主的政治价值原则落实到政治制度和人民群众的参与实践中，把人民当家作主的权利实现好、维护好，使人民真正成为国家的主人。马克思、恩格斯科学地揭示了社会主义民主的本质，为社会主义民主政治建设指明了方向，以毛泽东为主要代表的中国共产党人提出了人民民主专政理论，建立了我国政治制度的基本框架，为发展社会主义民主进行了不懈的探索，奠定了人民民主的制度基础；以邓小平同志为主要代表的中国共产党人，旗帜鲜明地提出“没有民主就没有社会主义，就没有社会主义的现代化”[①]的重大论断，成功地开创了中国特色社会主义政治发展道路，不断完善我国根本政治制度和基本政治制度，形成了中国特色社会主义政治制度；以江泽民、胡锦涛为主要代表的中国共产党人持续探索中国特色社会主义政治发展道路，提出了建设社会主义政治文明、构建社会主义和谐社会等一系列重要主张，坚持党的领导、人民当家作主和依法治国的有机统一，推进我国人民民主的理论和实践不断发展；中国特色社会主义进入新时代，习近平总书记深刻把握人类民主政治建设的规律，深刻认识中国特色社会主义民主政治建设的时代要求，提出全过程人民民主的科学论断，丰富和发展了社会主义民主政治的本质内涵。

① 《邓小平文选》(第2卷)，人民出版社，1994，第168页。

## 二、丰富和发展了社会主义民主政治的实现形式

民主的实现形式，是指以体现民主价值的政治制度安排为核心的一整套相互联系、相互作用的制度、体制、机制的总和。一个国家选择什么样的民主实现方式，是由这个国家的历史传统、文化传承、经济社会制度、国家本质以及经济社会发展状况等因素决定的。社会主义制度建立以后，劳动人民成为国家的主人，以什么样的方式确保人民当家作主，就成为民主政治建设的关键问题。马克思、恩格斯早就关注无产阶级“争得民主”后，如何实现无产阶级政治统治的问题。早在 1847 年 10 月，恩格斯在《共产主义原理》一文中指出：“无产阶级革命将建立**民主的国家制度**，从而直接或间接地建立无产阶级的政治统治。”[①]在1848年法国二月革命中，马克思敏锐地发现了“社会共和国”这一口号，认为“社会共和国”这一口号，“拟定了现代革命的总的内容”。[②]1871 年，在总结“巴黎公社”经验时，马克思明确提出：“公社的真正秘密就在于：它实质上是工人阶级的政府，是生产者阶级同占有者阶级斗争的产物，是终于发现的可以使劳动在经济上获得解放的政治形式。”[③]马克思还高度肯定公社所实行的普选制、议行合一制、廉价政府等政

① 《马克思恩格斯文集》（第 1 卷），人民出版社，2009，第 685 页。
② 《马克思恩格斯全集》（第 8 卷），人民出版社，1961，第 127 页。
③ 《马克思恩格斯文集》（第 3 卷），人民出版社，2009，第 158 页。

权组织原则。1891 年，在巴黎公社革命发生 20 年之后，恩格斯明确提出，“我们的党和工人阶级只有在民主共和国这种形式下，才能取得统治。民主共和国甚至是无产阶级专政的特殊形式”。[①]这就明确地将“民主共和制”看成是实现无产阶级民主的基本方式。俄国十月革命后，列宁在领导世界上第一个社会主义国家的民主政治建设过程中，根据 1905 年俄国革命中工人阶级创造的“工人代表苏维埃”的经验，创建了“苏维埃制”作为苏联社会主义民主的实现形式。新中国成立后，中国共产党将马克思主义民主政治理论与中国的实际相结合、与中华传统优秀政治文化相结合，在汲取人类政治文明成果的基础上，创造性地探索出符合我国实际、具有强大生命力的人民民主实现形式——人民代表大会制度。我国是工人阶级领导的、以工农联盟为基础的人民民主专政的社会主义国家，这就决定了我国的一切权力归人民所有，人民行使权力的机关是全国人民代表大会和地方各级人民代表大会，人民代表大会既是我国的最高权力机关，也是立法机关，国家行政机关、监察机关、审判机关、检察机关均由人民代表大会产生、对人民代表大会负责、受人民代表大会监督。人民代表大会制度是我国的根本政治制度，既保证了人民行使国家权力，也保证了国家权力的行使受人民监督，切实保障了人民当家作主。

改革开放以来，我国人民民主的实现形式不断健全和完善。中

---

① 《马克思恩格斯文集》（第 4 卷），人民出版社，2009，第 415 页。

国共产党领导的多党合作和政治协商制度、民族区域自治制度、基层群众自治制度得到恢复和发展，成为我国的基本政治制度，共同确保人民民主的有效实现。中国共产党领导的多党合作和政治协商制度，是与我国人民民主专政的国体相适应的中国特色新型政党制度，其中，中国共产党居于领导地位，是执政党；各民主党派接受中国共产党的领导，是参政党。这一新型政党制度体现了我国社会主义民主人民当家作主的本质，可以最大限度地团结各方面力量，最大限度地代表、反映和维护各阶级阶层、各民族、各方面的利益和意志，避免旧式政党制度只代表少数人利益的弊端；可以既相互合作又相互监督，避免旧式政党制度轮流坐庄、恶性竞争的弊端；可以集中各方面的意见和建议，有效推动决策的科学化、民主化、程序化，从而避免旧式政党制度囿于党派利益、集团利益而造成的社会撕裂弊端。民族区域自治制度是我国将马克思主义民族理论和中国实际相结合所探索出的中国特色的解决民族问题正确道路的重要内容，它是在统一的中华人民共和国范围内，以少数民族聚居区为基础，建立相应的民族自治地方，依照宪法和法律设立自治机关，行使自治权利的政治制度，它将民族因素和区域因素结合起来、将统一和自治结合起来，既保障了国家团结统一，又实现了各民族共同当家作主，有利于发挥各民族的积极性。基层群众自治制度，是人民群众以农村村民委员会、城市居民委员会、企事业单位职工代表大会为主要形式，依法直接行使民主选举、民主协商、民主决策、民主管理和民主监督等各项权利，广泛参与基层公共事务和公益事业的政治制度。它已成为当代中国最直接、最广泛、最生动的民主实践。

党的十八大以来，以习近平同志为核心的党中央立足中国特色社会主义进入新时代的新形势新要求，对人民民主的实现形式进行了新的探索，进一步丰富和发展了人民民主实现形式的理论和实践。“全过程人民民主”这一概念是对这种理论和实践的集中概括。从人民民主实现形式的角度看，全过程人民民主主要体现在以下四个方面：

（1）党的领导、人民当家作主、依法治国的有机统一。中国共产党是中国工人阶级的先锋队，同时也是中国人民和中华民族的先锋队，还是中国各族人民利益的忠实代表。中国共产党的领导是中国特色社会主义最本质的特征，也是中国特色社会主义民主政治最本质的特征。中国共产党的性质和宗旨，决定了党领导的目的就是支持并组织人民依法管理国家和社会事务，党的主张和人民的意志具有高度一致性，党的领导与人民当家作主具有内在的统一性。只有坚持党的领导，人民当家作主才能充分实现，国家和社会生活制度化、法治化才能有序推进。人民当家作主是社会主义民主政治的本质和核心。中国共产党的一切奋斗就是为了实现国家富强、民族振兴、人民幸福，就是为了让人民当家作主。中华人民共和国的一切权力属于人民，这就决定了国家的一切公共权力及其运行必须符合人民利益、实现人民意志。发展社会主义民主政治，就是要从各层次各领域扩大公民有序政治参与，发展更加充分、更加广泛、更加健全的人民民主。归根结底就是把人民的利益实现好、维护好、发展好。依法治国是党领导人民治理国家的基本方式。在我国，法是人民意志的体现，依法治国就是按照人民的意志治国，是人民当家作主在治国方式上的集中体现。把人民的意志通过法定程序变为国家法律，依靠法律治理国家，是现代国家治理的通常方式，体现了人类文明的进步，并且可以有效地避免偏私和情欲对治理国家的干扰，有效地保障人民权益，确保国家治理始终体现以人民为中心的根本价值，确保国家长治久安。同时，依法治国也从制度和程序上确保人民当家作主、确保党的领导和党的执政地位。可见，党的领导、人民当家作主、依法治国具有内在的统一性，三者统一于社会主义民主政治建设的全过程中，从而确保人民当家作主这个社会主义民主政治的本质得到实现。

（2）国家形态的民主和非国家形态的民主有机统一。民主从本意上来讲是一种国家制度，体现了国家政权的组织方式、国家权力的运行机制等。随着现代社会的发展，市场经济体制的建立和完善，与国家权力相分离的社会生活领域逐渐扩大，这就要求将民主的原则和方法扩大到社会生活领域。人民民主作为一种全过程民主，就是将人民当家作主这个社会主义民主的本质和核心，贯穿到国家和社会生活的各个方面，体现在国家治理和社会治理的各个环节。民主作为一种国家制度，首先就是在国家制度中体现少数服从多数的原则，将人民的意志作为组织国家政权、行使国家公共权力的根本依据，同时发挥人民对国家权力运行的监督作用。我国的人民代表大会制度和其他政治制度，集中地体现了人民当家作主的本质要求，是国家形态民主的集中体现。发展非国家形态的民主就是将民主扩大到社会生活的各领域，实现民主的全过程性。随着我国社会主义市场经济体制的建立和完善，社会生活中出现了许多新型社会阶层、新型社会组织，人民群众的社会生活领域也在不断扩大，产生了许多与人民群众日常生活息息相关的社会事务和自身事务，需要通过民主的方式予以解决。非国家形态的民主就是指不体现国家权力关系，在村民自治、居民自治、企事业单位管理、社会组织管理、公益事业管理等领域体现出来的民主形式，这些民主形式是人民当家作主最直接、最广泛、最生动的体现。近年来，这一民主形式健康发展，已经成为基层群众管理社会事务和自身事务的有效方式，成为国家形态民主的重要补充，并与国家形态的民主相互促进、相得益彰，全过程地实现人民当家作主的权利。

（3）回应式民主和参与式民主的有机统一。西方一些民主理论家基于西方民主“口惠而实不至”的现状，提出了衡量民主真实性的“回应规则”，即“统治行为与那些受到这些统治行为影响的人们的愿望之间存在必要的一致性”，并把“回应规则”看成是民主的核心内容。一些公共管理学家也提出了“回应性政府”的概念，认为回应性政府的核心要义在于“确保公共行政管理者能够代表并回应民众利益”，[①]“公共行政管理者参与公共政策的制定与执行，并

---

① 戴维·罗森布鲁姆等：《公共行政学：管理、政治和法律的途径》，张成福等译，中国人民大学出版社，2002，第 9 页。

根据社会整体的需要进行资源、价值观以及地位的分配”。[①]我国的人民民主制度能够最真实地回应人民群众的要求和期待，是一种典型的回应式民主。中国共产党始终把实现和满足人民群众的需要作为自己执政的出发点和落脚点，不断地根据人民群众需要的变化来制定自己的路线、方针、政策，并将人民群众“答应不答应、拥护不拥护、支持不支持”作为衡量党的一切工作的根本标准。人民民主的回应性体现在利益表达、利益综合、政治决策、决策执行以及决策评估的全过程，是全过程人民民主的具体体现。同时，“社会主义民主不仅需要完整的制度程序，而且需要完整的参与实践”。[②]我国的人民民主制度保证了人民群众从各个层次、各个领域广泛参与政治生活，确保人民群众真实表达自己的利益和要求。人民群众不仅通过民主选举、民主协商、民主决策、民主管理、民主监督等方式参与国家管理，还通过恳谈会、听证会、议事会、评议会、专家座谈会、征求意见会等各种形式广泛参与社会事务和自身事务的管理。人民群众对政治生活和社会生活的广泛参与，推动了党和政府持续回应人民群众的要求和期待，从而更好地彰显人民民主的制度优势。

（4）选举民主和协商民主的有机统一。“人民通过选举、投票行使权利和人民内部各方面在重大决策之前进行充分协商，尽可能

① 戴维·罗森布鲁姆等：《公共行政学：管理、政治和法律的途径》，张成福等译，中国人民大学出版社，2002，第12页。

② 习近平：《在庆祝中国人民政治协商会议成立65周年大会上的讲话》，《人民日报》2014年9月22日第1版。

就共同性问题取得一致意见，是中国社会主义民主的两种重要形式。在中国，这两种民主形式不是相互替代、相互否定的，而是相互补充、相得益彰的”。[①] 选举是民主政治的重要实现形式。在我国，人民享有广泛的、真实的选举权利，人民通过直接选举和间接选举，选出各级人民代表大会代表，组成国家权力机关并产生其他国家机关，保证了人民真正当家作主；人民还可以通过基层自治、社会组织、企事业单位中的民主选举，表达真实意愿、行使民主权利，但选举民主并不能代替其他民主形式，协商民主也是我国民主政治的重要组成部分。协商民主是我国民主政治中独特的、独有的、独到的形式，“其理论的一个重要的诉求就是通过自由而公开的讨论使公众能够参与到公共决策中去，进而提高决策的质量”。[②] 协商民主内嵌于我国政治制度和政治生活全过程，体现在政党协商、人大协商、政府协商、政协协商、人民团体协商、基层协商以及社会组织协商等各方面、各领域，形成“有事好商量、众人的事情由众人商量”的制度化实践，把协商贯穿于决策之前和决策实施过程中，使协商民主贯穿于人民管理国家事务、经济文化事业、社会事务的全过程、各环节，成为人民群众全过程、全方位的当家作主实现形式。

发展全过程人民民主，必须不断丰富和完善民主实现形式。人

---

① 习近平：《在庆祝中国人民政治协商会议成立 65 周年大会上的讲话》,《人民日报》2014 年 9 月 22 日第 1 版。

② 赵强：《政治协商在国家治理中的结构性作用》,《上海政法学院学报（法治论丛）》2019 年第 1 期。

民民主的价值和理念、人民当家作主的主体地位，只有通过丰富有效的民主实现形式，才能变成现实，才能真实地体现国家一切权力属于人民的宪法原则。党的十八大以来，我国的民主政治建设实践以全过程人民民主理念为指导，不断推进民主实现形式的丰富和发展，体现了社会主义民主是比资本主义民主更广泛、更真实、更管用的民主，体现了我国民主政治的显著优势。

## 三、创新社会主义民主政治过程的理论与实践

过去，我们对民主问题的研究侧重于对民主本质的研究，而对于民主的实现过程的研究比较薄弱，缺乏对此问题的深入认识。全过程人民民主概念的提出，集中展现了中国共产党对民主过程的理论认识达到了一个新的高度。我国的人民民主是一种全过程民主，它具体体现在民主选举、民主决策、民主协商、民主管理、民主监督等各环节。

（1）民主选举涉及人民如何组织国家政权的问题，它是全过程人民民主的基础和前提。人民民主的本质是人民当家作主，但人民当家作主并不是人民直接执掌国家政权，而是人民通过自己的代表机关来掌握和运用国家权力。正如列宁所说："如果没有代议机构，那我们就很难想象什么民主，即使是无产阶级民主[①]。"因此，如

---

① 《列宁选集》（第3卷），人民出版社，1972，第211页。

何选举自己的代表机关，组成国家机关，就成为实现人民民主的基础和前提。《中华人民共和国选举法》规定，“中华人民共和国年满十八周岁的公民，不分民族、种族、性别、职业、家庭出身、宗教信仰、教育程度、财产状况和居住期限，都有选举权和被选举权”；还规定了选举机构、代表比例、选区划分、选举程序、代表的罢免以及选举的物质保障等内容，确保了民主选举的广泛性、真实性和有效性。人民通过依法行使选举权，选出自己的代表，组成国家机关，行使当家作主的权利；人民还通过各领域、各层次的民主选举，行使管理经济和文化事业以及社会事务的权利。

（2）民主决策涉及党和政府制定决策的价值取向和决策方式问题，是全过程人民民主的关键所在。民主政治不仅要看国家政权的组织是不是体现人民意志，还要看国家政权的执政取向和运行方式。我国的国家政权是由人民选举产生的，是以全心全意为人民服务为根本宗旨的，一切为了人民、一切依靠人民，坚持以人民为中心的价值立场，是我国民主政治必须遵循的根本原则。民主决策就是在民主集中制原则的基础上，通过制度化机制，听取人民群众的要求和呼声，集中人民的意志和智慧，将人民的利益和要求进行识别、整合，明确人民利益的整体性和差异性、全局性和局部性，分清轻重缓急，通过科学程序将人民群众的要求和期待转化为党和政府的政策，使党和政府的决策切实体现人民意志、满足人民要求。但要看到，在我们这样一个有 14 亿多人口、56 个民族的大国，人民群众的利益和需要复杂而多元，人民群众既有物质生活的需要，也有精神文化生活的需要。随着我国社会主要矛盾的转化，人民对美好生活的需要日益广泛，不仅对物质文化生活提出了更高要求，而且在民主、法治、公平、正义、安全、环境等方面的要求也日益增长。这些都对民主决策提出了更高要求。只有不断地推进决策的科学化、民主化、程序化，才能确保党和政府的决策真正体现人民的意志、满足人民的需要。

（3）民主协商既是我国政治生活中的优良传统，也是实现人民民主的重要环节；既是民主决策的重要保障，也是民主管理的重要方式。民主协商贯穿于我国政治生活的全过程。广泛、多层、制度化的协商制度，既有利于人民利益和要求的充分表达，促进决策的科学化、民主化、程序化，又有利于广泛凝聚共识，动员人民积极参与到民主管理的实践中。在各种协商民主的实践中，人民政协是我国协商民主的重要渠道和专门协商机构，它能充分发挥广泛联系群众的政治优势和组织优势，最大限度地吸纳来自不同党派、不同阶层、不同民族、不同专业领域、不同界别、不同地区的代表性人士参与到参政议政的全过程中，反映社情民意，做到交流沟通、包容差异、凝聚共识，紧紧围绕团结和民主两大主题，以服务党和国家中心工作为主要职责，建言献策、参政议政、民主监督，把民主协商体现到政协工作各方面，发挥人民政协在协商民主中的独特作用和优势。

（4）民主管理是实现人民意志、维护人民利益的重要方式，是全过程人民民主的实践展开。民主管理就是国家依照宪法和法律，切实保障人民群众参与管理国家事务、经济文化事业、社会事务的权利。按照民主、公平、公开的原则，通过完善制度与体制机制，组织和动员人民按照党和国家的决策部署，投身到社会主义现代化国家建设的伟大实践之中，维护和实现好人民的根本利益。民主管理不仅在国家管理的各层级上贯彻民主集中制原则，广泛听取人民的意见和建议，将人民的意见和建议反映到决策程序之中，而且要不断完善农村村民委员会民主管理制度、城市居民委员会民主管理制度、企事业单位民主管理制度以及社会组织民主管理制度，有效落实基层群众的知情权、参与权、表达权、监督权，形成看得见、摸得着、有获得感的民主实践。

（5）民主监督是保障全过程人民民主的最后关口，是形成全过程人民民主闭环的关键环节。正是有了民主监督，我国的人民民主才能形成一个全过程的完整链条。没有监督机制的民主是不可靠的民主。现代民主政治的一个突出特点就是它能够通过对公共权力的监督、制约和纠错，有效地避免公共权力的滥用和腐败现象的产生，使公共权力始终体现人民意志。我国宪法和法律赋予了人民群众广泛的监督权，人民群众通过各种制度化监督机制行使对公共权力和公职人员的监督。我国已构建了由中国共产党统一领导的全面覆盖、权威高效、党纪和国法相统一的人民监督体系，既包括政党监督、人大监督、政协监督、司法机关监督、人民团体监督、人民群众直接监督、舆论监督，也包括国家监察机关、党的纪律检查机关等专门监督机关的监督。这一监督体系相互联系、相互配合，对于有效推进反腐败斗争、防范公共权力异化产生了积极成效，确保了公共权力按照人民的意志运行。

以上五个环节既相互联系、相互渗透，又环环相扣、内在统一，形成全过程人民民主的完整链条，它以人民群众的利益和要求为出发点和归宿，以民主选举组成政权机关，通过民主决策、民主协商把人民的利益和要求转化为党和国家的政策，在民主管理的实践中不断落实党和国家的政策，又通过民主监督确保公共权力的依法运行，集中体现了以人民为中心的价值立场，为实现人民的主体地位、满足人民对美好生活的需要提供了可靠保障。

## 四、全过程人民民主的显著优势

全过程人民民主是中国特色社会主义民主政治实践的集中概括，它是一种既不同于西方民主，又不同于巴黎公社、苏维埃制等无产阶级民主的新的民主形式，为人类民主实践提供了新鲜经验。相对于其他民主形式，全过程人民民主具有如下三个显著优势：

（1）全过程人民民主有效地确保了人民民主权利的全方位、全过程实现。“人民只有投票的权利而没有广泛参与的权利，人民只有在投票时被唤醒、投票后就进入休眠期，这样的民主是形式主义的。”[①]我国的人民民主不仅赋予了人民真实的选举权，人民可以

---

① 《习近平谈治国理政》（第2卷），外文出版社，2017，第293页。

选举自己的代表组成国家机关，代表人民掌握国家政权，与此同时，人民还有广泛参与政治生活的权利，通过各个层级、各个环节的有序政治参与，表达人民的意愿，维护人民的利益。相对于选举民主，我国人民的有序参与是全时性、全方位的，它更直接、更有效地维护和实现了人民群众的民主权利。相对于苏维埃制等国家形态的民主而言，全过程人民民主将民主过程延展到社会领域，使人民当家作主贯穿到政治生活和社会生活全过程，确保人民群众全方位、全过程地管理国家事务、管理经济和文化事业以及社会事务。

（2）全过程人民民主有力地促进了决策的科学化、民主化。人民群众的广泛有效参与，是决策科学化、民主化的前提。全过程人民民主通过不断丰富民主形式、拓宽民主渠道、健全民主制度，有效地保障了人民群众对决策过程的参与。人民群众通过各种形式表达自己的意见和建议，党和政府以及基层自治组织在广泛听取人民群众意见和建议的基础上作出各项决策，维护和实现了人民利益。人民既可以通过各级代表机关表达自己的意见和建议、参政议政，还可以通过协商民主形式在各层次、各领域开展广泛协商，表达意见和建议，众人的事情众人商量，在广泛凝聚共识的基础上形成决策。决策的科学化、民主化从国家治理层面回应了人民群众的要求和期待，维护和实现了人民的利益，体现了人民民主的本质要求。

（3）全过程人民民主有利于调动人民群众的积极性和创造性。全过程人民民主是最广大人民群众所享有的民主，在我国现阶段，人民的范围已经扩展到包括工人阶级、农民阶级、知识分子以及一切社会主义的劳动者、社会主义的爱国者、社会主义的建设者、拥护祖国统一的爱国者和致力于中华民族伟大复兴的爱国者的广泛联盟。人民群众不仅享有真实的选举权，而且还享有广泛的知情权、参与权、表达权、监督权，通过各种方式直接或间接地行使管理国家和社会事务的权利，体现了人民群众的主人翁地位，从而极大地激发了人民群众的积极性和创造性。

# 第二章

# 全过程人民民主的形态与特征

# 第一节

# 全过程人民民主的全面特征

从 2019 年在上海市长宁区考察时提出“人民民主是一种全过程的民主”这一重要命题，到在庆祝中国共产党成立 100 周年大会上的重要讲话中强调“发展全过程人民民主”，再到 2021 年 10 月在中央人大工作会议上系统阐述“全过程人民民主”的重大理念，习近平总书记一系列重要论述深化了我们对中国特色社会主义民主政治发展规律的认识。“全过程人民民主”的命题，既体现了全人类的共同价值，也表达了中国共产党和中国人民始终不渝坚持的重要理念。习近平总书记指出：“我国全过程人民民主实现了过程民主和成果民主、程序民主和实质民主、直接民主和间接民主、人民民主和国家意志相统一，是全链条、全方位、全覆盖的民主，是最广泛、最真实、最管用的社会主义民主。”学习贯彻习近平总书记重要讲话精神，深刻理解“全链条、全方位、全覆盖的民主”这一命题，对于深入把握全过程人民民主意义重大。

## 一、全链条的人民民主

全链条人民民主意味着民主选举、民主协商、民主决策、民主管理、民主监督等各个环节紧密结合、相互关联。全过程人民民主不仅有完整的制度程序，而且有完整的参与实践，贯穿了从选举、协商、决策、管理到监督的全过程。人民不仅参与投票选举，还参与公共事务商议、国计民生重大决策、经济社会事务管理、公共权力运行监督等各个环节。

人民民主的全链条是中国共产党在领导人民追求民主的历史进程中不断发展和完善起来的。历史地看，人民立场是中国共产党的根本政治立场，人民民主贯穿党领导人民进行革命、建设、改革的全过程，人民民主全链条在党的百年辉煌历程中渐次锻造而成。具体地看，全过程人民民主的每个链条都在日臻成熟与完善。起初的民主选举，从当年解放区的“豆选”开始，如今有宪法对于公民选举权和被选举权的规定，又有不断完善的选举法规。党的十八大以来，党领导人民不断推进社会主义协商民主广泛多层制度化发展，就改革发展稳定重大问题和事关人民群众切身利益的问题进行广泛协商。群众路线是中国共产党治国理政的优良传统，在决策科学化民主化条件下不断被赋予新的内涵。党在革命年代就十分注重发动工农群众，新中国牢固确立人民群众的“主人翁”地位，今天已经形成人民广泛、直接参与社会事务管理的局面。早在延安时期，毛泽东就提出了让人民监督政府的思想。党的十八大以来，习近平总书记反复强调要保证人民赋予的权力始终用来为人民谋利益。如今，中国特色的人民民主已经发展成全过程的完整链条。

全链条人民民主体现了民主的真正意义。习近平总书记指出，一个国家民主不民主，关键在于是不是真正做到了人民当家作主。如果人民只有投票的权利而没有广泛参与的权利，人民只有在投票时被唤醒、投票后就进入休眠期，这样的民主是形式主义的。在长期探索实践中，党领导人民发展全过程人民民主，就是要体现民主的完整意义，让人民依法享有广泛权利和自由，通过多种渠道和途径行使民主权利，切实防止出现选举时漫天许诺、选举后无人过问的现象。习近平总书记在中央人大工作会议上的重要讲话中明确概括出四个“要看”和四个“更要看”的标准，充分说明了民主的真正意义。

人民代表大会制度是全链条人民民主的根本制度保障。习近平总书记强调，“人民代表大会制度是实现我国全过程人民民主的重要制度载体”。人民代表大会制度通过一系列法律和制度安排，真正将民主选举、民主协商、民主决策、民主管理、民主监督等全过程人民民主各个环节彼此贯通起来，保证人民全链条参与，确保党和国家在决策、执行、监督等权力运行的各个环节都能听到来自人民的声音，确保人民当家作主，切实体现人民利益、反映人民意愿、维护人民权益，彰显了中国特色社会主义民主的广泛性、真实性和有效性。

## 二、全方位的人民民主

全方位发展全过程人民民主是实现国家治理体系和治理能力现代化的题中应有之义。全面深化改革的总目标，就是完善和发展中国特色社会主义制度，推进国家治理体系和治理能力现代化。全过程人民民主的“全方位”体现于中国共产党治国理政全部活动之中，覆盖国家治理的各环节，贯通全面深化改革各方面，旨在保障和实现人民在经济、政治、文化、社会、生态文明等各领域的广泛权利，让中国人民真正成为国家、社会和自己命运的主人，彰显了中国特色社会主义民主的系统性、集成性和完整性。

全过程人民民主之所以是全方位的，原因就在于人民的根本利益是全方位的，作为人民根本利益具体表现形式的群众需求也是全方位的。人民群众全方位的需求，随着时代变迁也在不断发生变化。进入新时代，社会主要矛盾已经转化，人民美好生活需要日益广泛，不仅对物质文化生活提出了更高要求，而且在民主、法治、公平、正义、安全、环境等方面的要求日益增长。不断满足人民全方位增长的需求，才能彰显全过程人民民主的效能。否则，如果全方位的需要不能全方位得到满足，就会产生“治理鸿沟”。所以，民主如果不是全方位的，很难满足社会需求，就很难说是真正的民主。正如习近平总书记所深刻指出的，“民主不是装饰品，不是用来做摆设的，而是要用来解决人民需要解决的问题的”。

全方位推进中国特色社会主义民主政治建设，解决人民要解决的问题，必须牢记“国之大者”。站在为人民谋幸福的高度看，全方位人民民主的精髓在于“三个具体地、现实地体现到”。全方位的人民民主要求把人民当家作主具体地、现实地体现到党治国理政的政策措施上来。国家法律和公共政策要体现人民意志、保障人民权益、激发人民创造活力，全方位拓展人民群众参与立法、表达诉求的途径和方式，维护和促进社会公平正义。全方位的人民民主要求把人民当家作主具体地、现实地体现到党和国家机关各个方面各个层级工作上来。全方位落实人民知情权、参与权、表达权、监督权，让人民群众在党的领导下有序参与国家治理实践的各方面，参与经济社会管理的各方面。全方位的人民民主要求把人民当家作主具体地、现实地体现到实现人民对美好生活向往的工作上来。在新发展阶段，要坚持以人民为中心，扎实推动全体人民共同富裕，始终做到发展为了人民、发展依靠人民、发展成果由人民共享，必须坚持共建共治共享，全方位构筑人人有责、人人尽责、人人享有的社会治理共同体。

“三个具体地、现实地体现到”离不开人民代表大会制度平台，这是把中国特色社会主义制度和国家治理体系优势转化为国家治理效能的根本支撑。基于人民代表大会制度平台，全过程人民民主能够有效保证人民权利，能够有效调节国家政治关系，能够有效促进社会生产力解放和发展，能够有效维护中国人民和中华民族的福祉，不断提高人民群众的获得感、幸福感、安全感。这体现了全过程人民民主的全方位功能。

## 三、全覆盖的人民民主

全覆盖的人民民主表达了中国特色社会主义民主政治的深层结构，即坚持党的领导、人民当家作主、依法治国有机统一，这是坚持走中国特色社会主义政治发展道路的关键之所在。习近平总书记指出，发展社会主义民主政治，保证人民当家作主，保证国家政治生活既充满活力又安定有序，关键是要坚持党的领导、人民当家作主、依法治国有机统一。三者紧密相连，相辅相成，深度耦合，统一于我国社会主义民主政治伟大实践，构成全过程人民民主的独特整合机制，有效保证国家治理跳出治乱兴衰的历史周期率。坚持党的领导、人民当家作主、依法治国有机统一的逻辑，体现了我国全过程人民民主的显著优势。否则，那种政治操弄的“金钱民主”或某些混乱无序的“疯狂民主”，都不可避免会带来权力、利益和权利关系的严重紊乱。

坚持党的领导、人民当家作主、依法治国有机统一，包含着权力、利益和权利的内在一致性，全面覆盖了政治发展和政治运行的基本逻辑。党的领导就是党领导人民夺取政权、执掌政权和治国理政，包含着权力逻辑；人民当家作主为的就是坚持以人民为中心来实现最广大人民根本利益，包含着利益逻辑；依法治国通过公平正义调节权利义务关系确保公民资格，包含着权利逻辑。三者有机统一包含的这种政治运行逻辑，展现了中国特色社会主义民主政治的协同性、独特性和优越性。

全过程人民民主的发展绝对离不开党的领导，离不开社会主义法治。邓小平指出：不要社会主义法制的民主，不要党的领导的民主，不要纪律和秩序的民主，决不是社会主义民主。中国共产党没有任何自己特殊的利益，从来不代表任何利益集团、任何权势团体、任何特权阶层的利益，而是覆盖最广大人民的最根本利益，这是全过程人民民主的根本保证。党在国家治理体系中总揽全局、协调各方，是一种富有中国特色的全覆盖权力协同机制。我国宪法规定国家的一切权力属于人民，在制度设计和法律法规安排上确保人民当家作主有序推进，体现了发展全过程人民民主的内在要求。宪法是国家的根本大法，是治国理政的总章程，依法治国是国家治理协同机制的又一特色，是一种保证全过程人民民主有序推进的全覆盖机制。

坚持党的领导、人民当家作主、依法治国有机统一的逻辑，体现了我国全过程人民民主的独特优势。人民代表大会制度是坚持党的领导、人民当家作主和依法治国有机统一的根本政治制度安排。我们要牢记习近平总书记在中央人大工作会议上的重要讲话中提出的“六个必须坚持”，在人民代表大会制度平台上不断加强和改善党的领导，善于使党的主张通过法定程序成为国家意志，善于使党组织推荐的人选通过法定程序成为国家政权机关的领导人员，善于通过国家政权机关实施党对国家和社会的领导，不断完善和发展全过程人民民主，为人类政治文明进步作出充满中国智慧的贡献！

# 第二节

# 全过程人民民主的价值与实践

民主是现代国家形态存续和发展的核心要素之一，不仅“应当成为在整个国家机体中创立自己的合乎理性的形式的现实要素”[①]，而且亦是“国家形式，是国家形态的一种”[②]。因此，“没有民主，就不可能有社会主义”[③]。鉴于每一个国家所处的环境、条件和基础不同，不同的国体甚至同一种国体亦可以具有不同的民主模式。因此，中国“走的是一条中国特色社会主义政治发展道路，人民民主是一种全过程民主”[④]。作为一种民主的新形态，全过程民主实质上就是“全

① 《马克思恩格斯全集》(第3卷)，人民出版社，2002，第144页。

② 《列宁选集》(第3卷)，人民出版社，2012，第201页。

③ 《列宁选集》(第2卷)，人民出版社，2012，第782页。

④ 邢亚飞:《在人大践行“全过程民主”中发挥人大建议征集的作用》,《上海人大月刊》2021年第3期。

过程人民民主”[①]，其内涵是指人民在民主选举、民主协商、民主决策、民主管理、民主监督等过程中行使当家作主的权利，在政治民主、经济民主、社会民主和文化民主等实践中履行主体拥有的主权功能。全过程人民民主不仅具有民主所具有的“对多数人意志尊重”的一般共性，而且还内含价值取向的优势以及民主行使主体、过程、形态、绩效的特性，展示了人类对民主探索的最新文明成果。

## 一、全过程人民民主的价值

民主是推进国家和社会发展极为重要的核心要素，既有吸纳民智、体现民意、代表民利、开发民力的重要功能，也有增强执政合法性资源，巩固国家政权和制度，为社会发展创造稳定和谐环境的重要价值。全过程人民民主作为一种民主的新形态，与其他类型的民主模式相比较更具有价值的优势。这主要体现在如下方面：

首先，以人民为中心的价值取向。代表何种阶级、阶层的利益，为何种群体服务是民主必须回答的首要问题。在不同国体的国家中，民主具有不同的服务对象选择。资产阶级专政的国体决定了民主主要是为少数精英群体利益的实现服务，通过民主的合法外衣使部分精英群体的权益得以保障并巩固。中国人民民主专政的国体决定了全过程人民民主主要是为人民利益的实现服务，通过民主的

① 习近平：《在庆祝中国共产党成立100周年大会上的讲话》，《人民日报》2021年7月2日第2版。

合法程序，以少数服从多数的形式使人民的意志得以实现。以人民为中心的价值取向折射出在民主理论建构过程中，人民既是民主模式的设计者、民主渠道的开拓者、民主手段的创新者，亦是民主权利的享受者、民主过程的实践者和民主绩效的受益者。全过程人民民主所追求的民主价值表现在两个方面：一是人民是主权的拥有者。在一个国家和社会中，何种人拥有国家的主权决定了不同阶级、阶层在国家中的地位，也由此决定了哪些人享受民主的问题。全过程人民民主的性质决定了这一民主不是一般类型的民主，而是人民民主。对人民概念的强调蕴含着国家主权由人民拥有并掌控，民主权利由人民享受并实践，人民是民主行使的主体。只有人民才拥有享受民主的地位和享受民主的资格，人民是国家的主人和利益资源的支配者。二是人民是权益的获得者。全过程人民民主所要保护和实现的权益不是什么具有特殊地位和权力的群体，而是在国家公民中占据大多数的人民群体。通过民主选举保障人民的政治权利得以实现，通过民主协商保障大家的事情大家商量，通过民主决策保障人民的利益得以维护，通过民主管理保障人民的意志得以尊重，通过民主监督保障权力的健康运行。经过政治民主使人民的主人翁地位得以展示，经过经济民主使人民的物质财产得以公平实现，经过文化民主使人民的精神生活更加健康，经过社会民主使人民的生活环境更加美好。在纵向时间上和多维空间上保障与实现人民的权益，构成了全过程人民民主的主题。

其次，内容更为丰富的民主实质。民主的内容是衡量民主优势和价值的重要因素。何种议题能够进入民主的实践活动直接体现出民主内容的广度和覆盖率，在一定程度上反映了民主实质的丰富程度，展示了人民当家作主的权利范围。全过程人民民主就其决定的议题而言，是多维度、全方位、多领域中按照规程需要由人民予以确定的事项。从民主议题的性质划分来看，全过程人民民主的内容主要有选举民主、协商民主、决策民主、管理民主和监督民主等。其中选举民主、决策民主具有核心的价值和意义，在每一个具体民主的不同环节又具有更为精细的民主内容。在选举民主中主要体现为选举主体资格确定的民主、候选人员条件确定的民主、选举程序设置的民主、选举过程监督的民主、选举结果宣布和公示的民主等。在协商民主中主要体现为形式灵活、主体广泛、层次多样的协商，体现有事好商量，众人的事由众人商量的民主精神。在决策民主中主要展示为决策创意的民主、决策规划的民主和决策合法化的民主。在管理民主中主要映射为管理模式、自由裁量权、激励和惩罚模型的民主确立。在监督民主中主要呈现为监督主体、对象、模式、工具、手段的民主议定。从民主议题的领域划分来看，全过程人民民主的内容主要有政治民主、经济民主、文化民主和社会民主等，即政治活动过程中对人民多数人意志的吸纳，经济发展实践中对人民多数人主张的运用，文化繁荣进程中对人民多数人意见的吸收，社会进步历程中对人民多数人意愿的尊重。此种多领域、全方位、多维度的民主较之西方国家局限于选举民主的民主，具有显著的内容优势和价值优势。

再次，形式更为科学多样的民主方式。辩证唯物主义告诉我们，内容决定形式，形式反作用于内容，形式建构的科学与否直接影响和制约着内容的发挥。以何种形式将民主的内容予以表达直接影响着民主的绩效，关联着民主功能的实现。因此，民主形式的科学化、多样化是体现民主价值的另一个重要因素。全过程人民民主的形式建构基于两个因素：一是保障人民民主内容的充分实现；二是在实现人民民主目标的前提下以最小的民主运作成本获取最大的民主收益。由此决定了全过程人民民主在实现形式上必然具有科学性和多样性的诉求，科学性解决了民主绩效与运作成本之间的张力，多样性化解了人民行使民主权利内容的丰富性与渠道狭窄、方式匮乏之间的矛盾。基于上述目的的考量，全过程人民民主在形式的设计和建构上主要有如下模式：根据民主参与的程度分析，有直接民主和间接民主；依照民主所决定的议题考量，有选举民主和决策民主；参照民主的功能探究，有协商民主和票决民主。在实践中运用何种民主形式解决面临的议题，需要根据所解决问题的性质、重要程度、时间要求、民主成本大小，在综合研判诸种因素的基础上，依据国家法律法规予以正确的选择。因此，全过程人民民主的形式在展示民主过程完整性的基础上，需要重点解决的核心问题是：通过形式的科学性和多样性，使中国特色社会主义民主的丰富内容能够予以充分实现，并以最小的民主代价获取最大化的收益，以此体现全过程人民民主质量的优越性。

## 二、全过程人民民主的特征

任何一种民主形态均具有产生的时代、环境和基础条件，环境条件的差异必然赋予生长其中的民主形态不同的内容和形式，以此区别于其他民主形态。中国特色社会主义的性质决定了全过程人民民主既具有“对大多数意志尊重”的一般属性，也具有扎根中国大地必然造就的特性。这种特性是全过程人民民主区别于其他民主形态的重要标志，并构成了全过程人民民主的重要优势。

第一，全过程人民民主是中国共产党领导下的民主实践。全过程人民民主作为一种国家制度安排，决定了必须坚持中国共产党的领导。“中国共产党领导是中国特色社会主义最本质的特征，是中国特色社会主义制度的最大优势。”①坚持党的领导构成了全过程人民民主的显著特征。在中国这样一个地域广阔、人口众多、民族多样的超大型国家里，坚持党的领导对全过程人民民主的实践具有重要的价值和意义。首先是民主发展方向的指导功能。全过程人民民主是中国特色社会主义性质的民主，不是其他性质的民主。这种民主的性质决定了只有在中国共产党领导下，才能保证全过程人民民主沿着正确的方向发展。其次是民主发展的秩序保障功能。稳定有序的发展环境是民主发展的前提条件，缺失稳定有序的民主非但不

① 习近平：《在庆祝中国共产党成立100周年大会上的讲话》，《人民日报》2021年7月2日第2版。

能发展，反而会导致民主的暴政，引发国家和社会的动荡，进而衍生民主参与冷漠的现象。因此，只有在强大的中国共产党的领导之下，才能营造有序和谐的社会环境，为全过程人民民主的实现奠定良好的发展基础。再次是民主发展的示范功能。以党内民主带动人民民主发展是全过程人民民主发展的重要路径。只有在中国共产党的领导之下，通过党内民主制度的科学建构、运行机制的深入完善、文化理念的强化厚植，才能形成优质的党内民主模式，为全过程人民民主的发展发挥典型示范的作用。

第二，民主行使的主体是人民。民主行使的主体即民主权利的享受者，在不同的国家乃至同一个国家的不同发展阶段，民主权利享受的主体具有显著的差别。民主权利享受的主体是由国体决定的。国体是指各个阶级、阶层在国家中的地位，解决的是谁享受民主权利的问题。政体是指国家政权的组织形式，解决的是如何享受民主权利的方式问题。中华人民共和国是工人阶级领导的以工农联盟为基础的人民民主专政的社会主义国家，这一性质定位决定了在中国享受民主权利的主体是人民。由此也展示了全过程人民民主行使的主体是人民，人民不同于公民，公民是一个法律概念，人民是一个政治范畴，在不同的历史发展阶段具有不同的内涵与外延，由此也决定了民主行使的主体具有如下鲜明的特征：首先，行使主体的多数人特点。人民是公民中未被剥夺政治权利的成员，在国家公民之中占据绝大多数，由他们直接或间接（委托代表）行使民主选举、民主协商、民主决策、民主管理和民主监督的权利。其次，行使主体的时代特征。人民是根据国家的性质、面临的主要矛盾和所要实现的主要任务确立的。在不同的历史发展阶段，人民所指的对象不同。在新中国成立初期，人民主要是“工人阶级，农民阶级，城市小资产阶级和民族资产阶级”①，民主行使的主体主要是上述四个阶级。在新时代，人民包括全体社会主义劳动者、社会主义事业的建设者、拥护社会主义的爱国者、拥护祖国统一的爱国者和致力于实现中华民族伟大复兴的爱国者。此种外延的扩大，反映了民主行使主体随时代发展而与时俱进的演进。再次，民主行使主体的政治性。在全过程人民民主实践中，人民不是一般的公民，只有在国家公民中对社会主义建设事业发挥积极的正向的建设功能，向社会主义发展和国家统一传输正能量的群体，才能行使民主权利。破坏社会主义建设事业的犯罪分子，敌视国家统一的分裂者，则没有享受民主的权利和行使民主的资格。

第三，民主行使的过程具有完整性特色。从宏观抽象的视角而言，现代国家的民主应该是无处不在、无时不有的实践活动。但就具体领域的民主和某一单项民主项目分析来看，民主具有从起始到完成的过程，全过程人民民主所指的就是具体的、客观实在的民主过程。这种民主过程具有鲜明的完整性特色，具体体现在两个维度。首先，纵向的时间维度。在全过程人民民主中，过程的完整性

① 《毛泽东选集》(第4卷)，人民出版社，1991，第1475页。

体现为民主选举、民主协商、民主决策、民主管理、民主监督。[①]任何一种政治活动都必须有活动的组织者和管理者，选拔出组织者和管理者是民主活动的首要前提，因此民主选举就构成了全过程人民民主的逻辑起点。通过民主选举及时将德才兼备的组织者和管理者推举出来，为后续的民主活动进行设计、规划、组织和指导，由此决定了民主选举不可避免地成为全过程人民民主的起始之点。民主协商是全过程人民民主的第二个环节，也是贯穿于各个环节中的一个环节。比如，在民主选举之前可以进行协商，在民主决策、民主管理的过程中，都可能会有协商。民主协商的过程使得民主主体之间能够有更好的意见交换，并据此调整各自的立场，使得民主更加充分，也更能体现民主的精神。接下来民主决策是全过程人民民主的第三个环节。无论是直接参与决策抑或间接的委托参与决策，在决策创意阶段需要体现民情，在决策规划阶段需要吸纳民智，在决策合法化阶段需要展示民意。民情、民智、民意的实现均是通过民主参与完成的，因此民主参与是决策过程中最显著的轨迹，构成了全过程人民民主的核心要素。民主管理是决策之后的执行环节。如何确保决策能够有效地予以执行，需要具有科学的决策模式、自由裁量权的合理限度、激励和惩处模型的合理建构。上述诉求的实现，客观上需要人民在全过程人民民主中的深度参与，以保证模式、裁量权和模型设计理念的先进性，人民利益的代表性，以及实

---

① 习近平：《决胜全面建成小康社会 夺取新时代中国特色社会主义伟大胜利——在中国共产党第十九次全国代表大会上的报告》，人民出版社，2017，第 37 页。

践的有效性。民主监督是与民主选举、民主协商、民主决策、民主管理相伴相生的范畴与活动，贯穿于上述四个环节之中，通过对民主选举过程的监管与督促、对民主协商过程的检查与审视、对民主决策过程的检视与纠正、对民主管理过程的审视与矫正，以确保全过程人民民主中人民参与的始终性和在“对大多数意志尊重”轨道上运作的完整性。其次，多维的空间维度。纵向时间维度的民主过程中的任何一个环节的实践，均会涉及空间中的多个领域和系统，民主选举会关联是选举政治领域还是社会领域的组织者及管理者的问题，民主协商关系到主体之间意见的交流与学习，民主决策关系到是经济决策还是文化决策的事宜，民主管理亦有政治事务与经济事务管理的区别。因此，全过程人民民主必然涵盖多维空间的民主诉求。这种多维空间的民主主要集中在政治民主、经济民主、文化民主和社会民主。通过政治民主达成人民政治意志的实现，运用经济民主完成对人民经济智慧的吸纳，开展文化民主推进人民文化诉求的实现，推进社会民主将人民自我管理落到实处。这种纵向时间维度的民主与多维空间维度的民主有机融合，构成了全过程人民民主时空的完整性特征。

第四，民主形态具有复合性。民主形态是体现民主内容的重要表象，不同的民主性质和内容决定了民主形态的多样性。以选举为主要内容的西方民主决定了其形态特色主要是选举的直接性。全过程人民民主则不同，丰富的民主内容决定了其必然运用多种形式和方式予以表达，由此产生了从不同维度划分形式的多样性和整体的复合性，如直接民主和间接民主、选举民主和决策民主、协商民主和票决民主等。在任何一种民主形式之中均涵盖和交叉着其他民主形式，共同构成了全过程人民民主的交融复合特性。在众多民主形式的复合之中，协商民主与票决民主的复合最具价值和意义。

协商民主是贯穿全过程人民民主的主线。无论是民主选举实践，还是民主决策活动或民主管理过程，协商民主在每一个具体的民主过程中，从起始至完成始终是民主参与的主要方式，“是人民民主的真谛”[①]，构成了全过程人民民主过程中最具价值的民主形式。通过协商民主能够在民主选举过程中就选举主体与候选人员条件的设定、选举程序的设计、选举结果的宣布与公示等相关问题在人民中进行充分协商，形成广泛共识，以保障民主选举的顺利进行和预设目标的实现。运用协商民主能够在民主决策过程中就决策议题的确立、决策规划的完善、决策合法化的实现形式等问题在人民中进行充分酝酿，消除意见分歧，实现思想统一，为民主决策的有序运作和预设任务的完成奠定基础。经过协商民主，能够在民主管理过程中就管理模式的创设、自由裁量权的限度、激励和惩戒模型的确立在人民中进行深入探讨，在充分吸收民意的基础上，形成民主管理共识的最大公约数，为民主管理的高质量实施创造前提条件。

票决民主是将协商民主转化为合法效力的关节点。协商民主虽然解决了具体民主过程中的意见分歧，实现了统一思想、形成共识

---

① 《习近平谈治国理政》(第 2 卷)，外文出版社，2017，第 292 页。

的目的，但未能完成具体民主的合法化任务。因此，只有根据国家法律法规及时地将票决民主嵌入协商民主之中，才能将协商民主的成果通过票决民主的程序予以合法化，赋予民主成果法定的效力。票决民主构成了协商民主成果转化为国家意志的关键议程和环节。

第五，民主绩效具有帕累托最优特色。民主绩效是评判民主形态优劣的重要标准。对民主形态的评价主要看两个指标：一是民主实践是否实现了预设目标；二是在实现预设目标的过程中民主运作成本的大小。如果一种民主形态以付出较大成本实现了预设目标，则该民主形态不是最佳的模式。以最小的民主运作成本实现民主的最大收益，是民主追求目标的最高境界。全过程人民民主力图实现的是以最小的民主实践成本获取民主收益的最大化。在全过程人民民主中，协商民主先行、票决民主跟进的有机复合，有益于上述目标的实现。协商民主在民主选举、民主决策、民主管理和民主监督中能够及时将不同的意见分歧，通过充分的交流、沟通、酝酿和协商，消除观念差异，克服意识对立，化解意志冲突，实现共识内容的最大化，实现统一思想的目的。这不仅减少了民主选举、协商、决策、管理和监督中因意见不一致而产生的阻力及合法化存在的潜在风险问题，也化解了民主合法化之后政策实施过程中遭遇的执行阻力，在实现民主预设目标的基础上降低了民主运作的成本。票决民主在协商民主之后的及时跟进，使协商民主议定的成果通过票决程序赋予了法定效力，有利于在决策执行过程中遭遇阻力时，可以按照国家的法律法规和程序，以国家意志的强制力量保障执行目标和任务的实现，提升民主运作的效率。协商民主先行解决的是阻力和成本问题，票决民主跟进解决的是法定效力和效率问题，两者的完美复合，实现了全过程人民民主绩效的帕累托最优。

## 三、全过程人民民主的实践

作为一种新形态的民主，全过程人民民主只有在实践中才能将自身蕴含的文本价值转化为客观的绩效。这种由文本向实践活动的转换能否产生预期的效益，必须考量全过程人民民主的特征以及运行基础与环境的特殊需求。只有科学配置民主运作的诸种要素，合理建构民主活动的体制，积极拓展民主开展的渠道，营造民主有效运作的生态环境，才能保障全过程人民民主预设目标的实现。

第一，优化党对全过程人民民主的依法领导。坚持党的领导是由全过程人民民主的性质和中国特殊的国情决定的。全过程人民民主的社会主义性质决定了党的领导的必然性，因为“中国共产党领导是中国特色社会主义最本质的特征”[①]。中国地域广大、人口众多、民族多样和文化丰富的特殊性，决定了“在中国这样的大国……没有一个由具有高度觉悟、严明纪律和自我牺牲精神、真正代表和团结人民群众的党来领导，是根本不可能的”[②]。党对全过程人民民主

① 习近平:《在庆祝中国共产党成立100周年大会上的讲话》,《人民日报》2021年7月2日第2版。

② 《江泽民论有中国特色社会主义》(专题摘编)，中央文献出版社，2002，第569页。

的领导方式应该随着时代的变迁和环境的变化予以不断优化和完善。首先，党对全过程人民民主的领导是依法领导。之所以引出依法领导的概念，是因为在长期的实践中，人们是将依法领导与依法执政混同使用的。事实上，依法领导不同于依法执政，两者的差别源于领导与执政的不同。领导是为实现既定目标和任务，“组织或群体中的一些成员运用所拥有的权力影响其他成员的过程”[①]。领导的本质是影响。执政是“执掌国家政权”[②]，运用国家政权制定和实施公共政策的行为。执政的本质是对国家政权的掌控和运用。两者的具体差异表现在如下方面：其一，强制与非强制的区别。由于领导的本质是影响，因此领导不具有强制性。执政是对国家政权的掌控和运用，国家政权的强制属性赋予了执政的强制性。其二，权力与权威的区别。由于领导的本质是影响，因此这种影响是依靠权威实现的。执政是对国家公共权力的直接运用，执政目标和任务的完成是依靠权力对资源的配置和阻力的克服实现的。其三，必然关联国家公共权力与非必然关联国家公共权力的区别。领导过程中所运用的权力可以是国家权力，也可以是非国家权力（如中国共产党对新民主主义革命的领导），领导与国家公共权力没有必然的联系。执政本身就是对国家公共权力的运用，与国家公共权力具有必然的联系。鉴于领导与执政的区别，依法领导与依法执政具有显著的不同。因此，在全过程人民民主实践中，党的领导方式理应是依法领

① 常健：《现代领导科学》，天津大学出版社，2008，第 2 页。

② 张文显：《依法执政的概念解读》，《人民论坛》2005 年第 7 期。

导方式，而不是以依法执政的行为替代依法领导的活动。党应该依照国家宪法、法律和党内法规等指导和影响民主选举、民主协商、民主决策、民主管理和民主监督的每一个具体环节，以确保全过程人民民主的性质和方向的正确性。

第二，科学设计全过程人民民主的实现体制。民主体制是民主实现的组织架构和实践的重要载体。只有科学地设计和建立功能完备的民主体制，才能保障全过程人民民主在实践中转化为民主的绩效。如果全过程人民民主的实现需要一个系统、全面的完整体制，那么在构成完整体制中的诸多子体制中，民主选举、民主协商、民主决策、民主管理体制最为关键。设置何种选举体制有利于体现多数人的意志，选拔出德才兼备的精英人物，是选举民主实现预设目标的核心问题。确立何种协商体制有利于充分的交流与沟通，消除意见分歧，实现思想统一，形成多数人的基本共识，是协商民主产生绩优成果的重要基础。建构何种决策体制有利于汇集多数人的主张，形成符合规律的决策，是决策民主完成高质量决定的关键环节。设计何种管理体制有利于凝聚多数人的智慧，实现民主管理的有序和谐运转，是管理民主产生显著绩效的重要因素。因此，必须围绕全过程人民民主中的民主选举体制、民主协商体制、民主决策体制、民主管理体制等子体制，建构全过程人民民主运作的完整体制，使子体制设计科学化和相互衔接严谨化，才能形成子体制之间的相互支撑与良性互动，使全过程人民民主体制发挥出强大的正向转换功能，将全过程人民民主的文本内容在实践中转化为优质的民主绩效。

第三，拓展全过程人民民主权利行使的空间。民主权利行使的空间是检视民主内容丰富与否的重要标志，是全过程人民民主实践的重要场域。虽然全过程人民民主的重心在纵向的时间过程中，但多维空间的民主实践依然是全过程人民民主不可或缺的重要场域。因为纵向时间的民主运作必然涉及多个系统、领域和其他民主因素的制约，没有多维空间的民主支撑，必然导致因纵向时间民主运转通道的狭窄而难以取得优质绩效的问题。在进行经济民主决策的过程中，如果只关注经济民主决策的通道，忽视政治、文化和社会民主决策的空间，难以化解经济民主决策所涉及的政治、文化和社会制约因素问题。因此，必须积极拓展纵向时间和多维空间人民行使民主的权利范围和边界，在国家法律法规许可的范围内，最大程度将人民当家作主的权利发挥到最佳状态。在实践中沿着选举民主、决策民主、管理民主这条主线，积极拓展政治民主、经济民主、文化民主和社会民主等多维民主的空间，将协商民主渗透于纵向民主的具体环节和空间民主的不同领域。科学设计以协商民主先行、票决民主跟进的行为模式，并贯穿运用于纵向时间民主和多维空间民主的实践之中，形成全过程人民民主在不同过程和空间中，民主内容和民主形式交织互动与支撑的完整运作过程谱系。

第四，畅通全过程人民民主的运作渠道。在民主内容、实现形式确立之后，通过何种渠道获取优质的民主绩效是实现全过程人民民主必须予以回答的重要问题。在中国特色社会主义制度下，民主实现的渠道十分丰富，但主要集中在如下方面：一是人民代表大会制度渠道；二是政治协商会议渠道；三是基层社会自治渠道；四是政府治理与自治渠道。在民主实践中，上述渠道基本上满足了人民民主参与的重要功能，但依然存在人民参与深度不够、广度有限的问题。因此，在全过程人民民主实践中，客观上需要进一步畅通人民民主参与的通道问题。在人民代表大会制度实施中，需要依照国家法律法规内容，在不同层级特别是基层人民代表大会活动中提升人民的参与率，在议题创设过程中增进基层民众的话语权，以此克服目前部分存在的形式合规但内容缺少民意的现象。在政治协商会议活动中，协商民主是“中国社会主义民主政治中独特的、独有的、独到的民主形式”①，需要进一步优化党际民主协商的内容和程序。在宪法法律许可范围内扩大民主协商的议题，通过立法确立党际协商的规范程序，“确保协商民主有制可依、有规可守、有章可循、有序可遵”②，以此提升各参政党派在全过程人民民主中咨政建言的功能。在基层社会自治过程中，既需要加强党对基层社会自治活动的领导，也需要提升人民在基层社会自治过程中的主人翁地位，使基层社会自治在民主选举中真正推举出契合民意、代表民利、德才兼备的社会精英。在基层社会自治的民主决策中的创议环节扩大人民的民主参与，在规划环节更充分吸收人民的建议，在合法化环节更顺畅地体现人民大多数人的意志和主张，以此杜绝基层

① 《习近平谈治国理政》（第 2 卷），外文出版社，2017，第 293 页。
② 《习近平谈治国理政》（第 2 卷），外文出版社，2017，第 297 页。

社会自治过程中出现的自治异化和民主参与冷漠问题，使基层社会自治真正成为全过程人民民主活动的主渠道。政府与人民的合作共治是现代社会治理发展的必然要求，也是实施全过程人民民主的重要路径。政府公共政策执行模式的选择、自由裁量权的尺度、利益资源的分配等需要全面融入人民的民主参与，在对人民大多数意志尊重的基础上，更好地吸纳和凝聚民智，以此克服一些公共政策执行透明度有限、对部分群众权益关注不够的问题，使全过程人民民主在政府治理与自治的实践中呈现出更加显著的绩效。

第五，培育全过程人民民主有效运转的生态环境。全过程人民民主的实践可以改变所运作领域的环境，但既定的客观环境反过来又会制约全过程人民民主功能的发挥。因为“环境客体的客观性、对象性、社会历史性的存在限制人的活动范围和活动方式”[①]。全过程人民民主在实践中能否产生良好的绩效，不仅与该民主形态自身蕴含的科学性、真理性和规律性有关，同时亦与其运作的客观环境相关。适恰的环境能够有效支撑全过程人民民主的有效运转并产生良好的绩效，不当的环境因素将会制约甚至阻滞全过程人民民主的正常运行。因此，必须强化培育全过程人民民主有效运行的环境条件。首先，激活全过程人民民主实践的动力。动力是推进全过程人民民主有效运行的关键因素，只有具备充足的动力才能克服目前民主实践中存在的参与冷漠现象。动力的激活需要人民知晓全过

---

① 赵家祥：《历史唯物主义原理》，北京大学出版社，1992，第80页。

程人民民主的价值，体悟全过程人民民主在实现人民权益中的优势，实现对全过程人民民主由认知到认同的转型，在此基础上将全过程人民民主的参与热情转化为积极的实践动力。其次，涵养全过程人民民主的规则意识。民主的正常运行必须具有法治的保障，缺失法治保障的民主将是无序的参与，必然酿成民主的暴政和悲剧。因此，必须积极培育人民在全过程人民民主实践中的法治理念和规则意识，具有依法参与民主、依程序行使民主、依规则规范民主的思想，才能保证全过程人民民主的有效运转和良好绩效的产生。再次，推进全过程人民民主运作技术平台的现代化。工具手段的先进与否直接关联着全过程人民民主运行的效率高低和质量好坏，在大数据、信息化和人工智能发展日新月异的时代，必须使全过程人民民主实践契合时代发展的需求，不断更新民主运行的工具和手段，使技术赋能于全过程人民民主的实践，在现代技术平台的基础上增强人民参与的便利度，减少民主运作的成本，提升民主参与的质量，增进民主实践的效益。

## 第三节

# 全过程人民民主的责任逻辑

人民民主是全过程民主，其特征与精髓在于“全”，这也是其特色和优势之所在。所谓“全”，是指多层级民主运作界面、系统化民主运行流程、多样性民主操作形式的有机统一。民主是现代政治制度中不可或缺的价值与机制，但在某种意义上它“只能防止某些弊害的发生，而不能保证良好政治的实现”[1]。坚持和完善中国特色社会主义民主政治，就要深入发掘其蕴含的价值内涵及其制度优势，通过培育有利于民主发展的土壤、构建民主科学运行的机制来提升人民民主的质量，使人民民主成为实现人民美好生活的制度保障。人民民主是全过程民主，而责任是始终伴随人类社会生活的政治价值和组织原则，全过程民主也必然要求将责任政治贯穿于民主

① 伯特兰·罗素：《权力论》，吴友三译，商务印书馆，1991，第196页。

制度建设的全过程，实现责任体系与全过程民主的深度融合，从而充分发挥人民民主的优越性。

## 一、责任政治视角

责任与民主的关系并不是一个新问题，现代政治制度的构建倾向于将民主与责任视为互为交叉的制度体系。但是这种思路更多是从代议制出发，强调委托－代理关系中的责任形式，即通过责任来确保代理人的行为符合委托人的期望。但是人民民主作为全过程的民主并不像单纯的代议制那样简单。现代社会中，无论是制度体系的组成还是运作都以复杂性为表征，责任与民主的关系理论也亟需新的增长点来适应这种变化，进而用来解释更为系统化的民主机制运作。为此，我们使用“责任政治”这一术语来剖析责任对于民主的价值。所谓责任政治，是将责任整合到政治生活的方方面面，无论是日常的私人生活还是关涉政治运作的公共生活，责任都是规范与协调不同主体、实现公共生活和谐有序的支撑。责任政治用来描述这样一种形态：公共生活中的每个主体都是负责任的，一切制度机制也都根据责任的基本要求构建起来。责任政治是贯穿于历史发展的，传统社会需要责任，现代社会更需要责任，并且现代社会的责任类型、责任运作方式以及责任的保障机制相较传统社会而言更加多元与复杂。

在现代民主的委托－代理关系中，民主的内在要求之一是“人民是权力的所有者，政府就应该处于人民的控制之下，政府的政策和行为以人民的意志为依归，即对人民负责”[①]。在这一逻辑框架中，责任政治与民主政治存在着一定程度的交汇。这种逻辑更多关注结果，但通向这一结果还需要经过一个复杂的过程，思考民主中的“对人民负责”，必须在民主的全过程性中去理解。这涉及三个维度的问题：

第一，民主是选举的过程。从选举民主的立场出发，其目标是选出一个称职的权力行使者，并且这一权力行使者能够履行自己的承诺、承担应尽的职责。与此相对应，选举称职者同样需要一个负责任的投票过程，如果选民抱着无所谓的态度去投票，就很难说选出来的结果是合意的，选民也没有动力去监督权力行使者日后的权力行为。出现这种情况，“对人民负责”就会成为一纸空文。

第二，民主是参与的过程。借鉴参与式民主理论的政治心理学，人们往往最关心与自己利益息息相关的事。社会公众可能对远离自身的政治生活不感兴趣，但往往会去关注身边的事情。因此，民主的构建要从基层治理、社会治理乃至日常生活入手，在社会中构建好民主的一个个细胞。如果社会中的每个细胞是民主的，那么整个社会也就在民主的轨道上运行。

第三，民主是责任实现的过程。有效的“民主责任制”是以问责为地基搭建起来的，如果没有有效的问责制度，权力就没有纠错

---

① 张贤明：《政治文明的基本形态：责任政治》，《吉林大学社会科学学报》2004年第6期。

机制，权力行使就可能背离初衷。问责需要成本，而且在委托－代理关系中，受制于信息等因素，委托人往往处于成本劣势，因此问责不能单纯是结果导向的，而是应该覆盖民主的全过程来尽可能地规避“坏结果”，以降低问责成本。

上述三个方面既反映了民主建设及运作中的问题，也折射出了责任政治同全过程人民民主的基本关系，即责任政治建设有利于提升全过程人民民主的质量。如果各主体负责任地参与到民主程序当中，并通过负责任的方式实践民主的各项环节，那么所得到的民主结果即使可能不是最优的，但也一定是负责任的。在此意义上，责任政治是避免民主善之花结出恶之果的保障机制。

## 二、责任观念引领

观念是政治认知、政治态度、政治情感等方面的集合，体现出一个国家或民族的“民情”与文化，是制度生长、存续、发展与变革的土壤。新制度主义的研究认为，“观念是制度的基石”，观念要素已经成为分析制度发展的关键变量。全过程人民民主制度离不开适宜的责任观念的引领，而责任政治建设的首要任务之一就是在全社会培植一种负责任的观念。

中国传统文化蕴含着丰富的责任思想，强调责任在社会秩序维系和发展中具有先在性，通过将负责内化为公众的基本生活方式，进而将责任贯彻到政治过程始终。中国传统社会的一大特征是，社会秩序更多依靠原始情感来维系，责任优先于权利是中国传统社会运行的基本逻辑，也是同西方文化大相径庭的地方。虽然传统社会的责任大多是指代道德责任，但是责任对于社会结构的稳态具有根本性的支撑作用。无论是倡导君子修身还是各安其位，都是说明每个个体应根据其所在等级结构中的位置来履行责任，否则“德不配位，必有灾殃”。换言之，个人融入政治生活之中必须要以其身份所赋予的责任作为基本的行为准则，个人在参与政治生活时也必然要基于负责任的态度。民主不仅仅是一种形式，它能够对参与者自身产生影响的机制，在此意义上民主的形式与民主的内容同样重要，而民主要既有形式又有内容，就必须兼具社会性和伦理性。以责任来诠释这种伦理性，意味着倘若不以负责任的态度参与民主，不仅会损害他者的利益与幸福，也是对自身权利与尊严的蔑视。因此，对于任何政治主体而言，负责与参与是高度统一的，如果缺少了责任，民主内在所彰显的参与价值就会丧失意义。

我们可以借用法国社会学家布迪厄的“惯习”概念来阐释一种理想的责任政治观念情境。所谓“惯习”指的是特定社会建构出来的，具有普遍性、稳定性的日常行为倾向。在责任政治形态中，理想的责任观念就是将负责视为社会之“惯习”的情境。现代社会中的责任是多面融合的，既要强调公序良俗及道德责任，也要倡导与履行法律责任，政治官员还要同时受到政治责任、纪律责任、行政责任等的约束。将责任视为“惯习”，就是将各类责任从外在的强制约束转化为内在的理性制约，即公众以负责任的态度主动参与到与自己切身利益相关的民主各项环节中，并且负责任地履行民主的各项程序。全过程人民民主亦即全过程负责，无论是票决还是协商，其结果一定会是合意的，因为全过程负责的民主最大程度地整合并反映了社会公众的所思所愿所求，社会公众也会感受到民主的真实性、有效性，以及自我的政治效能感，从民主中获得实实在在的公民教育，促进个体政治能力与素养的提升。

## 三、责任结构保障

仅仅依靠观念不能真正保障责任的落地，全过程人民民主质量的提升还需要系统化的责任结构作为保障。民主是关于决策的程序，民主的全过程体现在决策前、决策中与决策后诸环节。决策前包括社情民意反馈、议题设定、参与主体选择等多项环节，决策中则包括投票、协商等多项程序，决策后囊括了政策评估反馈、问责纠错等内容。由此，责任结构保障全过程人民民主质量提升要充分地涵盖决策的前、中、后诸环节：既要保证参与主体与政策议题被负责任地选择出来，也要通过特定的体制机制保证参与主体在参与过程中积极履责，同时亦需要具体的问责机制保障决策能够负责任地被落实并且及时被纠错调整。

全过程人民民主必然是公开透明的民主，而公开透明的阳光政治正是推动履责的催化剂。民主程序不应该是大门紧闭的俱乐部，而是在保证多元主体参与的同时将民主的全过程加以公开，通过各项环节的透明强化对民主过程的监督，进而也能够让没有参与其中的人感受民主的真实过程。列宁曾经指出，“‘广泛民主原则’要包含以下两个必要条件：第一，完全的公开性；第二,一切职务经过选举。没有公开性而谈民主制是很可笑的”[①]。强化监督是阳光政治的核心目的，封闭决策不仅与现代政治要求相违背，同时也形成了暗箱操作的腐败温床。在人民民主的全过程中，首先要保障决策议题设定的公开透明，根据社情民意将公众最为关心的问题整合到决策议程当中。其次要保障参与主体选择的公开透明，参与主体的选择既要满足多元化的要求，又要同特定的政策议题息息相关，确保参与主体的广泛性与专业性，防止参与主体的“陪标”以及同决策主体的共谋。再次要保障决策过程的公开透明，将决策的协商或者投票过程完整地公之于众，接受社会的全方位监督。最后要保障政策落实的公开透明，公开政策落实的相关主体、所需要的各类资源以及预期的政策结果，为社会的民主监督提供基本的参照。

全过程人民民主必然是问责全覆盖的民主，而问责全覆盖必然要求进一步推动问责体制机制改革。随着从严治党的提出与深化，问责机制的强度也是前所未有的。虽然问责机制对肃清腐败、净化政治生态起到了极大的推动作用，但问责体制机制改革仍需要从以下几个方面加以完善：首先是加快构建相对完善的容错机制来平衡问责带来的“避责”等消极影响。“避责”现象已经成为目前政策

---

① 《列宁选集》(第1卷)，人民出版社，2012，第416-417页。

执行的梗阻，倘若政策不能得到负责任的执行，那么民主所得到的负责任的结果就会失去意义。其次是转变问责的"结果导向"，构建一个"事前－事中－事后"有机统一的问责机制。问责的本质在于预防，现代意义上的问责不仅仅是一种事后的负责任行为，而且还包括"促使或引起个人或部门采取事前负责任行为的组织和政治机制设计"[①]。再次是完善与国家治理现代化格局相适应的问责框架。人民民主的特征之一就是广泛性，结合国家治理的多元主体参与格局，问责制的革新应着重解决针对除党和政府外其他参与主体的问责问题。综合而言，通过责任提升全过程人民民主的质量，不仅要覆盖民主全过程，还要覆盖参与全主体，使得所有的参与主体都能在问责机制的激励下有序参与，共同为实现高质量的全过程人民民主贡献力量。

## 四、责任行为驱动

负责毫无疑问是一项"面向他者"的行动。行动并不是孤立的，行动往往受制于特定的观念，并被一定的制度形式所左右。除却观念和结构对行动的影响，行动本身的筹划性与反思性也会对全过程人民民主的质量产生重要影响。

任何一项行动都会造成特定的结果。在行动理论中，一个行动

① 谷志军、陈科霖：《当代中国决策问责的内在逻辑及优化策略》，《政治学研究》2017 年第 3 期。

主体若想创造行动的意义，就必然要基于他者来调整自己的行动。所谓筹划性，就是要对自己行动可能产生的预期结果进行基本的预测与评估，从而对行动的意图、方式与过程进行设定与调整，使自己行动的结果最为合意。在民主参与中，行动的筹划性首先基于参与主体对民主的理解。参与的主体要明确自身在整个国家治理格局或者民主程序中的位置，了解参与的目的以及自己的参与可能对自己、对他人、对自身周遭公共生活产生的影响。由此，参与主体在参与民主过程之前要充分地了解自身参与议题的基本情况，了解其他社会公众对议题的认识与期待。负责是期待与回应的关系，一项行动只有满足了行动对象的期待才能称其为负责任的行动。因此，正如人大代表或者政协委员联系群众制度一般，只有充分地掌握有关一项议题的信息、充分地调研民众之所愿，才能在参与中最大限度地反映广大人民群众的利益与期待，才算作真正的负责。从这个角度看，筹划性的关键在于事前。参与主体要树立起这样的意识：认真参与不仅体现在正式的程序中，民主程序之前的准备工作也是影响民主结果的重要变量。在参与之前，参与主体要科学系统地筹划好自己参与的每一个步骤，充分地学习与之有关的政策知识，懂得运用民主程序，恪守民主所需的理性态度。

所谓反思性，指的是在行动过程中不断纠偏匡正的过程，防止行动过程中的偶发因素或不确定因素对行动结果产生影响。反思性是吉登斯行动社会学中的重要概念。通过行动的反思性，可以为行动的筹划性提供保障。在日常生活的经验中，一项筹划得很好的行动也可能受到外在因素的影响而走样，那么反思性的功用就是在行动的每一个步骤中加入反思的要素，通过不断地回应外部环境以保证行动“不走样”。例如在民主过程中，不同参与主体之间的信息可能是不对称的。不对称的信息会造成一个具有信息优势的主体左右其他主体的偏好。由此，反思性体现在这里就是加强信息共享，只有不同主体在信息的充分共享中调整自己的偏好，才能最大程度地凝聚共识，寻找利益的最大公约数。鉴于这种现象的普遍存在，很多协商民主理论家都强调沟通在民主程序中的重要性。在这个意义上，反思性本质上是行动中偏好调整与转换的过程，通过主体偏好的改变使自己的行动更加契合参与的目标。同样，反思性在政策执行过程中也扮演着重要角色。公众的利益诉求可能是变动的，类似于基本公共服务供给的政策也要具有一定程度的弹性，避免形成铁板，在公众利益诉求的变动中不断地加以反思、进行调整，从而让政策能够持续地满足公众的期待。

## 第四节

# 全过程人民民主的治理思维与逻辑

众所周知，无论何种民主大都取决于一个国家的社会性质、政治道路、历史传统与文化习惯等因素，具有明显的差异性。民主实现机制既具备上述差异性，又因其是“运行中的民主”而自然地将民主的理念、制度与效果紧密联系，突出表现为可观察、可评价、可比较的集中表象，成为“民主水平考量”的直接内容。在一定条件下，民主的实现机制还会反置于民主制度之上而成为显著的民主标签，甚至直接指代民主理念的进步性。近代以来，资产阶级民主政治占据历史先机，并借其经济社会发展相关性优势，将其民主的实现机制“普遍化”，张扬了西方民主制度的形式优越性，遮蔽了资产阶级民主观念的实质局限性，构建了西方民主的政治逻辑。随着社会主义国家的建构与建设，中国共产党践行人民民主，从全过程性的实现机制上使社会主义民主政治不断焕发生机活力，变革了西方民主思维，逐渐形成了全过程人民民主的政治逻辑，这已成为中国共产党治国理政的典范。

## 一、理解全过程人民民主：超越西方民主实现机制的思维性变革

从西方民主话语的内容与传播看，当代西方民主的话语霸权是在所谓普遍的民主理念包裹下将多元化民主实现形式和机制加以单一化的话语体系，这是维系其“民主”优越感的重要因素。从近代西方民主的实现过程看，其已经突显了鲜明的“确定性思维”[①]，因而具有被模块化分析的可能，这一被模块化的民主实现机制已然形成了独特的政治逻辑。

首先，在西方民主的政治逻辑中，资产阶级的“人民”主权、法律至上及其公益（common good）理念是其共通价值并构成了西方民主制度设计的逻辑主线。在这里，“人民”主权仅指人民具有选举统治者的权利，在确立选举作为代议制民主关键起点的条件的基础上，统治者们更关注推动选举的平等、公平与公开，而选举是实现这一理念的关键机制，即人民行使权利的唯一方式。法律至上主要指资产阶级宪制，其核心本质是对政府的法律限制，而被限制的政府是在“个体”与“社会”之“善”的预设中由“政府是必要

---

① 亓光：《确定性思维视域下的西方民主话语：表象、本质及其批判》,《社会科学研究》2018 年第 3 期。

的恶”构想出来的，故存在用宪法制约绝对权力以保障个人自由、国家内统治权力分立制衡、政治暴力等实现机制。推崇公益则是因袭了西方“共同性”“公共性”政治传统，在个体主义外衣下实际构建的是“许多人基于法权的一致性和利益的共同性而结合起来的集合体”[①]，并以公益为由遮蔽其运行的“纸牌屋”。

其次，政治平等的制度安排是西方民主实现机制所服务的直接对象，构成了其政治逻辑的主轴。达尔指出，有效的参与、选票的平等、充分知情、对议程的最终控制与成年人的公民权等五个维度是政治平等的制度安排。[②]具体而言，为维护特定政党的有效参与，自由式民主的政党制度需在“多数同意规则”下设立一系列复杂的政党参与体制与活动机制，以利于少数人借助数量庞大的团体操控的决策方式而加以自我保护，“少数派需要通过政党的形式积累扩大力量，多数派需要靠政党的形式去巩固自己的力量”[③]；为保障选举形式美感与政治激情的刺激[④]而在解除选举人在财产、性别、教育等条件限制的同时不断加强“反向立法”与“偏见立法”，构成了围绕“普选合法性”的独断逻辑；为解决“选举人－代言人”之间的信任鸿沟，以巩固代议制度为基础，在特定场域建立程序严格

① 西塞罗：《论共和国》，上海人民出版社，2006，第 75 页。

② 罗伯特・达尔、伊恩・夏皮罗：《论民主》，李风华译，中国人民大学出版社，2013，第 33、81-82 页。

③ 白钢：《现代西方民主刍议》，《书屋》2004 年第 1 期。

④ 丽莎・希尔：《激情社会——亚当・弗格森的社会、政治和道德思想》，张江伟译，华东师范大学出版社，2020，第 165 页。

的知情、问询、监督与辩论体制机制，并以政策接触的有效途径搭建为手段设定了政治信任的捆绑逻辑；为加强民主理念内在缺乏的控制性，将西方民主与资本主义宪制相关联，通过培育“法上之法”的民主认知，通过将多数同意规则的暴政风险控制在一定范围内的体制机制，构成其底线保障逻辑。

最后，西方民主实现机制的核心是程序。参与程序是西方民主运转的核心程序，主要包括广义上的各类竞选、投票以及政治性社团活动等。而竞争程序则指狭义的竞选与考试，其共同特征在于确定的规则与随机的当选者。制衡程序则在“个人－国家”维度上通过公民表达自由以影响政府决策议程。[①] 纠错程序是一种补充性程序，以保证整个实现机制具有非独异性（如定期选举、司法独立、在野党抗争、独立社团民意补充等）。这些程序具有显著的完备性特征，但其被设计与建构的目的却是维护其制度性不公，这是其本质性局限。

由此可见，西方民主形成了较为独特的运行架构与过程，其在民主理念、制度框架、治理议程之间“内在分离－外部黏合”的不确定性关系中逐渐碎片化是其实际的政治逻辑。在有限碎片化阶段，该政治逻辑表现出较强合理性，涵盖了民主“规范－实践”的基本向度，有利于增强具体的民主实现形式的合法性。而随着结构性碎片在闭环中不断积累，在资本逻辑支配的法权逻辑影响下，行

---

① 罗伯特·达尔、伊恩·夏皮罗：《论民主》，李风华译，中国人民大学出版社，2013，第 33、81-82 页。

权、授权、控权等各环节内容与权力行使方式的对抗性不断加剧。因此，必须通过加强程序之壁的厚度来防止内部的民主实践碎片割裂整个制度体系，这就是西方民主终以程序民主替代实质民主的原因，而其“决定性逻辑－实现性逻辑”则是完全不统一的。克服碎片性及其造成的背反性就必须在民主实现的全过程中控制制度碎片的产生与扰动，在这里，全过程人民民主提供了一种全新、统一、可操作的民主实现逻辑，在思维上变革了西方民主的政治逻辑。

一方面，全过程人民民主表现为一种动态的迭代式闭环结构。全过程民主是人民民主的实现形态。根据我国宪法，国家一切权力来源于人民，一切权力属于人民，人民是国家的主人。换言之，代表人民意志、维护人民权利、保障人民利益、解决人民内部矛盾、接受人民监督是人民民主的题中之义，这种内容上的全覆盖性是在“酝酿－决策－执行－监督－反馈”的过程中呈现的。对全过程人民民主而言，其与西方民主的运行结果的典型差异在于其明显的迭代性，即将民主实现过程中的各要素和内容联结成一个迭次进展的推进过程。具体而言，主要包括：以人民需求为本位，制定出符合人民利益的实现方案；在经过广泛征询、讨论进而在人民群众中达成意见一致基础上，制定出具有实操性的制度实现机制与举措；通过人民广泛参与政策制定过程对具体内容进行干预，进而使政策制度能最大限度体现人民意志；在形成共识性制度后，通过强有力的执行推进制度的实现，而在此过程中人民群众可不断对照原初需求监督政策的执行情况（如图 2-1 所示）。

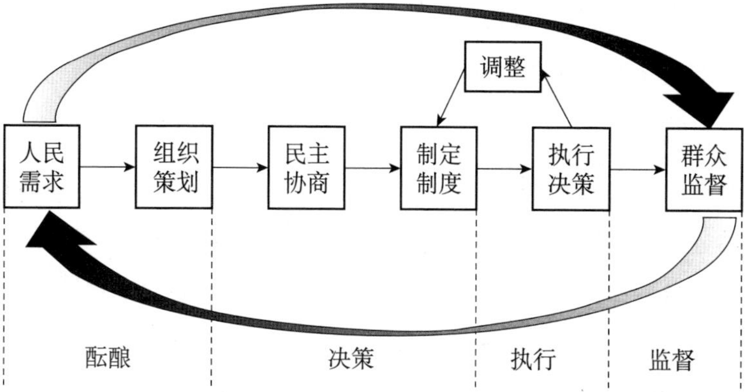


**图 2-1　全过程人民民主闭环结构**

另一方面，全过程人民民主将人民民主的实质与程序统一于国家权力运行之中。在很大程度上，民主具有观念号召力和认同吸引力的关键在于它始终在回应“个人自由的选择”①，而这个目标只能在人民民主的社会主义国家才可能从“普遍错觉”转变为“实际体验”。众所周知，人民当家作主是作为核心理念的人民民主和作为实现机制的全过程民主的有机统一，其具体表现为广泛性、全面性、全流程性与全局性。其一，广泛性保障国家赋予社会成员均等的政治权利，特别强调民主选举中的平等计算法则，有别于西方民主的选区与投票中的“格里蝾螈”陷阱；其二，全面性保障人民有效参与，在决策与正式制度化之前必须经过充分的民主协商，广泛动员人民群众了解、认识与理解相关问题，在商讨中优选方案；其三，全流程性保障人民充分知情，为了保证具体政策的制定能惠及

① 约翰·邓恩：《民主的历程》，林猛等译，吉林人民出版社，2011，第 2 页。

全体民众，就需要全流程的政治参与，以此保证决策的人民意志性同监督的人民直接性有效衔接；第四，全局性重点解决“监督自我－自我监督”的历史难题，在监督保障中体现了“权力产生”的一致性，又在内部结构中将权力运行的独特性凸显出来，是通过内在独立负责和监督实现整体的一致性。新中国成立以来，中国共产党着力推进全过程民主，使其结构不断完备、运行日益稳定，逐渐通过全过程的“理念－制度－治理”的民主实现机制将人民当家作主真正运转起来，在整体发展中形成作为中国式民主典范的全过程人民民主的政治逻辑。

## 二、全过程人民民主的制度支撑力：保证和支持人民民主的基础要件

人民民主的真谛是人民当家作主。在全过程人民民主中，人民群众管理国家和社会事务的制度体系越完善，其民主权利的实现就越充分，人民民主的程度就越高，只有通过广泛、充分、健全的民主制度体系的建构与完善，人民民主的主体、领域与内容才能体现全过程性。

### （一）广泛性是全过程人民民主的制度体系之基

广泛性是全过程人民民主的制度体系之基，贯穿于民主发展的历史过程，是中国式民主的实现程度的真实性标准。众所周知，在

理念上，作为衡量民主广泛性核心标准的“人民”具有极大的包容性，但在制度实现的过程中，却并非毫无例外地包括一切人[①]，特别是西方民主的法理性与法定性使其民主在实现基础上必然出现断裂。与此不同，全过程化的制度体系不仅代表了人民民主在国家形式与国家形态上广泛的规定性，而且在具体实现中直接表达为广泛的制度安排。

群众观点与中国民主政治建设有着密切的血缘关系，而将最广泛的政治主体及其权利始终涵括于人民代表大会制度是实现全过程人民民主的根基所在。早在中国共产党领导香港罢工工人运动时期就通过组织工人代表大会与广大工人阶级共同讨论反帝爱国斗争的具体路径问题，这种广泛性的民主议事会逐步发展为“三三制”。毛泽东指出，人民代表应具有广泛性，要“在各级人民代表会议中，必须使一切民主阶层……尽可能地都有他们的代表参加进去”[②]。1954年宪法颁行后，人民代表大会制度的确立从根本上宣示了“中华人民共和国的一切权力属于人民”，在其制度安排中公民平等地享有宪法和法律规定的选举权与被选举权、政治自由、控告权等，充分展现了社会主义民主的广泛性。

全过程人民民主的起点是人民代表大会制度，而其关键在于始终坚持和不断完善这一制度。随着人民代表大会制度不断发展与完

① 乔万尼·萨托利：《民主新论》，冯克利、闫克文译，上海人民出版社，2008，第35页。

② 《毛泽东选集》（第4卷），人民出版社，1991，第1309页。

善，中国人民享有的宪法权利的内容与体系进一步扩大与健全。从现实角度看，人民代表大会制度的自我完善，明显表现为“全面动员全体人民以国家主人翁地位投身社会主义建设，把各方面智慧和力量凝聚起来，坚定不移朝着国家发展的宏伟目标前进”[①]，具体体现为“三个坚持”：首先，坚持人民决定人民代表的产生，并通过人民代表大会决定其他国家机关的产生。我国宪法规定了人民代表大会是人民行使国家权力的机关，再由人民代表大会决定其他国家机关，民主集中制的根本制度正式确立，以此保障人民当家作主的权利。其次，坚持人民决定国家法律运行与制度建构。人民代表大会行使立法权，根据法制统一原则，规定了各级国家机关服从于人民代表大会，进而服从于人民的意志。最后，坚持人民意志是国家权力运行的基本保障。各国家机关产生之后，需要对人民代表大会负责，并受其监督，以此保障各级机关的决策符合人民的利益。总之，“必须充分发挥人民代表大会制度的根本政治制度作用，继续通过人民代表大会制度牢牢把国家和民族前途命运掌握在人民手中”[②]。

总之，“创制－发展－完善”的人民代表大会制度确保了“根本政治制度－基本政治制度－重要政治制度”之间不断巩固的全过程的广泛性。尤为重要的是，广泛的政治主体及其权利与人民代表

---

① 《〈中共中央关于坚持和完善中国特色社会主义制度、推进国家治理体系和治理能力现代化若干重大问题的决定〉辅导读本》，人民出版社，2019，第26页。

② 《十八大以来重要文献选编》(中)，中央文献出版社，2016，第54页。

大会制度作为根本政治制度安排，标志着“全过程人民民主”具有了超越西方民主的变革性意义。

### （二）充分性是全过程人民民主的制度体系之实

其一，依靠根本政治制度，完善选民和代表履行选举权和被选举权的制度体系。在人民民主的社会主义国家里，选举是重要的[①]；人民通过选举将管理国家的权力委托给人民代表，是以反映民意为目标的选举制度与以实现民意为目标的代表制度为具体的实现过程。一方面，坚持普遍、平等的基本原则，通过前期宣传使群众把选举看得极为重要，同时又有充分的信心来参加选举[②]，依照法定程序进行“选民选举－候选公示－资格审查－代表公示”，接受群众监督，最大限度反映民意。另一方面，各级人大代表在享受宪法规定的权利的同时，也要具备相应的职务能力、服务精神、责任意识，以制度约束人大代表履职，有效加强其与群众的密切联系。

其二，聚焦基本政治制度，不断充实和完善国家政治生活各维度的民主协商机制。在很大程度上，中国基本政治制度的设计成功地解决了不同群体、地域与结构的治理民主问题，以多层次、多维度的协商机制设计来解决选举作为核心要素的西方民主在实现机制上的民意滥用困境，充分凸显了“民主程序需要严格限定在真诚的

① 王绍光：《民主四讲》，生活·读书·新知三联书店，2018，第 121 页。

② 《建党以来重要文献选编（1921—1949）》（第 10 册），中央文献出版社，2011，第 503 页。

协商过程中”[①]。这种根植于整个政治制度的协商机制在现实中“促进广泛团结、推进多党合作、实践人民民主，既秉承历史传统，又反映时代特征，充分体现了我国社会主义民主有事多商量、遇事多商量、做事多商量的特点和优势”[②]。同时，通过“决策前广泛宣传、决策时充分讨论、决策后严格监督”将协商嵌入民主过程的各个环节之中。正如周恩来所言：“议事精神不在于最后的表决，主要是在于事前的协商和反复的讨论。”[③]通过协商的民主决策经由法定程序以国家政策与法规形式实现制度化的雏形，继而在相应制度层面上进一步维系协商民主，实现更加充分的制度化。简言之，中国共产党在治国理政的探索中，充分实现了“从政党到国家、从国家到社会、从中央到基层的全方位的协商机制”[④]，其结果正是中国基本政治制度的确立、巩固与发展。

其三，围绕“扩大人民有序政治参与”的其他重要制度，探索民主建设的新方法、新程序和新途径，充分体现人民民主在全过程民主实践中的创新性。在社会发展多元化与人民利益诉求多样化的背景下，人民的政治参与诉求日益增强，以畅通参与渠道、维护有序性为目标，政治参与的方式需要依据时代发展进行革新，而“为

① 何包钢：《中国协商民主制度》，陈承新摘译，《浙江大学学报（人文社会科学版）》2005 年第 3 期。

② 习近平：《在中央政协工作会议暨庆祝中国人民政治协商会议成立 70 周年大会上的讲话》，人民出版社，2019，第 8 页。

③ 《老一代革命家论人民政协》，中央文献出版社，1997，第 50 页。

④ 郑慧：《中国的协商民主》，《社会科学研究》2012 年第 1 期。

了保障人民民主,……必须使民主制度化”[①]。在中国的政治实践中，借鉴行政决策中听证程序的有益经验，逐步形成了协调个人利益与共同利益的听证制度；借鉴司法庭审的旁听程序等有益做法，在增强人民政治素养与确保决策过程公开透明的目标指引下，基本形成了人民代表大会旁听制度；为了提高为群众解决问题的效率，特别依托《关于处理人民来信和接见人民工作的决定》与《信访条例》等政策法规，规范“信息上达”途径；而在“大数据－网络空间”的数字化转型背景下，网络政治参与的体制变革正在形成，充分扩大了人民的有序政治参与。

### （三）健全性是全过程人民民主的制度体系之力

其一，制度安排覆盖性的扩大，将民主政治发展的各种战略、体制、机制、举措纳入全过程人民民主的制度安排中，加强全过程人民民主在制度安排上的结构化，这是实现全过程人民民主的驱动力。全过程人民民主制度安排的结构化过程，就是人民通过协商形成的共识的合法化过程。中国共产党推进全过程人民民主的一条重要经验就是不断推进民主制度化、规范化、程序化。[②]具体而言，坚持以人为本的理念，决策前期充分酝酿，通过宣传、教育使群众充分认识相关利害关系；决策过程公开透明，依据法定程序实时反馈群众意见、接受人民监督；共识性决议及时制度化、规范化，赋

---

① 《邓小平文选》(第2卷)，人民出版社，1994，第146页。

② 《中共中央关于全面推进依法治国若干重大问题的决定》，人民出版社，2014，第13页。

予决议合法性；最终依据规范化的决议制定相应举措。这一过程既展现了民主的协商特性，又通过结构化制度安排赋予民主权威与执行力。

其二，制度执行一贯性的强化，特别是在制度执行过程中必须做到层层明晰、环环相扣、事事有效、点点聚焦，持续加强决策、执行和监督的协调性，这是实现全过程人民民主的执行力。当今世界“各国之间的最重要的政治分野，不在于它们政府的形式，而在于它们政府的有效程度”[①]，政府的有效程度的衡量指标就是制度执行力。在这里，制度执行的首要前提是构建公正、合理的制度实体，即通过充分讨论、协商形成的共识性决策；以共识性决策为目标，根据各种社会条件或其他环境条件制定科学合理的执行程序；在权力行使过程中，保障人民利益不受损害需健全权力监督机制，切实完善“机构－制度－行动”监督体制与机制。

其三，制度“安排－执行”衔接性的畅通，凸显党的领导所具备的轴心作用，特别是在“切实强化制度意识，带头维护制度权威，做制度执行的表率，带动全党全社会自觉尊崇制度、严格执行制度、坚决维护制度”[②]中健全制度，实现全过程人民民主的内聚力。历史证明，竞争式选举并非民主的真正实现，无边界的协商也难以真正实现民主，民主的有效性即善治导向需要充分反映民意，在制度安

---

① 塞缪尔·亨廷顿:《变化社会中的政治秩序》，王冠华、刘为等译，上海人民出版社，2008，第1页。

② 《中共中央关于坚持和完善中国特色社会主义制度 推进国家治理体系和治理能力现代化若干重大问题的决定》，《人民日报》2019年11月6日第1版。

排与执行路径之间建立通畅的协调聚合机制。在这里，“中国之治”之所以能够形成与显现，关键在于其打破了西方民主决策主体与民主实践主体的“对抗性”，而以有力的“统摄性”主体推动实现制度“安排－执行”的协调统一，实现了民主与集中的内在聚合。全过程人民民主的相关制度之所以能够不断健全，关键在于中国共产党的领导。时代在变，全过程人民民主的内涵与要求也在变，“但共产党领导和执政的本质并没有改变，都是为了实现人民民主，保证人民在掌握国家政权的基础上当家作主”[①]，不断凝聚中国式民主的全过程性优势。

## 三、全过程人民民主的治理效能：具体制度优势的普遍化之径

全过程人民民主的过程性与结果性是相辅相成的，强调过程性绝不意味着忽视结果的重要性。党的十九届四中全会指出：“我国国家治理一切工作和活动都依照中国特色社会主义制度展开，我国国家治理体系和治理能力是中国特色社会主义制度及其执行能力的集中体现。”[②]中国特色社会主义民主政治的制度体系需要体现“坚持人民当家作主，发展人民民主，密切联系群众，紧紧依靠人民推

① 李铁映：《论民主》，人民出版社，2001，第226页。

② 《中国共产党第十九届中央委员会第四次全体会议文件汇编》，人民出版社，2019，第18页。

动国家发展的显著优势”[①] 等治理效能上。

近代以来，民主治理的效能始终是西方民主引以为傲的资本。然而，马克思主义经典作家早已指明资本主义国家的民主政治只不过是资产阶级法权“外衣”。“资本主义具有维护私有财产和榨取剩余的独特权力，而不需要所有者掌握传统意义上的直接政治权力。”[②]然而，经过长时间的粉饰与裁剪，这套外衣包裹的内在——资产阶级专政——则被掩饰得更严密，更加难以洞察。随着逆全球化等乱象加剧，人们开始清醒认识到西方民主正是“全球治理赤字”的罪魁祸首。这种曾被奉若神明的“民主治理”典范日益暴露出其无法克服的弊端，一方面单纯依靠“选主”、片面强调“自治”、错误反对“集权”，另一方面却公开操纵“选举”、全力消除“异见”、积极强化“霸权”。因而，在上述两个方面的共同作用下，西方民主早已不是“实现”质量高低的问题，而面临滑向“虚伪的民主治理”的危境，甚至与资产阶级进步革命时期的民主标准也相去甚远。正如马克思、恩格斯所言：“现代的国家政权不过是管理整个资产阶级的共同事务的委员会罢了。”[③]与此相比，中国的民主治理之所以能够后来居上，在效能不断提升的同时，有力地维系和扩大了显著优势，关键就在于其真正体现了全过程人民民主治理。

---

① 《中共中央关于坚持和完善中国特色社会主义制度 推进国家治理体系和治理能力现代化若干重大问题的决定》，《人民日报》2019 年 11 月 6 日第 1 版。

② 艾伦·梅克森斯·伍德：《民主反对资本主义——重建历史唯物主义》，吕薇洲等译，重庆出版社，2007，第 40 页。

③ 《马克思恩格斯选集》（第 1 卷），人民出版社，2012，第 402 页。

这种民主治理的核心在于“为人民执政、靠人民执政”。

一是坚守“为人民服务”宗旨，通过人民民主的制度确认，以体制机制的设计巩固“为人民执政、靠人民执政”的新安排。众所周知，“党除了工人阶级和最广大人民群众的利益，没有自己特殊的利益”[①]，决定了中国共产党执政必须植根人民、依靠人民，相较于科学执政与依法执政，民主执政更具有前提性、基础性地位。首先，党的性质与宗旨决定了中国共产党能够“为人民执政”。《中国共产党章程》指出，“中国共产党是中国工人阶级的先锋队，同时是中国人民和中华民族的先锋队”，党的宗旨是“坚持全心全意为人民服务”[②]。党的性质与宗旨就是不断激励中国共产党人克服困难、不断进步的精神动力。习近平总书记指出，党的初心和使命是“为中国人民谋幸福、为中华民族谋复兴、为人类谋和平与发展”[③]。总之，执政为民是由中国共产党的党性所决定的，是区别于其他政党的独有特质。其次，无产阶级政党的革命历程证明了中国共产党“靠人民执政”正确性。马克思和恩格斯指出：“历史活动是群众的事业，随着历史活动的深入，必将是群众队伍的扩大。”[④]苏东剧变的史实证明，丧失人民群众的拥护和支持，政党也就失去了执政合法性。为了充分了解人民群众的需求，中国共产党就必须作为领导

---

① 《中国共产党章程》，人民出版社，2017，第 10 页。

② 《中国共产党章程》，人民出版社，2017，第 10 页。

③ 《习近平关于“不忘初心、牢记使命”论述摘编》，中央文献出版社，2019，第 14 页。

④ 《马克思恩格斯全集》(第 2 卷)，人民出版社，1957，第 104 页。

者，保障人民当家作主的权利，通过构建人民有序政治参与的合法化机制来推动最充分的民主协商，将“人民拥不拥护、赞不赞成、高不高兴、答不答应”作为执政水平的衡量标准。总体而言，“为人民执政”与“靠人民执政”的有机结合是中国共产党的内在规定性，更是党在革命、建设与改革过程中积累的正确处理政党与人民的关系、带领人民创造美好生活的有益经验。

二是强化“以人民为中心”原则，将“民意”“民智”“民力”“民生”的基本要求、主要内容与必需之法融进党纪国法，体现在民主实现的全过程之中，将维护人民利益的政策评估、议程设计和方案策略纳入综合国力的总体考量中。关于社会发展程度的基本标准，不同国家、不同流派、不同立场所秉持的标准有显著差异，但从共性方面看，生产力的发展始终处于社会发展评价标准的首位。毛泽东指出，“老百姓拥护共产党，是因为我们代表了民族与人民的要求。……如果我们不能发展生产力，老百姓就不一定拥护我们”[①]。诚然，生产力在社会发展中居于极端重要地位，但却不是唯一的评价指标。马克思曾指出，“生产力和社会关系——这二者是社会的个人发展的不同方面”，“因为真正的财富就是所有个人的发达的生产力”。[②]质言之，社会发展的评价标准不仅包括生产力水平的历史维度，也包括人民生活水平的价值维度，二者统一于社会主义经济关系之中。西方资本主义国家因其私有制与剥削性导致其难以将

① 《毛泽东文集》(第3卷)，人民出版社，1996，第147页。

② 《马克思恩格斯全集》(第46卷下)，人民出版社，1980，第219、222页。

人民生活水平价值纳入整个社会发展评价体系。与此相比，中国共产党明确提出将价值维度列入社会发展的评价体系，“三个有利于”中“是否有利于提高人民的生活水平”[①]作为生产力发展的旨归，是价值维度在中国的具体化内容。进入新时代，全面深化改革着力进一步解决“为了谁、依靠谁、由谁享有”的问题。由此可见，中国共产党始终强调“人民对美好生活的向往，就是我们的奋斗目标”[②],“要坚持以人民为中心，把为人民谋幸福作为检验改革成效的标准，让改革开放成果更好惠及广大人民群众”[③]，正是彰显作为民主实现之标尺的以人为本原则。

三是凸显“人民民主”红线，在推进群众路线制度化的探索中，将相信群众、依靠群众、引领群众、深入群众、发动群众和组织群众融贯于全方位的民主治理之中。整体推进人民民主，需要党内民主和社会民主的同构和互动。在人民当家作主的目标指引下，党内民主应该发挥示范与引领作用，而社会民主的丰富活跃则可将更多的民主因素纳入人民民主的持续发展中。在这里，群众路线的制度化是二者有效衔接的总关节。一方面，中国共产党早期的民主建设经验主要来源于党内民主建设的实践，党内民主不仅具有不同于西方民主的新理念，而且有效架构了民主集中的组织形式，在制度、体制、程序等方面积累了丰富经验。“党内民主架构在人民民

① 《邓小平文选》(第 3 卷)，人民出版社，1993，第 372 页。

② 《习近平谈治国理政》(第 1 卷)，人民出版社，2018，第 424 页。

③ 《高举新时代改革开放旗帜 把改革开放不断推向深入》,《人民日报》2018 年 10 月 26 日第 1 版。

主上的运用和体现使前者具有了制约、影响后者的价值取向、存在形式、运行方式的决定性意义。”[①]另一方面，伴随人民利益诉求逐渐多元化的是对党代表人民的要求的提高，不断丰富的社会民主实践成为群众路线的鲜活表现，并在群众路线制度化过程中，通过基层群众自治制度、社区组织机构与群众表达机制等形式，实现“坚持社会治理为了人民，善于把党的优良传统和新技术新手段结合起来，创新组织群众、发动群众的机制，创新为民谋利、为民办事、为民解忧的机制，让群众的聪明才智成为社会治理创新的不竭源泉”[②]。

四是探索“数字空间格局”的民主治理新机制，建立符合高度联通、“多平台”“线上－线下”协同等新特点的民主治理新机制，持续提升“数字民主”治理效能。在数字化转型背景下，人的生存方式正在发生重大转变，互联网日渐成为人们交往的基本方式之一，现代社会的特征就是相互联系、相互依存，而全球化日益成为快速发展、不断密集的相互联系和相互依存的一种网络系统。[③]互联网具有的自由、平等、开放属性与快速、便捷的优势为民主治理打开了“国家治理新疆域”。因此，探索数字空间格局下民主治理

① 王俊拴：《党内民主对人民民主的示范和带动作用分析——学习十六大报告的点滴体会》，《政治学研究》2003 年第 2 期。

② 《全面深入做好新时代政法各项工作 促进社会公平正义保障人民安居乐业》，《人民日报》2019 年 1 月 17 日第 1 版。

③ 约翰·汤姆林森：《全球化与文化》，郭英剑译，南京大学出版社，2002，第 6-7 页。

的新机制势在必行。首先，以高度联通性提升政府与群众的沟通效率。政府与群众的沟通效率直接决定了政府制定的政策规定能否真正反映人民意愿，这就要求在酝酿、制定和实施阶段最大限度发动人民广泛参与和表达意见。在这里，互联网打破时空界限，极大地提高了群众直接参与的热情，成为集中民智、汇聚民意的最大场域。其次，以“多平台性”展开丰富的民主实践。政府部门借助社交平台的互动性、即时性了解群众关切的话题，借助短视频平台的传播性、亲民性而广泛宣传最新政策规定，借助官方网站的权威性、规范性收集并解决群众困难。最后，以“线上－线下”协同性推动问题的解决。网络政治参与程度的提高，特别是如火如荼的数字政府建设等民主治理改革，充分发挥了数字化的真实性、公开性和平等性优势，民主效能明显提升，更符合民生发展的普惠需要。

## 四、全过程人民民主的协商实践：制度自我完善与效能持续提升的必然之路

习近平总书记指出，有事好商量，众人的事由众人商量，找到全社会意愿和要求的最大公约数。这既是人民民主的真谛，也是全过程民主的着力点。当前，为了更好地体现全过程人民民主在制度安排和议程设置的全过程性与实际操作的全过程化，就必须考虑“以何全过程”“如何全过程”等问题，即弄清楚全过程人民民主是否“行得通”，找准其“真管用”“有效率”的关键突破点。

第一，全过程人民民主“行得通”，关键在于真正认清“协商民主”这一独特法宝。在政治生活的一般意义上，协商是谋求共识、确定方略与优化统治的基本方式与途径。在中国，“商量”具有日常化的显著特点，其沁入于更加真实、广泛和牢固的基础，成为维系正常社会政治关系的重要方式而具有内在必然性和外在可行性。毛泽东指出：“我们一定要学会打开大门和党外人士实行民主合作的方法，我们一定要学会善于同别人商量问题。”[①]“事先优于现时”“询议优于票决”“群策优于独断”的政治传统使协商民主更符合中国民主的内在气质，而这种协商民主恰恰是全过程的；在现实中，协商民主是领导力量与支撑力量的衔接点，是一元引领与多元并存的嵌入点，更是长远利益与现实利益之间矛盾的调节器；对中国共产党治国理政而言，党的领导能够通过协商民主的途径吸收各主体各方面的积极作用，民主集中制能够通过协商民主的过程维护公民广泛而有序的政治参与和意见表达，人民民主则能够借助协商民主的实践克服分化、凝聚智慧与增强共识。

第二，全过程人民民主“真管用”，首要在于发挥协商民主的系统性、完整性与贴近性的实践优势。改革开放特别是党的十八大以来，协商民主朝着渠道更丰富、程序更规范、体制更健全、诉求更具体、体制更有效的方向快速发展。协商层次不断完善，协商内容持续丰富，协商程序日益规范，协商效果有效提升，业已成为国

① 《毛泽东选集》（第 3 卷），人民出版社，1991，第 810 页。

家治理体系现代化的基础指标。与此同时，协商主体的权责日益明晰，协商民主质量大幅提升、形式多样，协商民主已经成为国家治理能力现代化的核心要件。事实上，当前的协商民主作为全过程人民民主的典型实践，已具有极强的现实性，上至国家法律的制定，下至基层政府的财政预算，大到参政议政的国家谋划，小至个别利益诉求的决策考量，既包括“顺民心、合民意”的对话交流、恳谈沟通，又涉及“正方向、聚共识”的政治话语的培育与传播。在很大程度上，这些不断典范化的协商民主实践，使得全过程人民民主的政治基础与社会基础更加坚固，更具治理效能。

第三，全过程人民民主“有效率”，先决在于展现协商民主的民主集中制优势。在西方协商民主理论中，民主与效率往往难以兼顾，特别是“评价民主决议规则时，必须权衡其保护作用与效率。不幸的是，这两大目的之间存在着颇为紧张的关系”[①]。就具体政治活动而言，人民对公共事务的每一事项均达成理性共识的过程极为漫长且异常复杂。就对单个议程的讨论看，由于大众的觉悟程度和利益需求的差异，在保障平等协商的条件下极有可能形成僵持不下的局面。因此，民主的耗散性制约了民主治理的效率性。全过程人民民主缔造了“民主治理”的奇迹，指明了只有依赖具有引领力、统筹力和协调力的权威力量才可能在一个后发国家的现代化探索中找到最优路径，才能在意见多元化的现代社会实现高度集中的共同意愿，进而达成民主治理的共同意志。中国共产党

---

① 科恩:《论民主》，聂崇新等译，商务印书馆，1988，第 65 页。

治国理政的民主集中制表现出了显著的治理优势，成为实现人民民主的最优方式，其关键因素在于中国共产党代表人民群众的利益，是站在人民立场上的组织者。一方面，民主基础上的集中，是指人民代表是依据群众的意志和合法的程序选举产生的。另一方面，集中领导下的民主，是指制度政策的酝酿、讨论、制定都由中国共产党领导与组织，最终依据法律得以规范化。进而言之，中国共产党在治国理政的过程中应警惕简单以党的领导、人民当家作主、依法治国三者有机统一为概括，而应在纷繁复杂的全过程人民民主的实践真义中提炼出具有本土话语优势的“抽象的”理念原则、制度框架以及能够存在的模块化治理议程，最终落实到具体的民主活动中，使三者相互支撑、相得益彰，既全面覆盖，又动态发展，最终实现中国民主的独特的、独有的和独到的“全过程性”。

总之，中国共产党治国理政所实现的思维变革需要依靠全过程人民民主的政治逻辑加以持续构建。不断发展全过程人民民主，需要进一步彰显其作为新型民主制度实现机制的典范价值。那么，这就更需要将其实践真义转化为民主话语的新范式，使之与西方民主所谓的“普选”“政党”“个人意志”为标志的话语框架形成相对独立且解释不同的新民主话语。立足当下，只要我们继续将全过程人民民主的制度体系、治理过程与实践途径不断健全丰富与充实，不断在民主话语层面加以概括与总结，全过程人民民主将日益成为“中国之治”的典范，受人尊重，为人熟悉，进而在整个世界范围内实现民主话语的时代跃升。

## 第五节

# 全过程人民民主的实践形态

全过程人民民主是习近平新时代中国特色社会主义思想的最新成果，也是新征程上发展社会主义民主政治的科学指南。当前，无论是从加强理论阐释的考量，还是从推动实践探索的考虑出发，开展全过程人民民主专题研究都极其紧迫和必要。要全面准确地把握全过程人民民主这一新概括，需要在深入理解全过程人民民主本质属性的基础上，通过理清民主实践的基本层次，聚焦主渠道和主要着力点，准确把握全过程人民民主的广泛性、真实性。其中，人民民主或者说人民当家作主发端于马克思主义的民主理论，属于宏观层面的精神和原则，是社会主义民主政治的基本原则和政治取向；全过程人民民主属于中微观层面的制度设计和工作安排，是人民当家作主价值原则在操作层面的具体运用。[①]在中国共产党的领导下，

① 唐亚林:《“全过程民主”：运作形态与实现机制》,《江淮论坛》2021 年第 1 期。

全过程人民民主通过为人民群众提供丰富多样的民主渠道和参与方式，不断推动人民当家作主的价值理念落实到现实的国家政治生活和社会生活中。

## 一、实现层次：国家政治生活与基层社会事务

我国的人民民主深嵌于中国特色社会主义政治发展道路之中，体现为一种全过程的民主。这里的全过程民主具有时间上的持续性、内容上的完整性、公民参与的全过程性等诸多特征[①]，涵盖了民主选举、民主协商、民主决策、民主管理、民主监督等一系列过程，意味着民主的所有环节一个都不能少。全过程人民民主通过一系列法律和制度安排，真正将民主运作的各环节彻底贯通起来，支持和确保人民实现当家作主。[②]

全过程人民民主是我国社会主义民主政治的鲜明特点和独特优势，内含着权力和权利两条基本线索，由此决定了其在实践逻辑上可分为两大基本实现层次。从权力角度看，全过程人民民主呈现为政治层面的民主形态，意味着人民群众能够全方位地参与行使国家权力，实现了对国家政治生活的全覆盖；从权利角度看，全过程人民民主呈现为社会层面的民主形态，意味着人民群众能够全领域

---

① 桑玉成：《拓展全过程民主的发展空间》，《探索与争鸣》2020 年第 12 期。

② 《全面领会习近平总书记关于全过程民主重要论述的深刻内涵 支持和确保人民当家作主——栗战书与列席十三届全国人大常委会第二十九次会议的全国人大代表座谈》，《中国人大》2021 年第 12 期。

地直接行使各种法定权利，实现了在基层社会事务各环节的自我管理。

### （一）国家政治生活的全覆盖

公众参与是民主政治的实质性内容。经过长期的探索发展，我国已经建立了较为系统完备的人民当家作主制度体系，形成了日益完整的制度程序，满足了全过程参与的民主需求。在社会主义民主政治实践中，这种全过程人民民主实现了人民群众参与国家政治生活的全覆盖，保证了人民群众在投票选举时和日常政治生活中都享有民主参与的权利。

全过程人民民主既保障人民群众的选举权，也保障人民群众的被选举权。根据《宪法》的有关规定，我国采取直接选举和间接选举相结合的方式，选举产生五级人民代表大会代表。改革开放以来，我国县乡人大换届选举的选民参选率均保持在 90% 左右，人民群众的真实意愿充分体现在选举结果之中。① 在各级人民代表大会选举中，我国一直注重增强代表来源的广泛性和代表性，保证基层一线群众代表的名额占比。截至 2021 年 4 月，各级人民代表大会代表共有 262 万多人，在阶层、行业等方面都具备广泛的代表性，包含了相当数量的工人、农民代表，十三届全国人大代表中工人、农民代表占比达到了 15.7%。②

① 杨振武：《发展全过程人民民主 彰显中国式民主优势》，《人民日报》2021 年 8 月 4 日第 9 版。

② 《中国共产党尊重和保障人权的伟大实践》，人民出版社，2021，第 19 页。

习近平总书记指出，人民是否享有民主权利，要看人民是否在选举时有投票的权利，也要看人民在日常政治生活中是否有持续参与的权利。[①] 这一重要论断是在庆祝中国人民政治协商会议成立 65 周年大会上提出的。基于其产生语境可知，这里所说的“持续参与”的权利，显然是由协商民主的理念和实践作支撑的。在我国，协商民主是植根于传统政治文化的民主资源，深受人民群众认可。协商民主坚持鲜明的“商量”取向，反映和体现着人民民主的真谛，是人民群众在日常政治生活中实现广泛持续深入参与的关键所在，并推动我国的民主实践展现出突出的全过程性。协商民主对这种全过程参与的支撑作用体现在：一方面，随着党务公开、政务公开、司法公开和各领域办事公开的不断完善，人民群众的知情权得到了切实保障，获取各类政务信息更为便捷，这就为全过程协商提供了必要的前提条件；另一方面，借助于事前、事中和事后的协商过程，人民群众能够更好地行使参与权、表达权、监督权，这对于国家政治生活层面的民主决策、民主管理、民主监督都能起到显著的推动作用。

进入新时代后，我国人民群众对物质文化生活的需要呈现出多样化、高质量特征，在民主、法治、公平、正义等方面的要求也不断增长，这就对当前及今后一段时间内发展全过程人民民主提出了新要求。我国的协商民主始终坚持有事好商量，由人民内部各方面

---

① 《习近平谈治国理政》（第 2 卷），外文出版社，2017，第 292 页。

在决策前、决策中和决策后开展广泛深入的协商，力求在审慎反思和理性讨论中不断地对决策思路与内容进行纠偏校正，从而达成符合公共利益的最大公约数。这种协商民主形式，有助于切实解决许多领域发展不平衡不充分的阶段性难题，成为当前全过程人民民主蓬勃发展的一大亮点。回顾近年来的民主实践可知，我国已经加大了协商民主体系的顶层设计力度，不断推动协商民主广泛多层制度化发展，全过程人民民主进入了发展的快行道。从 2015 年起，中央层面密集出台了《关于加强社会主义协商民主建设的意见》等一系列规范性文件，下大力气统筹推进七大协商渠道建设，社会主义协商民主体系的程序更加合理、环节更加完整、形式更加多样，形成了全国范围内协商民主实践上下齐动、竞相发展的良好局面。

### （二）基层社会事务的各环节

基层是社会的细胞，历来是民主政治的发源地和实验田。[①]“四个民主”是民主选举、民主决策、民主管理、民主监督的概称，来源于基层民主的创新实践，证明了全过程人民民主在基层有根有源。20 世纪 80 年代开始的农村村民自治实践是我国社会主义民主政治发展中的一件大事。从自我管理、自我教育、自我服务中成长起来的农村基层自治性组织，逐步建立并实行了民主选举、民主决策、民主管理、民主监督等一系列自治制度。1994 年，民政部发

① 鲍洪俊：《习近平：基层民主越健全，社会越和谐》，《人民日报》2006 年 9 月 25 日第 10 版。

布了《全国农村村民自治示范活动指导纲要（试行）》，在规范村民自治活动的意义上使用了“四个民主”的提法，确立了民主选举、民主决策、民主管理、民主监督四项民主制度。后来，该提法的内涵得到了明显的升级和扩展。1997 年，党的十五大报告在一般民主政治意义上对“四个民主”作了阐述，这一提法就此成为关于人民民主权利内容的一种广受认可的理论概括。2017 年，党的十九大报告在此基础上增加了民主协商环节，对“四个民主”的提法作了进一步的发展。

习近平总书记对人民是否享有民主权利的重要论述，正是围绕“四个民主”来展开的。[①] 这里既可以从人民群众持续参与国家政治生活的层面来理解，还可以从基层社会事务的运作层面来看待。在我国，基层与人民群众的切身利益紧密相关，全过程人民民主在基层有着最广泛的生动实践，体现在基层群众自治的各领域、各方面、各环节，保证了人民群众在日常社会生活中依法管理自己的事情，直接行使民主选举、民主协商、民主决策、民主管理、民主监督的一系列权利，实现民事民管、民事民议、民事民办、民事民享。

在我国基层，民主选举除了指宪法和选举法等法律规定的城乡基层政权机关的选举外，还包括依法开展的基层群众性组织的选举，也包括人民群众在工作中参与本单位领导干部的选拔任用等。因此，这里的民主选举，除了政治生活意义上的法律行为外，更蕴

① 《习近平谈治国理政》（第 2 卷），外文出版社，2017，第 292 页。

含了日常社会生活意义上的个体自主性。近年来，民主协商在各地呈现出竞相创新、互学互鉴的良好局面。民主恳谈会、村民议事会、居民论坛、小区协商、业主协商、村（居）民决策听证等一系列丰富多样的协商形式，为涉及人民群众切身利益的事项，如社区环境整治、邻里纠纷和解等，提供了广泛深入的协商机会，不断夯实着基层治理的民意基础。与此同时，基层的民主决策更加广泛、更加充分，人民群众通过座谈、听证、评估等多种方式充分发表意见建议，参与讨论和决定基层的公共事务和公益事业，推动了基层决策的民主化水平不断提升。村（居）民委员会、企事业单位、机关单位、社会组织等的民主管理机制进一步完善，人民群众直接参与所属单位各项工作的决策和管理，具体地、现实地创造着属于自己的幸福生活。在民主监督方面，除了更方便地对各级国家机关和公职人员提出意见、批评与建议外，人民群众能够对身边的基层事项和重要干部实行近距离、全天候、常态化的直接监督，在维护基层公共利益中扮演着不可或缺的重要角色。

## 二、人民代表大会制度是全过程人民民主的主渠道

全过程人民民主以人民当家作主制度体系为核心内容和制度基础，与人民广泛有序的政治参与相对应。在我国，人民代表大会制度是保证人民当家作主的根本政治制度，是人民实现当家作主的重要途径和最高实现形式。我国宪法规定，人民通过普遍的民主选

举，组成五级人民代表大会，参与国家事务的管理，行使当家作主的权利。人民代表大会统一行使国家权力，拥有立法、监督、人事任免、重大事项决定等四项主要职权，并对人民负责、受人民监督。

人民代表大会制度是实现最根本、最广泛政治参与的制度通道。在五级人大代表的履职实践中，人民民主的全过程属性得到最充分的体现，成为一种具体的、经验性的现实。正是从这一意义上说，人民代表大会制度是发展全过程人民民主的主渠道。[①]近年来，我国积极发挥人大的职能作用，加快推进社会主义民主政治制度化、规范化和程序化，用一系列法治成果和扎实举措发展了全过程人民民主，在立法、监督和代表工作中取得了显著成效。

立法是全过程人民民主实践的重要载体。在首次提出“人民民主是一种全过程的民主”时，习近平总书记面对参加法律草案意见建议征询会的居民代表，强调我国所有的重大立法决策实际上都是依照法定程序、经过民主酝酿，通过科学决策、民主决策的方式方法产生的。[②]这些重要论述的语境和语序，充分说明了立法决策与全过程人民民主之间存在密切的逻辑关联。

我国的立法工作，包括了立项、起草、审议、论证、评估、监督和宣传等一系列环节。整个立法流程贯穿了全过程人民民主的理

① 程竹汝：《人大制度内涵的充分展现构成全过程民主的实践基础》，《探索与争鸣》2020 年第 12 期。

② 《习近平：中国的民主是一种全过程的民主》，http://www.xinhuanet.com/2019-11/03/c_1125186412.htm。

念、原则和要求，与人民群众保持着高频度的互动沟通，广泛吸收社会各方面人士的意见建议，不断推动科学立法、民主立法取得新进展。2015 年 3 月，十二届全国人大三次会议通过了修改后的《立法法》，加强全国人大及其常委会在立法工作中的主导作用，保障人民通过多种途径参与立法活动，有效推进科学立法、民主立法、依法立法。基层立法联系点是党的十八届四中全会推出的一项具体措施。近年来的立法实践证明，基层立法联系点是我国汇聚民意民智的“直通车”，是丰富民主形式、拓宽参与渠道的创造性实践。它不仅有效地促进了精细立法、科学立法，更显著发挥了全过程人民民主的内在优越性。2015 年设立第一批基层立法联系点以来，截至 2021 年 6 月，全国人大常委会法制工作委员会共设立了 10 个基层立法联系点，各基层立法联系点共对 109 部法律草案、立法工作计划等提出意见建议近 6 600 条。① 以基层立法联系点为载体的全过程人民民主在上海同样蓬勃发展。截至 2021 年 6 月底，在街道、市民中心、企业、行业协会等各层级单位中，上海市人大常委会共设立了 25 个基层立法联系点，实现了对本市 16 个区的全覆盖，为人民群众的立法参与提供了制度化通道。② 此外，党的十八大以来，我国法律草案向社会广泛征求意见越来越常态化，累计约 110 万人次对 187 件次公开征求意见的法律草案提出了 300 多万条意见

① 全国人大常委会法制工作委员会:《坚持和践行全过程民主 推进新时代立法工作高质量发展》,《求是》2021 年第 13 期。

② 郭敬丹、杨恺:《“开门立法”：上海基层立法诠释全过程民主》,《新华每日电讯》2021 年 8 月 4 日第 10 版。

建议。[1]

预算监督是人大监督的重点，参与式预算是全过程人民民主的重要实践形式。[2]浙江省温岭市、上海市闵行区等地的参与式预算实践，将全过程参与嵌入人大制度框架内，积极推进公共预算的民主化、科学化，推动人民群众从预算旁观者转变为参与者、决策者，切实增强了人大的监督实效。在代表工作方面，2019 年全国人大常委会出台了《关于加强和改进全国人大代表工作的具体措施》，从议案建议办理、视察调研以及闭会期间的活动等方面，鼓励人大代表进一步密切同人民群众的联系，多从群众呼声中收集接地气的意见建议，为代表发挥作用创造出更加便利的条件。[3]

另外，我国不断加强人大自身建设，制定出台立法项目征集和论证工作规范、全国人大常委会法制工作委员会基层立法联系点工作规则、向社会公布法律草案征求意见工作规范等一系列操作性文件，将全过程人民民主的原则和要求进一步贯彻到具体的立法实践中。2021 年 3 月，十三届全国人大四次会议对《全国人民代表大会组织法》作出修改，将“全国人民代表大会及其常务委员会坚持全过程民主”写进法律，把全过程人民民主贯彻到立项、起草、审

① 刘华东、陈慧娟：《全过程民主是人民当家作主的生动实践》，《光明日报》2021 年 7 月 10 日第 7 版。

② 上官酒瑞：《参与式预算是全过程民主的实践形式》，《探索与争鸣》2020 年第 12 期。

③ 于浩、孟伟：《“35 条具体措施”为代表履职添活力》，《中国人大》2020 年第 5 期。

议、论证、评估、监督和宣传等立法工作及代表履职的各方面各环节，明确要求全国人大代表充分发挥在全过程人民民主中的作用，这就为进一步发展全过程人民民主提供了坚实的制度保障。[①] 在全国人大及其常委会的示范带动下，各级人大及其常委会全面担负起宪法、法律赋予的各项职责，各级人大代表密切联系群众、真实反映民意，在全过程人民民主中共同发挥着不可替代的重要作用。

## 三、主要着力点：公共政策过程的民主化

公共政策是政府围绕特定公共问题而输出的主要产品，是国家治理的一项核心要素。公共政策过程聚焦于公共政策是如何制定出来的，涉及一系列政治活动或行为过程，包括了问题认定、议程设置、政策形成、政策合法化、政策执行、政策评估等基本环节。从民主角度看，人民群众参与公共政策过程是人民民主的基本要求和题中应有之义。中国特色社会主义民主政治的实践表明，公共政策过程的民主化是我国形成和发展全过程人民民主的主要着力点，同时也是取得成果最为丰硕的领域之一。由此而言，至少在一定程度上，我国的公共政策过程真实反映和体现着公众政治参与的广泛性和真实性，是观察当前我国民主政治发展态势的一个恰当窗口。

---

① 全国人大常委会法制工作委员会：《坚持和践行全过程民主 推进新时代立法工作高质量发展》，《求是》2021 年第 13 期。

### （一）政策民主下的有序政治参与

改革开放以来，我国在经济社会发展取得巨大成就的同时，走出了一条符合自身国情和实际的中国特色社会主义政治发展道路。

有序的政治参与是政治发展的重要内容，这种政治参与是在政策民主或者说公共政策过程民主化基础上实现的，由此推动公共政策过程由封闭走向开放，促使公共政策的出台具有更坚实的民意基础。在此过程中，民主的实现方式以人民群众对公共政策过程的全方位、全链条参与为核心内容，体现出人民当家作主的本质要求；通过调查研究、座谈会、征询会、听证会、恳谈会等多样化形式，将人民群众普遍关心的突出问题纳入政策视野，在公共政策过程的各环节都广泛吸取人民群众的意见建议，让人民群众充分参与到全过程之中。①

公共政策过程中有序政治参与的扩大，是政策民主制度化、规范化水平不断提升的佐证。这一过程之所以能够不断深化和完善，一方面是由于中国共产党作为执政党对这种民主方式高度重视，认为这种公共政策过程在展现政策开放性、获得科学决策效果的同时，在政治参与方面具备了更高的包容性，能够更直接地赢得人民群众的积极回应和肯定性支持；另一方面，虽然某一公共政策过程中的政治参与可能会受到特定时间的限制，但总体来看，公共政策过程的民主化为人民群众提供了更多的持续性参与机会，并且这种

① 刘乐明：《理解全过程民主的三个维度》，《中国社会科学报》2020 年 6 月 10 日第 6 版。

政治参与效能感更强。

### （二）集中民意民智办大事

群众路线是中国共产党长期革命和建设经验的总结，是中国共产党的科学领导方法。这不仅是由全心全意为人民服务的根本宗旨决定的，也是广泛凝聚人民群众智慧和力量的有效方式。人民群众是中国共产党存在和发展的基础，是其治国理政力量和智慧的源泉。中国共产党“最基本的一条经验是一刻也不能脱离人民群众”[①]，始终坚信群众利益无小事、办法就在群众中，形成了集中民意民智办大事的优良传统。集中民意民智办大事是民主集中制独特优势的实际运用。在公共政策过程中，其实质在于以政治参与的民主化，推动反思纠偏的常态化，确保重大决策的科学化。[②]也就是说，集中民意民智办大事强调经过听证、函询、座谈、网络问政等多种方式，将基层民意民智广泛纳入决策程序中，共同汇成推动社会主义现代化建设的强大合力。在此过程中，人民群众的普遍化利益诉求和提出的好措施、好办法，能够被及时地转换为权威性的公共政策，从而体现了人民民主的全过程特质和优势。

“五年规划”是我国党和政府最重要的公共政策之一，在其制定过程中社会广泛参与、听取各方建议是新中国成立 70 多年来积累的一条重要经验。“十四五”规划建议稿的起草过程，就是集中

① 习近平：《之江新语》，浙江人民出版社，2007，第 146 页。
② 桑玉成：《反思与纠偏：科学决策的必要环节》，《探索与争鸣》2021 年第 1 期。

民意民智进行科学决策、民主决策的例证，整个起草过程做到了充分发扬民主、广泛问计于民，综合采用了多种方式充分征求人民群众的意见建议，起到了共识构建的显著作用。这其中，有由中共中央总书记亲自主持召开，面向企业家、基层代表以及科学教育文化卫生体育等领域专家代表的一系列座谈会；有长达半个月、留言数量达到 100 多万条的网上征求意见形式。还以书面形式在中国共产党内部一定范围内征求意见，并专门听取了各民主党派中央、全国工商联负责人和无党派人士代表的意见。在起草过程的最终环节，中共中央政治局及其常委会又分别进行了多次审议，形成了提交党的十九届五中全会审议的“十四五”规划建议稿。①

此外，我国的公共政策过程不仅注意向基层群众广泛征求意见建议，还注重向相关领域的专家学者和研究机构积极征求民意民智。智库就是实现科学决策、民主决策的重要保障，也是更深入地吸收民意民智的一条重要途径。我国智库的主要作用就是为党和政府治国理政出主意、提建议，而其作用发挥得好不好，关键就是看服务党和政府决策的建言质量如何。2015 年《关于加强中国特色新型智库建设的意见》出台后，我国不断加大新型智库建设力度，建立健全了决策咨询制度，实现了更完备的政策参与，推动了重大决策的科学化、民主化。

习近平总书记关于全过程人民民主的重要论述，具有丰富的理

---

① 习近平：《关于〈中共中央关于制定国民经济和社会发展第十四个五年规划和二〇三五年远景目标的建议〉的说明》，《人民日报》2020 年 11 月 4 日第 2 版。

论内涵和深刻的思想意蕴，很好地结合了抽象的价值原则和具象的制度实践。全过程人民民主既是对马克思主义民主观的继承和发展，也是对新时代中国特色社会主义民主政治的凝练和概括，具有理论创新和实践总结的双重价值。

全过程人民民主是一个崭新的理论概括，也是新时代人民民主的新形态。从民主阶级性、意识形态性视角看，全过程人民民主必然是社会主义民主，是涵盖绝大多数人的最广泛的人民民主。从民主的历史性、发展性视角看，全过程人民民主是在中国特色社会主义道路上形成并不断完善的，是特质鲜明的中国特色社会主义民主。从民主的实践性、操作性视角看，全过程人民民主充分吸收借鉴人类历史上的民主发展成果，实现了直接民主与间接民主、纵向民主与横向民主、形式民主与实质民主、过程民主与结果民主相统一，是一种在各领域、各方面、各环节贯彻落实人民当家作主的全过程民主。

人民民主是社会主义的生命，全过程人民民主始终彰显着人民当家作主的本质属性。这种人民民主，历史上是在中国共产党领导下逐步实现并不断发展的，今后在新征程上仍需要把中国共产党的领导作为根本政治保证，同时也有赖于充分发挥人民代表大会制度在全过程人民民主实践中的主渠道作用。全过程人民民主是具体的、现实的。无论是在国家政治生活中还是在基层社会事务中，全过程人民民主都提供了持续性参与的多样化渠道和机会，保证了人民群众依法享有民主选举、民主协商、民主决策、民主管理、民主监督的一系列权利。这一方面得益于协商民主为人民群众在日常政治生活中的持续性参与提供了强有力支撑，另一方面也得益于基层民主自治实践中源源不断的生机与活力。公共政策是国家治理的一项核心要素，人民民主的全过程性必然要求体现为公共政策过程的人民性。改革开放以来，我国坚持发扬集中民意民智办大事的优良传统，不断推进公共政策过程的民主化，保证了人民群众在各项重大决策的出台过程中享有全链条参与的权利，促使人民群众拥有了更多的获得感、幸福感。

当前，全过程人民民主在理论概括上是一个备受关注的新事物，在实践形态上更是一个不断发展的好事物。它不仅为新征程上发展社会主义民主政治提供了根本遵循和正确指引，有助于加强和完善我国的国家治理，也为那些希望在走向现代化的同时保持自身独立性的国家和民族提供了新的民主智慧，由此在一定程度上丰富了人类社会民主发展的思想谱系。

# 第三章

# 全过程人民民主的要素与结构

## 第一节

# 全过程人民民主与党的领导

2019 年 11 月 2 日，习近平总书记在上海市长宁区考察社区治理和服务情况时指出：“我们走的是一条中国特色社会主义政治发展道路，人民民主是一种全过程的民主，所有的重大立法决策都是依照程序、经过民主酝酿，通过科学决策、民主决策产生的。”其中，“人民民主是一种全过程的民主”系习近平总书记提出的一个重大理论命题，我们可以称之为全过程人民民主理论或思想。那么，何谓全过程人民民主？全过程人民民主与人民民主是什么关系？全过程人民民主与党的领导是什么关系？下文力图对这三个问题进行分析并尝试作出回答。

## 一、人民民主是一种全过程的民主

所谓全过程人民民主，是指在我国，人民依法享有民主选举、民主协商、民主决策、民主管理、民主监督的权利，坚持以人民为中心的政治立场和尊重人民主体地位的政治原则始终贯通在国家政治生活的各领域、各方面、各环节，确保实现党的领导、人民当家作主和依法治国有机统一。全过程人民民主这一提法强调的是民主的整体性和全过程性。

人民民主就其本质而言，属于全过程的民主。马克思、恩格斯指出："民主是什么呢？它必须具备一定的意义，否则它就不能存在。因此全部问题就在于确定民主的真正意义。"[①]马克思、恩格斯在《共产党宣言》中强调，争得民主是无产阶级获得解放的首要条件，"工人革命的第一步就是使无产阶级上升为统治阶级，争得民主"[②]。"我们的党和工人阶级只有在民主共和国这种形式下，才能取得统治。"[③]马克思、恩格斯强调无产阶级的政治解放只能实现政治民主，而只有实现完全的社会民主，人类社会才真正进入民主社会。在由政治民主迈向社会民主的进程中，列宁也强调苏维埃"让群众自下而上地直接参加全部国家生活的民主建设"[④]。对比自由民

---

① 《马克思恩格斯全集》（第 10 卷），人民出版社，1998，第 315 页。
② 《马克思恩格斯选集》（第 1 卷），人民出版社，2012，第 421 页。
③ 《马克思恩格斯选集》（第 4 卷），人民出版社，2012，第 294 页。
④ 《列宁选集》（第 3 卷），人民出版社，2012，第 48 页。

主理论，人民民主并不把人看作抽象的个体，而是一切社会关系的总和。因此，强调人民当家作主，必须把人的权利和义务统一起来，把人的个体属性和社会属性统一起来，实现政治民主与经济民主、国家民主与社会民主、选举民主与协商民主、实质民主与程序民主的有机结合，体现民主的整体性和全过程性。

人民民主体现了政治民主和经济民主的有机结合。马克思主义认为，政治解放只是第一步，只有政治解放和经济解放有机统一才能实现人的解放。中国特色社会主义民主在政治上已经实现了全体人民共同成为国家的主人，享有平等的政治权利；社会主义的本质是解放生产力，发展生产力，消灭剥削，消除两极分化，最终实现共同富裕，从而为人的全面发展创造前提条件。中国几千年的民本思想尽管没有发展成类似西方的民主原则，却为人民民主提供了合法性注释，因此，人民民主天然带有民生标准。作为全过程的民主，人民民主不仅体现在政治领域，而且体现在经济、社会、文化等诸多领域，并从制度形式发展为一种生存方式和生活方式。[①]

人民民主体现了国家民主和社会民主的有机结合。根据马克思主义国家和社会关系的理论，国家产生于社会，国家一旦完成其使命就要回归社会，形成马克思所谓的“社会共和国”。因此，在社会主义国家，国家民主来自社会民主，并最终回归社会民主。国家民主与社会民主的高度统一体现在国家层面和社会层面。在国家层

① 林尚立:《论人民民主》，上海人民出版社，2016，第 51 页。

面，人民依法享有民主选举、民主协商、民主决策、民主管理、民主监督的权利。我国《宪法》规定，国家的一切权力属于人民，一切国家机关和国家工作人员必须依靠人民的支持，经常保持同人民的密切联系，倾听人民的意见和建议，接受人民的监督，努力为人民服务。在社会层面，必须坚持和完善基层群众自治制度，发展基层民主，保障人民依法直接行使民主权利。

人民民主体现了选举民主和协商民主的有机结合。竞争是民主的必要条件，但不是民主的充分条件。如果说选举民主是人民民主的重要内容，协商民主则是中国社会主义民主政治的特有形式和独特优势。在中国社会主义制度下，有事好商量，众人的事情由众人商量，才能找到全社会意愿和要求的最大公约数，这是人民民主的真谛。党的十八大提出，要在发展我国社会主义民主政治的进程中，完善协商民主制度和工作机制，推进协商民主广泛多层制度化发展。党的十八届三中全会强调，在党的领导下，以经济社会发展重大问题和涉及群众切身利益的实际问题为内容，在全社会开展广泛协商，坚持协商于决策之前和决策实施之中。当前，协商民主已深深嵌入中国社会主义民主政治的全过程，避免了世界上不少国家“人民只有投票的权利而没有广泛参与的权利，人民只有在投票时被唤醒、投票后就进入休眠期”[①]的民主“形式主义”。

人民民主体现了程序民主和实质民主的有机结合。民主既要注

---

① 《十八大以来重要文献选编》（中），中央文献出版社，2016，第74页。

重形式和程序，也要注重实质和内容。人民民主既注重程序正义，也注重实质正义，让人民真正有权。习近平总书记在庆祝中国人民政治协商会议成立 65 周年大会上指出：“民主不是装饰品，不是用来做摆设的。”“人民是否享有民主权利，要看人民是否在选举时有投票的权利，也要看人民在日常政治生活中是否有持续参与的权利；要看人民有没有进行民主选举的权利，也要看人民有没有进行民主决策、民主管理、民主监督的权利。社会主义民主不仅需要完整的制度程序，而且需要完整的参与实践。”①

## 二、党的领导与人民民主具有内在逻辑联系

习近平总书记在庆祝全国人民代表大会成立 60 周年大会上指出，“自成立之日起，中国共产党就以实现中国人民当家作主和中华民族伟大复兴为己任”，“人民民主是中国共产党始终高举的旗帜”②。

近代以来，中国人接受民主的理念和实践一开始就被打上了救亡图存的烙印，其参照系并非古代中国，而是遥远的西方。然而，模仿欧美的民主道路，中国人付出了学费却没有收获成功的果实。在汲取前人失败教训的基础上，中国共产党人把马克思主义民主理论与中国政治发展实践结合起来，成功找到了民主新路——人民

① 《十八大以来重要文献选编》(中)，中央文献出版社，2016，第 76、73 页。
② 《十八大以来重要文献选编》(中)，中央文献出版社，2016，第 52、59 页。

民主。

人民通过党的领导凝聚为有机整体。在中国共产党人的政治学词典中，“人民”具有特殊含义，党执政以后“人民”与“群众”一词经常混用，组成一个复合名词——“人民群众”。人民群众是中国共产党的阶级基础和群众基础的结合，中国共产党通过民主集中制的根本组织原则和根本领导制度，把“一盘散沙”的旧中国变成了既能保障个体权益，又能实现集体意志的新中国。“人民通过党的领导凝聚为有机整体；党和人民的共同意志体现为宪法；国家以宪法为根本法得以组织、运行和发展；人民以党为核心依据宪法治理国家。”[①]因此，党既要实现人民团结，也要维护人民的主体地位。

党的领导建立了人民民主的价值体系、组织体系和制度体系。发展社会主义民主，必须以实现人民意志作为最大的意义。早在1940年2月，毛泽东就在《新民主主义的宪政》的演说中指出，中国缺少的东西固然很多，但主要的是缺少两件东西，一件是独立，一件是民主。这两件东西缺少了一件，中国的事情就办不好。在局部执政时期，中国共产党领导人民创造性地推进民主选举和民主政权建设，积累了宝贵的民主执政经验。毛泽东在《新民主主义论》一文中提出，用民主集中制的政府来发挥一切革命人民的意志。1949年9月，中国人民政治协商会议第一届全体会议召开，

① 林尚立：《论人民民主》，上海人民出版社，2016，第29页。

标志着人民政协制度正式确立。伴随中国人民政治协商会议的成立，中国共产党领导的多党合作和政治协商制度也正式形成，这是在中国的土壤中生长出来的新型政党制度；1954 年，经过普选产生的 1 200 多名全国人大代表在党的领导下，召开了第一届全国人民代表大会第一次会议，建立起人民代表大会制度这一根本政治制度；在革命时期就已实行并在 1954 年被写入《宪法》的民族区域自治制度，体现了经济自治和政治自治的统一、民族自治和区域自治的统一；写入 1982 年《宪法》的基层群众自治制度是基层直接民主的真实体现，是社会主义民主政治建设的重要组成部分。这些根本政治制度、基本政治制度，都是坚持党的领导、人民当家作主和依法治国有机统一的制度安排。

党的领导确保代表、实现、维护好人民利益的最大公约数，实现程序民主和实质民主有机统一。第一，中国共产党代表、实现、维护好人民利益的最大公约数，是中国人民的主心骨；第二，中国共产党建立了公有制为主体、多种所有制经济共同发展，按劳分配为主体、多种分配方式并存，社会主义市场经济体制等社会主义基本经济制度，从经济基础上保证了人民利益最大公约数的实现；第三，人民代表大会和人民政协，都接受中国共产党的领导。政协委员通过民主协商制把社会上不同的“众意”聚集起来，人大代表通过民主集中制把不同的“众意”综合起来，集中在每年召开的“两会”（人大会、政协会）上，形成国家意志即“公意”，最终找到并实现人民利益的最大公约数。

## 三、以党的领导推进全过程人民民主

邓小平曾经指出："党的工作的核心，是支持和领导人民当家作主。"① "不要社会主义法制的民主，不要党的领导的民主，不要纪律和秩序的民主，决不是社会主义民主。"②

党的领导确保了依法治国与人民当家作主的高度统一。民主需要法治保障，离开了法治，民主寸步难行。这个结论适用于西方，也适用于中国。我国宪法以根本法的形式反映了在历史和人民选择中形成的党的领导地位，反映了党带领人民推进社会主义民主政治建设所取得的成果，确认了中国共产党的执政地位，确认了党在国家政权结构中总揽全局、协调各方的领导核心地位。因此，确保依法治国与人民当家作主的有机统一，离不开健全的保证宪法和相关法律全面实施的体制机制，离不开各级党和国家机关以及领导干部带头尊法、学法、守法、用法，提高运用法治思维和群众路线、民主执政等方式深化改革、推动发展、化解矛盾、维护稳定、应对风险的能力。

以党内民主逐步推动人民民主。在当代中国，加强党的建设与推进人民民主高度关联，一个重要举措就是以党内民主来逐步推动人民民主，这是发展社会主义民主政治的一条切实可行、易于见效

---

① 《邓小平思想年谱（1975—1997）》，中央文献出版社，1998，第173页。

② 《邓小平文选》（第2卷），人民出版社，1994，第359页。

的途径。然而，抓党的建设必须全面整体推进，切忌单兵冒进。党内民主必须坚持民主集中制这个前提，推进党内民主不能弱化党的领导、破坏党的团结，否则党内民主不但推动不了人民民主，还会让人民民主失去纪律和秩序。党的十八大以来，中国共产党更加注重在坚持民主集中制前提下发扬党内民主，规定各级党组织主要负责人要发扬民主、善于集中、敢于担责；在人民民主领域，中国共产党更加注重把人民公平参与和公平发展的权利结合起来，把民生建设和民主建设结合起来，把选举民主和协商民主结合起来，一体推进民主选举、民主协商、民主决策、民主管理、民主监督。

把党的群众路线贯穿于治国理政全部活动之中。民主集中制是群众路线在党内生活的体现，协商民主是群众路线在政治领域的重要体现。从群众中来，到群众中去，确保了党和国家在决策环节、执行环节、监督环节都能听到来自人民的声音。比如，党的十八届四中全会要求建立基层立法联系点制度，推进立法精细化。2015年7月，全国人大常委会法制工作委员会确定上海市长宁区虹桥街道为基层立法联系点，虹桥街道共产生280名基层立法联系点信息员，这些信息员每次参加立法征询会都要提前做好功课，通过听取专家意见、书面征询、走访调研、座谈会等形式把“群言群语”转变为“法言法语”。截至2019年10月，虹桥街道共听取30部法律草案意见，上报建议509条，其中25条已经被采纳。[1]再如，2020

① 蒲晓磊：《基层立法联系点保证人民当家作主》，《法制日报》2019年12月3日第5版。

年 11 月，内蒙古达拉特旗一位网名“云帆”的村党支部副书记关于“互助性养老”的建议通过网络平台提出来后，被采纳写入党的十九届五中全会审议通过的“十四五”规划建议。

党的领导确保选贤任能制度适应中国国情。西方民主制度需要先通过选举锦标赛确定执政党，然后确定国家的政治路线、政治纲领，换一个政党，换一套政纲；中国的选贤任能制度是在中国共产党长期执政并且已经确定党的基本路线的前提下，通过选拔任用一批优秀干部来确保党的路线得以落实。因而，中国的政治人物不需要花费大量金钱和时间投入选战，只需实心实意为人民服务，任何时候都不能“甩锅”和推责。从理论上讲，当代中国打通了基层直接民主与中上层间接民主联结的通道，把人民投票选举（选）与党组织审查把关推荐（举）结合起来，在一个超大型国家中成功探索出具有治理效能的人民民主制度。

2014 年 9 月 5 日，习近平总书记在庆祝全国人民代表大会成立 60 周年大会上指出：评价一个国家政治制度是不是民主的、有效的，主要看国家领导层能否依法有序更替，全体人民能否依法管理国家事务和社会事务、管理经济和文化事业，人民群众能否畅通表达利益要求，社会各方面能否有效参与国家政治生活，国家决策能否实现科学化、民主化，各方面人才能否通过公平竞争进入国家领导和管理体系，执政党能否依照宪法、法律规定实现对国家事务的领导，权力运用能否得到有效制约和监督。我国人民民主的全过程属性，就是对这“八个能否”的全面准确回答。

## 第二节
# 全过程人民民主与人大制度

### 一、人大制度的全过程人民民主意涵

“人民民主是一种全过程的民主”，习近平总书记的这一论断是对我国民主政治实践特征的全景式概括。它在揭示我国民主政治实践特征的同时，对进一步深化人民民主的认识也具有十分显著的意义。

其一，全过程民主是对人民民主本质要求的新认识。人民民主的本质即人民当家作主，必然要求和体现人民对公共生活的全流程参与；必然要求保证这一全流程参与的制度、程序乃至实践的完整性。所谓全过程人民民主，其核心意涵即对这些必然要求的理论表达。习近平总书记说：“社会主义民主不仅需要完整的制度程序，而且需要完整的参与实践。”全过程人民民主就是从制度、程序以

及实践的完整、统一意义上，揭示人民民主系统特征的。

其二，全过程人民民主是对我国民主政治实践特征的新概括。全过程人民民主的独特之处在于“全过程”。它是基于我国民主政治制度的不断完善和民主实践形式的不断发展而形成的理论概括。理论上，这一过程始于人民群众不断发展的现实需求，经过对这些需求的制度和政策凝练，终于人民群众需求的落实和实践。此一过程循环往复。全过程人民民主就是与上述过程相适应的民主概念。党的十九大报告提出，“扩大人民有序政治参与，保证人民依法实行民主选举、民主协商、民主决策、民主管理、民主监督”。全过程人民民主具有将上述各种实践形态的民主融为一体的理论意义。如果将公权力的形成和公共政策的选择看作一个政治系统和过程，那么，处于这一过程各个环节中的选举民主、协商民主、决策民主、管理民主、监督民主本是一体的，即全过程人民民主。全过程人民民主的认识论基础是系统论，是用系统论观察中国民主实践的理论成果。

其三，全过程人民民主是对我国民主政治区别于西方民主显著特征的新揭示。人民民主是描述当代中国政治的基础性话语，它既可以解释当代中国政治的性质，也可以揭示中国民主区别于西方民主的特色。而人民民主与全过程人民民主的理论联结，明显具有进一步强化上述“性质和特色”的逻辑。与西方民主只注重选举民主不同，我国人民民主更强调包括选举在内的民众全流程参与的制度和实践。习近平总书记强调：“保证和支持人民当家作主，通过依法选举、让人民的代表来参与国家生活和社会生活的管理是十分重要的，通过选举以外的制度和方式让人民参与国家生活和社会生活的管理也是十分重要的。人民只有投票的权利而没有广泛参与的权利，人民只有在投票时被唤醒、投票后就进入休眠期，这样的民主是形式主义的。”

其四，全过程人民民主是将我国人民民主还原为实证的新论断。为什么要将人民民主与全过程人民民主建立起联系，为什么要通过全过程人民民主来说明人民民主，是因为抽象的民主概念只有建立在经验的民主概念基础上才是现实的。人们用以观察、思考民主现象的概念虽十分复杂，但大体可归为两类：一类是揭示民主性质特征或抽象的民主概念，如人民民主、自由民主、社会主义民主、资本主义民主等；另一类是揭示民主实践特征或经验的概念，如参与民主、直接民主、间接民主、议会民主、选举民主、协商民主、决策民主、管理民主、监督民主等。前者只有建立在后者基础上，才是经验性的和有意义的。全过程人民民主全景式地揭示了我国民主政治的实践特征，它明显地具有将人民民主建立在经验事实上的理论价值。

## 二、人大制度的全过程人民民主渠道

实践中，全过程人民民主概念的形成存在两方面的基本条件，一是中国特色社会主义制度体系化，即制度的“成熟和定型”所包含的民主体制机制的多方面发展。说到底，民主无非是公权力与人民权利互动的制度安排。二是人民有序政治参与的不断发展。人民有序政治参与行为构成民主最真切的体现。全过程人民民主无非是强调人民广泛的、多方面的和多形式的有序政治参与。

一方面，全过程人民民主是以中国特色社会主义制度为核心内容和基础的。党的十八大以来，我国制度的成熟定型或制度的体系化进入了一个关键时期。与此相适应，制度体系化的认知已然形成。按照党的十八大和十九届四中全会的概括，中国特色社会主义制度体系是由若干根本制度、基本制度、重要制度、具体制度和法律体系构成的一个有机整体。制度的体系化过程必然包含其中民主体制机制的不断完善，这成为全过程人民民主概念形成的客观基础之一。另一方面，全过程人民民主是与“广泛有序政治参与”相对应的。如果说前者是一个新的理论认识，后者就是这一新认识得以形成的实践基础。现实性上，所谓广泛有序政治参与，就是由人民代表大会制度、中国共产党领导的多党合作和政治协商制度、信访制度等共同构成的人民有组织参与的制度体系。其中，人民代表大会制度构成全过程人民民主实践的主渠道。

在民主制度的根源上，人民代表大会制度是中国人民当家作主的重要途径和最高实现形式。在制度体系的构成上，人民代表大会制度是我国的根本政治制度，是其他政治制度得以形成和运行的逻辑前提和制度基础。在治国理政的规律上，人民代表大会制度是实现党的领导、人民当家作主、依法治国有机统一的根本制度安排。

如果说全过程人民民主是以中国特色社会主义制度为核心内容和基础的，那么，人民代表大会制度就是全过程人民民主实践的主渠道。首先，它是最正式的人民有序政治参与的制度通道，能够直接和真切地体现全过程人民民主的实践；其次，政策是国家治理的核心要素，人民代表大会作为中国政治体系中最正式的决策机关，其决策的社会适应性取决于各级人大代表及广大民众对政策过程的参与程度。也就是说，全过程人民民主只有在人大履职实践中得到充分体现，人民民主作为全过程人民民主才是现实的和经验性的。

## 三、人大制度的全过程人民民主实践

围绕人大的履职过程，充分发挥代表作用与民众的全流程参与、制度化协商相结合，集中体现着人大履职实践中的全过程人民民主。

第一，议题设定。无论是立法还是监督，其议题的形成都可以看作人大决策过程的起始阶段。在长期的履职实践中，这一阶段的民主机制不断健全，业已形成的主要机制有：面向社会的议题征集、人大组织的立法调研、代表或民间立法建议、议题听证、议题协商、议题专家评估、议题论证等。这些民主机制是人大履职体现全过程人民民主阶段性的重要形式。议题反映社会普遍需求的程度一般地影响着随后的决策过程及政策质量。近年来，许多地方人大在立法和监督议题的形成过程中，积极探索有效的民主机制，形成了民众广泛参与同人大履职组织化过程的有机结合，并普遍建立了相应的制度安排。立法项目征集和论证工作规范普遍建立，监督项目类似的工作规范也在积极探索中。比如，上海市人大规定，履职中要“不断健全与社会公众的沟通机制”；“充分发挥政协委员、民主党派、工商联、无党派人士、人民团体、社会组织在立法协商中的作用，建立健全立法决策论证咨询机制”；“市人大常委会在编制立法规（计）划时，应当通过媒体向社会公开征集立法规（计）划建议项目”。

第二，政策方案形成。政策方案是议题内涵的充分展开和规范化，是政策过程中最需要凝聚更为具体的社会需求和智慧的阶段，也是最需要发扬民主的阶段。在人大履职实践中，这一阶段的民主机制主要有专家咨询、立法听证、立法协商、草案社会公开等。这些民主机制是人大履职体现全过程人民民主的又一阶段性的重要形式。制度化是这些民主机制现阶段的基本特征。比如，草案社会公开征求意见是人大民主机制由来已久的做法，近年来这一做法的制度化不断得到强化。上海市人大关于民主立法的规定要求“法规草案经常委会第一次审议后，应当及时向社会公开征求意见”；“法规草案向社会公开征求意见的时间一般不得少于十五日。关系改革发展稳定大局和人民群众切身利益的法规草案，可以在常委会第二次审议后再次向社会公开征求意见”。在《民法典》的编纂过程中，全国人大先后 10 次向社会公开征求意见，累计收到 42.5 万人提出的 102 万条意见和建议。为了不断健全人大与社会公众沟通机制，各级人大还纷纷建立基层立法联系点，作为人大直接听取基层群众意见的“直通车”。实践表明，基层立法联系点是人大工作民主机制非常有意义的制度创新。

第三，政策实施反馈和监督。现代社会，对已进入实施阶段的政策进行监督和评估，进而不断予以完善是政策过程中最为经常性的现象。对我国而言，在中国特色社会主义法律体系已然形成的条件下，就更是如此。对业已实施的法律进行检查、评估，对国家机关实施法律和履职情况进行监督，是人大极其重要的职责和经常性的工作。在人大履职实践中，这一阶段较具特色的民主机制主要有政策评估、预算监督等，更经常采用的民主机制有议题设定、政策方案形成两个阶段。目前，立法评估已构成许多地方人大固定的工作环节。通过评估为进一步完善法律提供参考。在一些专业性较强的领域，探索第三方专业机构评估是近年来人大履职的一项新做法。评估中更加注重听取公众特别是有关执法部门和法律适用主体的意见，体现了民主的新形式。十三届全国人大常委会就多次采用第三方评估。在人大履职实践中，监督职责越来越受到重视，党的十九大和十九届四中全会都强调要“健全人大对‘一府一委两院’的监督制度”，强化人大的监督功能。参与式预算监督，就是地方人大强化人大监督职能的新探索。它反映了在最普遍和最重要的公共资源领域中民意的张扬和民主机制的创新。

总之，人大履职实践中的民主机制将“人民民主是一种全过程的民主”的论断建立在经验事实基础上。基于中国的民主实践，全过程人民民主不仅是一个揭示民主实践特征的概念，而且是一个规范性的民主范畴。就人民代表大会制度的进一步完善而言，其规范性的内容主要包括：“支持和保证人民通过人民代表大会行使国家权力，保证各级人大都由民主选举产生、对人民负责、受人民监督，保证各级国家机关都由人大产生、对人大负责、受人大监督。支持和保证人大及其常委会依法行使职权，健全人大对‘一府一委两院’监督制度。”

# 第三节

# 全过程人民民主与政府决策

## 一、中国民主治理的理论话语

从理论回顾和认知演进视角看，一定意义上，我国民主政治大致存在“制度话语”和“治理话语”这两种侧重不同但又相互衔接的理论话语。例如，“坚持党的领导、人民当家作主、依法治国有机统一是社会主义政治发展的必然要求”，就是我国民主政治的“制度话语”的根本表达。作为并行存在的“治理话语”，更是在党的十八大以来的治国理政思想与实践中有着丰富的阐述，社会主义协商民主就是一个典型例子。正如习近平所说：“有事好商量，众人的事情由众人商量，是人民民主的真谛。协商民主是实现党的领导的重要方式，是我国社会主义民主政治的特有形式和独特优势。……加强协商民主制度建设，形成完整的制度程序和参与实践，保证人民在日常政治生活中有广泛持续深入参与的权利。”[①]相比较而言，按照“内核－保护带”的理论构成认知逻辑，可以认为中国民主政治的“制度话语”是理论话语的内核，而“治理话语”则是其保护带。在今天，伴随我国民主治理形式的发展和丰富，中国民主政治的特色和优势不断得到呈现，对其揭示和解释的理论话语也日渐丰富，“全过程人民民主”就是一个十分典型的中国民主治理的理论话语构建。

习近平总书记首次提出的全过程人民民主的重要理论命题，是对中国特色社会主义民主的新概括，亦是对以人民为中心的民主治理的新阐释。这里，我们可以从当代中国民主政治发展的理论话语或重要知识性议题角度，对全过程人民民主作出如下理解：

第一，实质与形式的辩证。中国特色社会主义民主政治生活的实质，是党的领导、人民当家作主和依法治国的有机统一，这一实质需要通过相应的形式才能获得实现。长期以来，民主的实现被缩小为选举这一种形式，这一认知及其设计的民主政治实践方案，实际上带来了消解民主实质的后果。我国民主政治的发展道路从来没有局限和停留在选举这一种形式上，而是不断深化对民主的实质和形式的探索。在党的领导下，“发展社会主义协商民主，健全民主制度，丰富民主形式，拓宽民主渠道，保证人民当家作主落实到国家政治生活和社会生活之中”[②]。这体现了中国特色社会主义民主政

① 《习近平谈治国理政》（第 3 卷），外文出版社，2020，第 29-30 页。
② 《习近平谈治国理政》（第 3 卷），外文出版社，2020，第 17-18 页。

治有全面、丰富和发展着的形式。

第二，抽象与具体的统一。民主政治发展道路的设计，不只是对人民民主在理念和制度上进行抽象的肯定，还要在民主治理的过程中予以具体的肯定。例如，在民主治理中，“想问题、作决策、办事情”这些具体的环节，“都要站在群众的立场上，通过各种途径了解群众的意见和要求、批评和建议，真抓实干解民忧、纾民怨、暖民心，让人民群众获得感、幸福感、安全感更加充实、更有保障、更可持续”[①]。对民主的实质不仅要在抽象上还要在具体过程中加以充分肯定，这无疑是全过程人民民主的一个重要维度——如果说以人民为中心是对人民民主的抽象价值的肯定和表达，那么全过程人民民主则更多指向具体实现方式的规范性阐释。

第三，实践与观念的一致。理论自信和文化自信来自道路自信和制度自信，如果道路和制度表现为实践的形态，而理论则是一种观念的形态，那么如何摆脱西方民主政体的理论概念而形成与中国民主政治实践相一致的话语，一直是困惑中国政治理论研究的难题，例如“精英民主”“多元民主”等理论概念无法描述、解释中国民主政治的实践。“全过程人民民主”的提出，不单单强调了中国特色社会主义民主政治的本质特色，也创造性地为中国民主政治、民主治理提供了一种观念表达，成为政治理论知识本土化构建的一个样板。从实践与观念的辩证统一性来看，全过程人民民主作

① 《习近平谈治国理政》(第3卷)，外文出版社，2020，第138页。

为一种观念形态，它又对实践产生了理论赋能的作用。

当然，全过程人民民主作为揭示和解释中国民主政治的一种本土原创性理论话语，对其内涵和指向尚须逐步领悟并有效地转变为政治理论的知识议题，但正因为是本土政治理论话语，全过程人民民主的精神和实践的样态，反而能让我们比较容易体会和认同。一定意义上，全过程人民民主和以人民为中心的辩证统一性，为我们诠释中国之治的实践提供了理论话语和学术话语，为构建中国的公共治理学科话语奠定了基础。

## 二、理解政策参与过程的理论创新

从习近平总书记关于“人民民主是一种全过程的民主”的表述中，我们不难看出全过程人民民主的要旨首先体现在政策过程的人民性上，即“所有的重大立法决策都是依照程序、经过民主酝酿，通过科学决策、民主决策产生的”。在中国特色社会主义民主政治的发展中，政策过程的民主化一直是党中央在治国理政中高度重视和坚定推行的，全过程人民民主是政治参与的创新性理论，它超越了以选举活动为主的政治参与认知，一方面它将政策参与提升到民主的重要位置，另一方面它将对政策参与的零散认知上升为一个整体化的理论。

随着人类治理文明的进一步发展，民主政治对于“全过程性”的要求也越来越高。全过程人民民主突破了传统民主理论收缩于

“选举周期”的认知框架，面向以人民为中心的治理这个枢纽，提升了基于公共政策过程的人民性在民主理论中的站位，带动了政策参与理论的创新。为此，就民主实现途径而言，我们尝试采用“民主制度”和“公共政策”两条不同的解释路径（如表 3-1 所示）。

**表 3-1　民主实现途径的解释路径**

| 民主实现途径 | 民主政治过程 | | | 民主知识体系 |
| --- | --- | --- | --- | --- |
| 民主制度 | 权力委托 | 权力施行 | 权力监督 | 权力导向的民主知识体系 |
| 公共政策 | 政策制定 | 政策执行 | 政策评估 | 政策导向的民主知识体系 |

全过程人民民主理论话语的应用场景指向畅通参与政策制定的渠道，不仅是对中国协商民主经验的提炼，也是对民主集中制优势的创新性解释，是新时代发展中国特色社会主义民主政治的目标和任务，体现了我国民主政治的时代品格。党的十九大报告指出：“要长期坚持、不断发展我国社会主义民主政治，积极稳妥推进政治体制改革，推进社会主义民主政治制度化、规范化、程序化，保证人民依法通过各种途径和形式管理国家事务，管理经济文化事业，管理社会事务，巩固和发展生动活泼、安定团结的政治局面。”[①] 同时，“十四五”期间的高质量发展离不开高质量公共政策的制定，其中确保公共政策质量的有效方式，恰恰是进一步构造面向全过程人民民主的政策过程。在“十四五”政府改革创新问题上，

① 《习近平谈治国理政》（第 3 卷），外文出版社，2020，第 28 页。

“保障人民群众通过多种途径和形式参与决策，是转变政府职能的内在要求，有利于使政策制定及时准确反映经济社会发展需要和人民意愿。制定事关经济社会发展全局和涉及群众切身利益的重大政策，要采取座谈会、听证会、公开征求社会意见、民意调查等多种方式广泛听取意见建议，涉及特定群体利益的政策，还要与相关人民团体、社会组织以及群众代表沟通协商”[①]。从这些党的治国理政的理论及其运用来看，全过程人民民主为人民群众参与政策制定和治理提供了创新性的理论表达。

将全过程人民民主理解为政策参与的创新理论，是中国政策过程民主化的理论话语和学术话语。因为，作为民主政治理论研究主流框架的“民主制度”的解释路径，侧重从权力的委托－代理逻辑出发，设计不同的民主制度和程序，以期实现民主的目标，由此形成了权力导向的民主知识体系。但是，实践证明，这条路径越来越表现出对不断展开的民主治理解释的乏力。从发展的观点看，在民主治理实践中，所有政治过程的核心都是围绕公共政策制定展开的，公共政策过程的人民性的实现，完全可在全过程人民民主这一理论创新引导下获得新的空间。公共政策过程包括政策问题建构、政策议程设置、政策方案设计、合法化、政策执行、政策评估、政策终结等基本环节，将全过程人民民主嵌入公共政策过程，实现民主政治发展与公共政策过程优化的有机统一，是实现全过程人民民

① 肖捷:《加快转变政府职能》，载《党的十九届五中全会〈建议〉学习辅导百问》，党建读物出版社、学习出版社，2020，第 117-118 页。

主的另一条有效途径，由此形成的政策导向的民主知识体系，无疑是中国政策过程研究的重要学术话语。

## 三、政府治理能力现代化的理论赋能

全过程人民民主与公共政策过程具有天然的相融性，以全过程人民民主优化公共政策过程，对推进政府治理现代化来说，无疑是一个十分重要的理论赋能行动。为此，我们还需要以全过程人民民主为理论指导，思考优化政策过程的行动方案。在当前的氛围下，谈到政府治理能力提升，往往考虑比较多的是技术赋能，这多少带有工具理性的色彩。但实际上要做到以人民为中心的治理，优化公共政策过程还需要来自价值理性的理论赋能，全过程人民民主就发挥了理论赋能的作用。

第一，提升了认识和运用制度优势的能力。在政府治理能力现代化情景下，制度是以全过程人民民主优化公共政策过程的根本。制度有好坏之分，也有有效与无效之别。制度是否有效、制度优势能否转化为治理效能，存在一个如何认识制度优势和如何运用制度优势的问题。习近平总书记指出："发展社会主义协商民主，要把民主集中制的优势运用好，发扬'团结——批评——团结'的优良传统，广开言路，集思广益，促进不同思想观点的充分表达和深入交流，做到相互尊重、平等协商而不强加于人，遵循规则、有序协商而不各说各话，体谅包容、真诚协商而不偏激偏执，形成既畅所欲言、各抒己见，又理性有度、合法依章的良好协商氛围。”[①]在这段话中，我们可以认识到全过程人民民主是民主集中制优势的实际运用，是以社会主义协商民主为纽带而得以实践的有效治理模式。因此，全过程人民民主带给中国特色社会主义民主实践的，实际上是新的理论认识和通过这一认识获得的赋能。

第二，提升了政策参与制度的设计能力。坚持和完善中国特色社会主义制度、推进国家治理体系和治理能力现代化的历史阶段，也是中国进入全新的综合公共政策理性的时代，这一方面需要建立多样性以防止决策片面，另一方面要改变决策过程以确保信息的完备。现在的智库、高研院大量出现，都是回应综合公共政策理性需求的表现。[②]应该说，综合公共政策理性的时代也是一个亟待构建全过程人民民主的时代，其中一个方面就是如何实现更完备的政策参与。党的十九大报告明确提出：“扩大人民有序政治参与，保证人民依法实行民主选举、民主协商、民主决策、民主管理、民主监督”，“巩固基层政权，完善基层民主制度，保障人民知情权、参与权、表达权、监督权”。[③]以全过程人民民主进行理论赋能，政策参与的制度设计将变得更加科学和清晰（如图 3-1 所示）。

① 《习近平谈治国理政》（第 3 卷），外文出版社，2020，第 295-296 页。

② 蓝志勇教授在 2016 年 10 月 24 日清华大学“产业发展与国家治理”高层论坛上的发言。

③ 《习近平谈治国理政》（第 3 卷），外文出版社，2020，第 29 页。

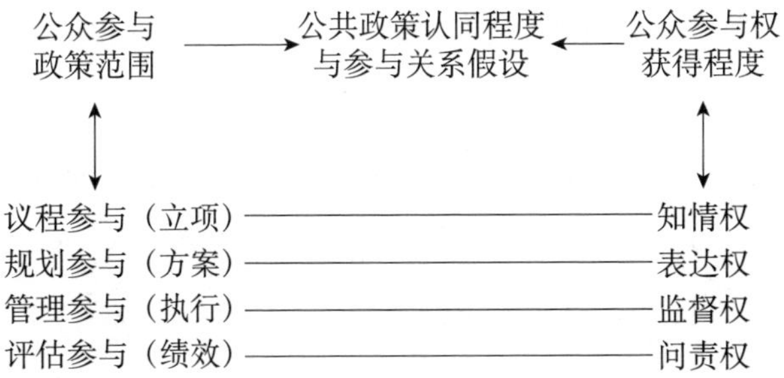


**图 3-1　政策参与的制度设计**

图 3-1 展示了从政策问题建构、政策议程设置到政策制定和实施，再到政策评估的所有环节，都需回应公众完整的参与权，这是提高政策质量的全景考虑，这样才能使全过程人民民主真正嵌入到公共政策过程中，达到二者的有机统一和共同推进。政策参与的这一制度设计，也是面向治理能力现代化的政府改革的追求，“以畅通的政策制定参与渠道，切实保障市场主体和群众在政策制定中的知情权、参与权、表达权和监督权，提升政策的针对性和有效性，提高政府执行力和公信力”[①]。

第三，提升了公共管理者公众接触（public encounters，或者公众交流）的能力。全过程人民民主不仅拓展了民主的程度和范围，还延展了民主的深度和广度，但这也对全过程人民民主的运行提出了更高的效率要求。针对公共事务的决策过程是一个极其复杂的信息交互过程，只有通过高效的公众接触，才能收集与处理不同群体的意见，才能更有效地产生更加民主的公共政策。这里我们仅

① 肖捷：《加快转变政府职能》，载《党的十九届五中全会〈建议〉学习辅导百问》，党建读物出版社、学习出版社，2020，第 118 页。

从公众接触角度，分析全过程人民民主对公共管理者能力提出的新要求。

公众接触是公共管理研究中一个专门的知识议题，这种知识是改进和提高政府治理水平不可缺少的能力。凭借协商民主的议事程序和规则完善落实全过程人民民主，为优化公共政策过程提供实践载体，但是，全过程人民民主在公共政策过程中的运行需要规范化的程序性机制，通过调查研究、座谈会、征询会、听证会、恳谈会等形式多样的程序机制，征求社会问题、吸取人民意见。如何使得这些载体更加有效，其中一个关键的能力就是公众接触。全过程人民民主对公共管理者的公众接触能力提出了更高的要求，也为公众接触能力的提升和强化提供了机遇。

在全过程人民民主范式下，公共管理者的公众接触能力构建的主要指向有：

（1）扮演好“公共咨询”（public consultation）角色的能力。公众的政策参与的有效性，取决于公众的政策知能（民众对公共政策要有一定的认识，这是公民能力问题）、政策信息（民众拥有公开获取充分资讯的渠道，这是信息对称问题）、政策共识（民众必须要有达成妥协共识的机制，这是共识形成问题）。解决公众政策知能、政策信息、政策共识难题的途径，在于构建公共咨询机制，公共管理者要学会放弃“专业（professional）独断”的理念，转换能力结构，强化提供公共咨询的能力，使自己成为“参与式的知识管理者”的角色。

（2）在协商民主有效运用中培养“3C 知能”。“3C 知能”指的是协调（coordination）、冲突管理（conflict management）、沟通（communication）的能力，需要克服政府部门过去突出强调的以“管理”与“控制”为核心的种种能力，提升理解、倾听、说理、谈判、协调等“协商管理”的能力。例如，在我国部分城乡基层治理中，基层干部运用“自治、法治、德治”的能力结构就显得十分关键和重要。

（3）自觉增强“逆向公众参与”的能力。“逆向公众参与”指的是中国之治场景中中国共产党的群众路线，不是坐等群众参与管理国家事务，而是主动去接触群众，并做好、做通群众思想工作。[①] 然而，“逆向公众参与”的能力是不容易获得的，它要求公共管理者在利益上和人民群众想在一起、在行动上和人民群众干在一起。只有增强这一能力，才能“抓住人民最关心最直接最现实的利益问题，扭住突出民生难题，一件事情接着一件事情办，一年接着一年干，争取早见成效，让人民群众有更多获得感、幸福感、安全感”[②]。在全过程人民民主建设中，大力提高“逆向公众参与”能力，应该是实现中国特色民主政治生活的重要议题。

---

① “逆向参与模式”是学者王绍光提出的一个观点。参见王绍光：《祛魅与超越》，中信出版社，2010，第 201-206 页。

② 《习近平谈治国理政》（第 3 卷），外文出版社，2020，第 346 页。

## 第四节

# 全过程人民民主与政协协商

在现代民主政治实践中，不同国家基于不同的历史、现实条件和社会制度，其民主的价值导向、制度安排和实践机制等都有着巨大的差异。在西方资本主义国家，人民虽然表面上享有广泛的民主权利，但本质上是少数人的民主，尤其是其引以为傲的选举制受到资本的左右。“多党选举制是资产阶级将资本的经济权力转化为政治权力的最佳途径。”[①]“一旦选举结束，所谓‘民主’仪式也就随之结束。”[②]社会主义民主的优越性不仅体现为它坚持以人民为中心的价值导向，还在于它创建了全过程人民民主的实践形态，“打开了

---

① 鲁品越：《全过程民主：人类民主政治的新形态》，《马克思主义研究》2021 年第 1 期。

② 鲁品越：《全过程民主：人类民主政治的新形态》，《马克思主义研究》2021 年第 1 期。

民主进入实践操作层次之后的新型发展空间”[③]。对此，习近平总书记明确指出：“人民民主是一种全过程的民主。”[②]人民政协协商民主是中国特色社会主义民主政治的重要内容，发展人民政协协商民主是践行全过程人民民主的生动体现。当然，我们也应该看到，新时代人民政协协商民主在发展过程中还存在诸多的问题和不足，需要我们以全过程人民民主的精神和要求思考深化人民政协协商民主建设的具体路径。

## 一、人民政协协商民主是践行全过程人民民主的生动实践

在我国，人民是国家的主人，人民民主的优越性不仅体现在它坚持以人民为中心的价值导向，还在于它创建了全过程人民民主的实践形态，将人民民主的价值追求与科学的制度安排和实践机制统一起来。“全过程民主”涵盖了“回应式民主、参与式民主、协商式民主与监督式民主”[③]四个方面的内容。

“全过程民主‘行得通’，关键在于真正认清‘协商民主’这一独特法宝。”[④]协商民主倡导各党派、各阶层广泛参与，主张以平等

③　唐亚林：《“全过程民主”：运作形态与实现机制》，《江淮论坛》2021 年第 1 期。

②　《习近平：中国的民主是一种全过程的民主》，http://www.xinhuanet.com/2019-11/03/c_1125186412.htm。

③　唐亚林：《“全过程民主”：运作形态与实现机制》，《江淮论坛》2021 年第 1 期。

④　亓光：《全过程民主：中国共产党治国理政的思维变革与政治逻辑》，《社会科学研究》2021 年第 2 期。

对话、协商交流的方式化解矛盾分歧、增进共识，将民主参与、理性协商与民主监督有机统一起来。“中国协商民主的内核是在国家与社会的持续互动中贯彻党和人民的意志，实现人民的利益。”[1]人民政协作为我国协商民主最早的制度化的组织形式和机制保障，是我国实行协商民主的重要舞台，发展人民政协协商民主就是践行全过程人民民主的生动实践，具体来说，主要表现在以下几个方面：

第一，人民政协协商民主的主体构成广泛。人民政协是中国人民爱国统一战线组织，是中国共产党领导的多党合作和政治协商机构，是我国社会主义协商民主的重要渠道和专门协商机构。人民政协委员是来自各个党派、团体、界别的优秀代表，整体素质普遍较高，具有联系面广、包容性大等显著优势。

第二，人民政协的组织和制度基础较为完备。自中国人民政治协商会议第一届全体会议召开以来，人民政协在长期的实践探索中已经建立了全国、省、市、县四级政协的完整组织体系，为发挥专门协商机构作用奠定了重要的组织基础。从政治地位的角度来看，人民政协是我国政治体制的重要组成部分，其基础是中国共产党领导的多党合作和政治协商制度。在法规制度建设上，目前人民政协已形成以《宪法》、中央有关文件、政协章程为主干，以及各项具体制度相配套的制度架构。

第三，人民政协的有效运行实现了利益表达、政治参与、政治

① 王涛：《政治过程视域的中国协商民主类型研究》，《探索》2020 年第 2 期。

协商、民主监督的有机统一。一是通过完善政协委员履职机制，尤其是通过完善政协委员调研、视察机制等，能够很好地将相关利益诉求引导到协商民主的进程中来。二是通过开展人民政协工作，尤其是完善协商活动互动机制，推动各种不同观点、看法、意见等交流交融交锋，可以实现政治参与、政治协商和民主监督的有机统一。三是通过完善政治协商成果跟踪督办机制，有利于进一步增强民主监督效应，提高民主运行质量。

总之，人民政协是党领导的专门协商机构，具有上达中央下通各界的有利条件，人民政协机构的有效运行，既有利于畅通人民的利益诉求渠道，也有利于保障党和政府决策的科学化、民主化。“伴随新兴社会阶层涌现与社会民意基础扩大，人民政协愈益成为凝结各方共识的组织平台与制度载体。”[①]人民政协协商民主的有效运作，是新时代发展全过程人民民主的生动实践。当然，我们也必须看到，全过程人民民主作为人民民主的运作形态，践行全过程人民民主反过来会对人民政协协商民主的发展提出更高的要求，具体来说，主要包括：一是提高协商主体的协商意识，增强政协委员履职能力，这是人民政协协商民主有效运行最基本的支撑要素，也是践行全过程人民民主的基础。二是从人民政协自身运行来看，要注重加强和改进人民政协工作，提高协商民主运行质量。三是从人民政协民主协商运行的外部保障环境和所要实现的成效来看，要注重推

① 马雪松：《人民政协专门协商机构制度建设的国家治理逻辑》，《理论探讨》2020 年第 2 期。

进人民政协协商与党委、政府工作的有效衔接。四是从人民政协协商民主的使命和现实要求来看，要进一步推动人民政协协商民主嵌入基层社会治理，实现政协协商与基层协商的有效衔接。

## 二、提高协商主体的协商意识，增强政协委员履职能力

党的十八大以来，随着社会主义协商民主的提出和发展，人们对于协商民主的认识更加深刻，协商民主的社会氛围逐步形成，但总的来说，目前政协协商主体的协商意识和政协委员的协商能力与全过程人民民主的发展要求还不完全适应，主要表现为：一是就领导干部来说，当前部分党的领导干部对人民政协的性质、地位和作用仍然存在一些模糊认识甚至错误的观点。有的领导干部对人民政协功能的认识仍停留在“工具论”上；有的领导干部认为政协协商是“鸡蛋里挑骨头”“不帮忙、反添乱”，对民主党派、政协委员提出的协商意见敷衍了事；有的领导干部将政协委员的不同意见、建议视为不讲政治；等等。二是就政协委员来说，有的政协委员认为政协履职是“副业”，本职工作才是“主业”，缺乏责任感和使命感。就履职能力来说，部分政协委员对于党的理论路线方针政策研究不透，对于纷繁复杂的情况掌握不清，对于政协履职业务学习意愿不强。有的政协委员在本专业是专家能手，但参政议政能力和建言献策水平有待提高。三是就社会公众来说，目前很多地方召开政协常委会都会邀请群众参会，但真正热心报名参与会议协商的群众

不多。一些单位和群众，不愿配合政协委员履行职能，影响政协委员履职的积极性。

新时代深化人民政协协商民主建设，践行全过程人民民主，首先需要强化协商主体的协商意识，增强政协委员履职能力，具体来说，需要做到：

第一，强化各级领导干部的协商意识。党政干部作为协商民主贯彻落实的执行者和有力推动者，肩负着中国特色社会主义协商民主事业发展的艰巨任务。新时代党政领导干部需要自觉增强民主素养，尤其要从推动全过程人民民主的高度深化对人民政协性质、地位、作用的认识。各级党委在推动党内思想教育过程中，要注重将社会主义协商民主内容和要求等列入党委（党组）理论学习中心组和党员日常教育内容之中。在加强协商民主教育的同时，还可以考虑将领导干部支持协商民主情况纳入党政干部考核的重要指标。通过思想建设和制度规范，有意识地培育领导干部的民主意识、协商意识和自觉接受监督意识，注重培养领导干部的民主作风，促使他们支持人民政协的各项工作，为政协委员履职创造条件。

第二，提升政协委员的担当意识和履职能力。如上所述，当前部分政协委员的担当意识和履职能力还不能适应新时代人民政协协商民主发展的要求。其原因与当前政协委员的遴选和管理机制不完善有着很大的关系。就政协委员的条件来说，《中国人民政治协商会议章程》规定政协委员必须具备以下条件：热爱祖国，拥护中国共产党的领导和社会主义事业，维护民族团结和国家统一，遵守国家的宪法和法律，保守国家秘密，廉洁自律，在本界别中有代表性，有社会影响和参政议政能力。但总的来说，这些条件还较为笼统和宽泛，不易把握，有些地方把政协委员名额作为一种“待遇”来分配，侧重于领导干部和社会各界名流，对政协委员履职能力考察不深。在遴选程序方面，政协委员主要由组织部门、统战部门与政协党组协商议定，组织遴选的公开性和透明度不够。就政协委员管理考核来说，目前一些政协机关对政协委员的考核要求也较为笼统，比如对政协委员届内是否提交提案或对提案质量不作刚性考量，致使一些政协委员的履职主动性不强，甘当挂名委员、“哑巴委员”。新时代提升政协委员担当意识和履职能力尤其需要做到：一是完善政协委员的推荐机制。在政协委员的遴选方面，要在现有规定条件的基础上，进一步制定政协委员遴选标准及实施细则，把政协委员的遴选工作纳入程序化、可操作化的轨道。在政协委员遴选过程中，要完善提名考察和公示机制，增强政协委员推选的民主性和透明度。二是加强对政协委员的业务培训，包括制定学习培训计划，明确培训内容、学习要求，落实责任，通过学习培训，增强政协委员的政治意识、责任感、事业心，提高政协委员分析问题和解决问题的能力，增强业务素质，使他们更好地把握政协工作规律，掌握政协工作方法，努力成为政协工作的行家里手。三是加强政协委员管理。在政协委员的日常管理中，不仅要建立政协委员履职档案，作为对政协委员考核的依据，同时还需要明确规定政协委员辞职、免职和被撤销委员资格的情形，解决“哑巴委员”“荣誉委员”“人情委员”等问题。

第三，加强人民政协宣传工作，提高人民群众参与政协协商的积极性。一是政协委员自身要注重通过电视、网站、公众号等途径加强对人民政协工作的宣传，也可以在政协门户网站上设置“网络问政”“网上建言”等栏目，组织政协委员与群众进行交流，让群众了解“政协是什么、政协干什么、能帮助群众什么”。二是注重引导政协委员运用微博、博客、微信平台等新媒体解答群众问题，倾听群众呼声，反映群众利益诉求。三是注重引导群众有序参与政治协商，在人民参与政协活动的实践中增进人民群众对政协工作的了解和认同，增强协商意识，营造良好的协商民主社会氛围。

## 三、加强和改进人民政协工作，提高协商民主运行质量

党的十八大以来，人民政协工作制度化建设进一步推进。不过，新时代人民政协工作制度依然存在不少需要完善的地方，主要包括：一是政协委员联系群众制度不完善。民意表达是民主政治运行的起点，也是践行全过程人民民主的基本要求，政协委员联系群众是人民政协工作高质量运行的基本要求。虽然目前全国和地方政协都对政协联系群众进行了规定，但总的来说，现有的制度还比较笼统，对政协委员联系群众缺乏考核标准和奖惩措施，尤其是人民政协界别制度还存在诸多问题，如在界别设置方面，目前一些在经济社会发展中起重要作用的新社会阶层，如中介机构的从业人员、

金融界人士、IT 等新兴产业人士在界别构成中没有能够得到有效体现，影响了政协界别的广泛性和代表性。再比如一些政协委员的议政活动虽以“界别”冠名，但实际上，以个别委员代替界别的现象较为普遍。二是政治协商程序存在薄弱环节。完整的政治协商应包括议题设置、协商发起、对话展开、共识达成、进入决策等环节。但就目前来说，有的环节还较为薄弱。如在议题设置环节，目前一些议题往往单方面由政协方的专门委员会或委员提出，政协主席会议审定后执行，而协商的另一方（或多方）在议题设置时参与度不够等。三是在政治协商方式上，一些地方政协习惯于通过开会推动工作，不愿或不积极主动地开展活动，工作被动等待，缺乏创新意识等。基于上述问题，新时代推动人民政协协商民主高质量运行需要做到：

第一，完善政协委员联系群众制度。新时代完善政协委员联系群众制度尤其要将之与完善界别制度结合起来。一是完善界别设置。2015 年，中共中央发布的《关于加强人民政协协商民主建设的实施意见》就提到“在条件成熟时对政协界别适当进行调整”。完善界别设置有助于进一步增强政协委员的代表性、有利于界别和委员个人作用的发挥。新时代完善界别设置需要坚持政治性与时代性相统一的原则，根据经济社会的发展变化和社会各界的动态变化，适时调整委员结构，把新的社会阶层和各个方面的代表人士吸纳到政协组织中来。二是建立分工联系制度，通过定期组织带有界别特色的调研考察活动，引导政协委员深入了解本界别群众的呼声。三是建立委员联系群众激励考核机制。包括建立政协委员联系界别群众汇报制度、激励制度，尤其鼓励政协委员自主进行调研活动，根据调研成果的质量予以资助和奖励。四是突出界别在政协全会、例会以及民主协商中的声音。如全委会期间要按界别划分讨论小组，使委员们能够就本界别共同关注的问题深入探讨。同时要定期组织界别专题听证会、议政会及政情交流会等，推动界别工作有效运行。

第二，进一步规范政治协商各环节，推动政治协商有效运行。一是完善协商议题形成机制。关键是解决好协商议题“谁来提出”“谁来确定”“怎样确定”等一系列问题。笔者认为，新时代完善协商议题形成机制需要注重区别情况，区别对待。对于国家大政方针和地方的重要举措，要积极围绕党委、政府的中心工作，通过制定年度协商计划的方式，将协商议题纳入统一计划。而对于一些较为经常性的政协协商形式，比如专题协商会、双周协商座谈会、对口协商等，其协商议题的提出就应该采取较为灵活的方式，可以由政协委员联名提出，也可以由政协专门委员会选取近期的若干热点问题，提交给政协委员和相关协商主体讨论决定。二是完善协商活动互动机制。协商的本质就是商量，是真正的思想对话、情感沟通和利益协调，是各种不同的认识、观点、看法、意见的交流交融交锋。因此，有效的互动、充分的商量是民主协商的重要标志。完善人民政协协商活动互动机制尤其要注重增加“问、答、辩”等互动环节的比重，让各种意见得以有条不紊地表达，努力使协商氛围既畅所欲言、各抒己见，又理性有度、合法依章，从而使协商真正成为集思广益、凝聚共识的过程，也有利于营造民主监督的环境。三是完善成果整理报送和督办机制。为了促进协商成果贯彻落实，政协部门应成立专门的成果报送、督办机构，将协商成果及时转化为建议案、提案，转化为社情民意，根据不同的协商层次、类型，选择相应的途径将协商成果及时报送给相关领导或部门。

第三，丰富协商形式。为了进一步增强协商成效，需要我们在开展好现有会议协商、界别协商等协商形式的基础上，结合现代科学信息技术，探索建立常态化“网上议事厅”、网络议政等民主协商新形式，建立委员移动履职平台、微信公众号等民主协商新平台，打破协商时间、空间的限制，不拘泥于固定的形式、场所，推动协商进社区、进企业等，推动政协协商与基层协商相衔接。

## 四、推进政协协商与党委和政府工作的有效衔接，完善政协协商保障体系

推进政协协商与党委和政府工作的有效衔接是人民政协协商民主发展的根本保障。对此，2015 年 6 月，中共中央印发的《关于加强人民政协协商民主建设的实施意见》（简称《意见》）就明确要求“加强政协协商与党委和政府工作的有效衔接”[①]。从实践来看，目前

① 《中办印发〈关于加强人民政协协商民主建设的实施意见〉》，《人民日报》2015 年 6 月 26 日第 1 版。

政协协商与党委和政府工作的有效衔接工作还存在诸多不足，主要表现为：一是就政协协商内容来看,《意见》规定协商的内容是“国家大政方针和地方的重要举措以及政治、经济、文化和社会生活中的重要问题”等。那么，什么才是“重要问题”？不同地方领导有不同的理解，必然会出现不同的实践，导致该协商不协商等问题的产生。二是就政协协商对接机制来看，有很多不完善的地方，例如，民主党派参政议政的信息渠道不通畅，政协委员知情明政的权利缺乏保障；对违反政协协商规定、不履行协商程序的决策造成重大损失的，还缺乏相应的责任追究制度等。新时代推进政协协商与党委和政府工作的有效衔接，需要各级党委把人民政协工作纳入重要议事日程，着力构建人民政协工作有效运行的制度和机制。为推进政协协商民主建设创造良好条件，具体来说主要需要做到：

第一，完善政治协商制度，促进制度之间的有效对接。一是推动政治协商制度具体化。各地区在政治协商制度建设中要注重对现有制度进行细化，明确界定重大问题政治协商的范围，明晰“哪些必须协商”“什么应当协商”等关键性问题。二是拓展政治协商的范围。例如，将党委重要人事任免，人民群众普遍关心的教育、卫生、就业、社会保障等问题，以及社会治理中的焦点问题等纳入政治协商范围。三是注重实现政协内部制度与政协外部（如党委、人大、政府及其相关部门）制度间的配套与衔接。例如，在各级党委（党组）出台的议事规则和决策制度中，明确将政治协商纳入决策程序，党委（党组）研究决策的重大事项，如果属于应该提请政协协商而未通过协商的，原则上不予研究。同时，要探索建立相应的问责制度，即对重要问题应协商不协商，没有协商而造成决策失误的，应按照“谁办理、谁负责”的原则，明确责任人，加大追究力度。

第二，完善知情明政机制。新时代完善知情明政机制尤其需要做到：一是建立相关部门定期通报情况制度。党委和政府的相关部门要进一步完善对口支持民主党派获取信息制度，根据各民主党派的成员构成和履职特点，分别确定相应的政府部门与其对口联系，定期通报党和政府的相关情况，为政协委员履职提供便利、创造条件。二是建立政协委员知情机制。包括建立政协委员旁听党的代表会议、人大会议、政府常务会议的相关制度等。三是通过举行各类民主恳谈会、民主评议会，设立领导接访日等方式，使委员们知民情。在信息化时代，可以考虑建设专门的“政协信息库”，推动政协信息平台与党政信息管理平台的对接，进一步保证政协委员能够及时了解党政工作动态。

第三，完善协商成果落实和反馈机制。协商成果能否有效转化，是政协制度效能能否实现的直接体现，也是专门的协商机构能否永葆生机活力的关键。新时代完善协商成果的落实和反馈机制需要做到：一是细化协商成果落实程序，包括明确规定政协成果报送、受理、交办、办理、落实各环节的时限和具体的答复反馈办法。二是优化政治协商成果网络办理系统，除涉及保密及社会稳定的敏感事项之外，协商成果均应网上公开，这样既便于接受社会监督，也便于政协实时跟踪协商成果办理进程。此外，网上办理系统还应设立协商成果办理评价和意见反馈窗口，方便政协委员、群众通过网络系统表达对办理工作和办理结果的意见，及时改进协商工作，弥补不足。

## 五、推动政协协商嵌入基层社会治理，实现政协协商与基层协商的有效衔接

我们必须看到，在当前全面建设社会主义现代化的新征程中，人民的利益诉求更加多样，社会矛盾比较突出，推动政协协商与基层协商相衔接，不仅是践行全过程人民民主的内在要求，也是推进基层社会治理的现实要求。就政协协商与基层协商的关系来看，两者都是社会主义协商民主的重要组成部分，两者都致力于推动群众的政治参与，反映群众的利益诉求。但我们也要看到，当前基层协商民主在发展过程中还存在力量薄弱、协商形式不规范等问题。相比较而言，人民政协有着丰富的协商经验和人才优势，且协商地位相对超脱，在协商过程中可以不受地区或部门利益的限制，能够站在客观公正的立场上观察、分析、反映各种情况和问题，妥善处理各种社会关系。

应该看到，目前政协协商向基层延伸，还属于一个新生事物。各地区围绕如何推动政协协商与基层协商相衔接进行了多方面的探索。在组织机构建设上，针对目前人民政协在乡镇一级没有自己的

组织和工作机构的现实情况，很多地区都成立了政协委员会客厅、政协委员之家、基层政协委员联络站、政协委员工作室等。温州鹿城区专门发布了《关于加强政协委员工作室建设的实施意见》，明确要求推动政协委员工作室基础建设的标准化。江苏南通将“有事好商量”协商议事室建设纳入对县（市、区）的党建考核。在政治协商模式方面，各地也进行了一系列创新性探索。例如，浙江台州等地积极推动“请你来协商”平台向基层延伸，湖北搭建起乡村民意恳谈会、社区民意恳谈会、线上民意恳谈会、流动民意恳谈会四大平台等。

当然，目前政协协商在向基层延伸，与基层协商对接的探索中还面临不少需要深入思考和解决的问题，主要表现为：一是实践探索呈现不平衡的特征。目前各地政协在推进这一工作时，大都依据自身实际进行探索，在机构设置、名称等方面都有着很大的差别，且由于各地党委、政协等部门重视程度、实践举措等方面的差异，各地的推进水平呈现不平衡的特征。二是组织机构有效运行的问题。不少地区虽然设立了组织机构，但没有实现有效运行，不少政协委员缺乏下沉基层协商的动力，不能定期开展履职活动。三是成本与回报问题。在乡镇一级设立人民政协基层组织机构必然涉及增加成本的问题，包括设立组织机构及其运行等方面的成本，如果组织机构运行效率低下，甚至成为摆设，必然会导致成本与回报的冲突，也会导致人民群众的不满。四是政协协商与基层协商的衔接还面临不少问题。当前政协协商与基层协商的衔接，在议题选择、主体选择、协商效果等方面都还存在一定的问题，例如，协商选题“空而泛”，脱离群众，或者与群众关联度小；参与对象太多，重排场、轻效果；协商结果落实不理想；等等。为此要做到：

第一，强化顶层设计，推动顶层设计与鼓励基层创新的有机统一。为了从整体上推动政协协商向基层延伸，可以考虑由全国政协或省一级政协出台相关规范性的指导意见，对人民政协基层组织机构创建的基本条件、基本工作职责和内容、政协协商与基层协商相衔接的基本举措等进行规定，为人民政协嵌入基层社会治理、推进政协协商与基层协商相衔接等提供基本制度保障。当然，我们也必须明白，任何制度建设都有一个逐步完善的过程，当前各地区的实践程度有很大的差别，因此，全国或省一级的制度主要是作原则性的规定，既注重提供基本的制度规范，也给各地区的探索留下创新的空间，实现顶层设计与鼓励基层创新的有机统一。

第二，建立健全考核机制。针对当前一些地方人民政协组织机构运行效率低下的问题，需要建立健全基层组织机构（如政协委员工作室等）考核机制。政协机关需要制定专门的基层政协机构考核办法，定期对基层协商机构的运行情况进行评估，对运行效果好的组织机构和作用发挥好的政协委员要予以奖励，及时挖掘典型事例和成功经验，对长期闲置的组织机构则予以清退。

第三，注重整合资源，优化配置。当前有的地区，如温州已经对政协委员工作室基础标准作出规定。但出于成本的考虑，也因为各地经济社会发展的差距，目前全国范围还不适宜作出统一的要求。并且，我们还必须明白，政协协商嵌入基层社会治理更多是一种工作延伸和职能延伸，而不仅仅是机构延伸，建立组织机构是为了政协在基层更好地开展工作，但不能将之看作唯一目标。尤其是对于经济条件较为薄弱的地区，可以考虑借助现有通道（如党群服务中心、党员活动中心、人大代表工作站等）开展活动，这既符合机构精简的原则，也保证了人民政协开展基层协商所需要的基本条件。

第四，提升政协协商与基层协商衔接成效。一是要强化议题衔接。基层协商涉及的事务较为繁杂，但基层协商不是一个筐，什么都可以往里装。只有那些关乎公共利益的问题才能作为基层协商的议题，并且政协并不是基层协商的唯一主导者，在协商过程中，并不是对所有基层公共事务都组织协商，而应从自身职能定位出发，选择那些群众反映强烈，且单纯靠基层群众自治组织难以解决的问题开展协商。二是要科学选择协商主体。按照“利益涉及谁，就和谁商量”的原则，在遴选好群众代表、引导人民群众积极参与政治协商的同时，注重邀请与议题相关的行政管理部门负责人，为推动协商成果转化奠定基础。三是要完善衔接机制。除了在协商过程中营造平等交流、充分交流意见的氛围，还要尤其注重发挥人民政协的组织和人才优势，形成《民主协商建议书》并报送基层党委和政府部门，同时要密切跟踪协商成果的办理情况，并及时将协商成果的落实情况反馈给参与群众，让群众“不白来”“没白说”。

# 第四章

# 全过程人民民主的推进与发展

## 第一节

# 拓展全过程人民民主的发展空间

全过程人民民主的理论概括，反映了以习近平同志为核心的党中央对中国特色社会主义民主政治的最新思考，是中国共产党人对民主理论和民主实践作出的积极探索和重要贡献。

### 一、全过程人民民主的历史逻辑

全过程人民民主作为中国特色社会主义政治发展的方向，符合马克思主义关于民主政治的理论原理。马克思主义经典作家在批判资本主义民主制度的基础上，始终把实现真正的民主作为无产阶级政权的首要目标。马克思主义对资本主义民主制度的论述，可以概括为如下三点：

第一，资本主义民主制度是人类历史上的一大进步，是随着资本主义生产关系的发展而发展起来的。马克思、恩格斯在《共产党宣言》里指出资本主义生产关系给生产力带来巨大进步的同时，也肯定了“资产阶级的这种发展的每一个阶段，都伴随着相应的政治上的进展”[①]。

第二，根据经济基础决定上层建筑的一般原理，对生产资料的占有权决定了对政治资源的控制权，所以在资本主义私有制的条件下，不可能真正地实现政治上的民主，资本主义民主只能是一种“形式上的民主”，甚至是“虚假的民主”。

第三，资本主义的民主为无产阶级的民主创造了“现成的”民主形式，而且在推翻了资本主义制度之后，才能实现真正的政治民主。正是出于这样的考虑，马克思高度赞扬了第一个尝试无产阶级政权的巴黎公社的经验，充分肯定了公社成员一律由选举产生并且随时可以罢免他们的民主制度。列宁在其著名的《国家与革命》中也指出：“没有代表机构，我们不可能想象什么民主，即使是无产阶级民主。”[②] 邓小平也曾经明确指出，“没有民主就没有社会主义”，但是，“社会主义愈发展，民主也愈发展”[③]。这指明了社会主义与民主的密不可分的关系。

民主的本质要义是人民的政权，用今天的话来说就是人民当家作主。这一本质要义已经为人类的政治实践所广泛认同和接受，所

① 《马克思恩格斯选集》(第 1 卷)，人民出版社，1995，第 274 页。
② 《列宁选集》(第 3 卷)，人民出版社，1995，第 152 页。
③ 《邓小平文选》(第 2 卷)，人民出版社，1994，第 168 页。

以人民主权原则就构成了当代民主制度的基础。我国《宪法》明确规定：中华人民共和国的一切权力属于人民。这个规定既符合社会主义国家政权的人民性特征，也是现代民主精神最为直接和明了的体现。

然而，迄今为止的人类政治实践表明，在任何国家，由于人口之众、幅员之广，历史上人民都很难甚至说几乎不可能实现其真正的“当家作主”。积极倡导民主理论的法国启蒙思想家卢梭就说过：“就民主制这个名词的严格意义而言，真正的民主制从来就不曾有过，而且永远也不会有。”因为“我们不能想象人民无休无止地开大会来讨论公共事务”[①]。因此在政治实践中，人类发明了代议制，即在承认并遵循人民主权原则的基础上，通过一定的选举程序产生人民的代表来“代为人民议政”，我们称之为代议制或代表制。但是从民主发展的角度来看，以选举为基础的代议制或代表制确实只具有基础性的，也可以说是“初级阶段”的意义。因为如前所说，民主意味着人民当家作主。在代议制或代表制条件下，人民仅仅是走了一个投票选举的程序，而在这之后，即由那些“代表”行使权力，人民又被撂在一边了。

我们说全过程人民民主超越了这种“非全过程民主”正是在于说明：在广泛的政治实践中，人民可以有多种渠道的方式和途径参与国家的政治事务，以真正地体现人民当家作主。

---

① 卢梭：《社会契约论》，何兆武译，商务印书馆，2003，第 84 页。

就政治参与而言，人民可以通过某种正式的或非正式的渠道表达他们的意愿和要求，并直接或间接影响到中央的或者地方的政治过程。政治参与可以有规范性的形式，如一些国家法律规定的倡议、复决等。当然，参与也可以有其他非规范性的形式，如通过游说、舆论影响政治行为和政治决策等。

可以认为，人民在选举之外积极参与政治来弥补选举民主的阶段性、“一次性消费”之类的缺憾，体现了全过程人民民主的基本精神。近些年来我们积极倡导的协商政治、协商民主或协同治理等，正是这样的参与民主的重要形式，其意旨正是在于通过人民对政治过程的参与来提高政治过程的民意基础，进而弥合代议制民主可能带来的某种缺失，使民主体现其全过程性。

习近平总书记在提到“人民民主是一种全过程的民主”时，前面还有一个非常重要的界定，即“我们走的是一条中国特色社会主义政治发展道路”[①]。这个表述表明，全过程人民民主是我们推进政治发展的方向选择，因此，需要通过全过程人民民主理论和实践的不断拓展和完善来推进中国特色社会主义政治发展的实际进程。从这样的角度来看，今天我们研究全过程人民民主，需要把全过程人民民主放到如下三大背景下进行考量：

一是围绕党的第二个百年奋斗目标来规划实施。党的十八大以来，党进一步明确了“两个一百年”奋斗目标，第一个百年奋斗目

---

① 新华网 . 习近平：中国的民主是一种全过程的民主 .（2019-11-03）.http：// www.xinhuanet.com/2019-11/03/c_1125186421.htm.

标即在建党一百年之际全面建成小康社会的目标已经实现，而第二个百年奋斗目标即在中华人民共和国成立一百年之际建成富强民主文明和谐美丽的社会主义现代化强国的目标，正需要着力推进。全过程人民民主的理论建构，为实现第二个百年奋斗目标指明了方向。

二是按照党的十九届四中全会通过的《中共中央关于坚持和完善中国特色社会主义制度 推进国家治理体系和治理能力现代化若干重大问题的决定》的要求来积极推进。积极按照党中央的战略部署，着力推进国家治理体系和治理能力现代化，是我们当下以及未来一个时期的迫切任务。

三是放到当今复杂多变的全球背景下来考察审视。最近几年，西方的民主理论和民主实践正不断地受到冲击和挑战。在这样的背景下，推进中国特色社会主义民主理论的发展，塑造新型的民主治理形式，对我国的政治发展和人类的政治文明都具有积极的意义。

## 二、全过程人民民主的理论逻辑

全过程人民民主之所以能够成为中国特色社会主义政治发展的方向选择，主要是由社会主义的本质以及民主的本意所决定的。从一般意义上来说，与全过程人民民主相对的是“非全过程民主”。资本主义的民主主要体现在选举环节，即每隔几年的国家或地方主要领导人的投票选举上。列宁曾经揭示过这种投票选举的本质，他深刻地指出："每隔几年决定一次究竟由统治阶级中的什么人在议会里镇压人民、压迫人民，——这就是资产阶级议会制的真正本质，不仅在议会制的立宪君主国内是这样，而且在最民主的共和国内也是这样。"[①]因为在选举环节之外以及在选举之后，就没有什么民主的过程了。

全过程人民民主超越了"非全过程民主"，弥补了"非全过程民主"的某些缺陷，改变了那种"一次性消费行为"般的民主游戏。全过程人民民主具有如下一些基本特征：

一是时间上的持续性。全过程人民民主不是间歇性、阶段性的政治民主。全过程人民民主不仅包括选举环节，而且应当保持始终如一的持续性状态。在"非全过程民主"的状态下，民主仅仅存在于选举活动的一个时间段，具有间歇性、阶段性的明显特征，而全过程人民民主强调的正是时间上的持续性，即在任何时间段（尽管不同的时间段政治活动的侧重点可以有所不同）民主的要求始终存在。

二是内容上的整体性。全过程人民民主不是零散性、碎片化的民主。在全过程人民民主的状态下，民主不仅仅体现在每隔几年选举一次国家或地方的领导人这样的政治事件上，而且体现在把事关国计民生的重大公共决策等都放到民主范畴中进行考虑上。社会是一个复杂的系统，尤其是现代社会，政治化程度日益提高，公共性

① 《列宁选集》（第3卷），人民出版社，1995，第150页。

事务的范围也日益扩大。在这样的情况下，选举固然在政治生活中占据重要的地位和作用，但是已经不能涵盖现代政治生活的全部。从整体上来说，无论是国家的还是地方的，也无论是本地的还是外地的，越来越多的公共事务已经把整个的政治生活联结在一起。因此，对公共事务的讨论和决策等，构成了人民政治生活的重要方面，全过程人民民主注重政治过程的民主化，使民主政治更具有现实意义。

三是党政部门的协同性。现代政治运作需要所有公共权力主体的分工协同。这样的分工协同，既能够有效地处理现代社会所带来的错综复杂的公共事务，又能够保持整个公共权力结构的整体性效能，这就是把民主的精神、民主的原则、民主的方法等运用到公共权力机关的所有部门及其所有的工作环节。

四是公民参与的全过程性。公民有序的民主参与以及参与的程度始终是民主政治的基本要素，甚至是民主程度和民主绩效的重要衡量标准。人们之所以把选举民主视为“一次性消费”般的民主，正是由于在选举外的政治活动中，公民很少有通过民主参与来影响政治运行的机会。而在全过程人民民主条件下，形成了公民对公共事务、公共决策的多种渠道的参与机制。

五是多环节的连续性。全过程人民民主体现为民主选举、民主协商、民主决策、民主管理、民主监督等环节的互动和并举，并通过这样的“五大民主链条”，形成了全过程人民民主的完整实践体系。在这里，民主的每一个环节都是非常重要的，既独立存在，又相互勾连，缺少其中哪一个环节都有可能使全过程人民民主的完整性受到影响。

## 三、全过程人民民主的实践逻辑

由此观之，全过程人民民主为中国特色社会主义政治发展提供了思想渊源和理论支撑，因而为中国特色社会主义民主政治的发展提供了广阔的空间。

对于全过程人民民主的发展空间，可以从两个视角去考察：

一是注重中观、微观层面的研究和推进，以把全过程人民民主的原则和精神落实到实际的政治实践之中。我们可以打个比方来说明这样的层次关系：现在的建筑物，按照设计已经打下了地基并且浇筑了基本架构，这是宏观层面的问题；现在需要继续添砖加瓦，安装水电管道等系统，这是中观层面的问题；在此基础上，我们还要添置办公用具，并进行合理的布置，这是微观层面的问题。按照这样的比方，全过程人民民主概念和理论的提出，基本上还是属于宏观以及部分中观层面的问题。在全过程人民民主理论的指导下，着力进行中观、微观层面的研究和推进，在政治过程的诸多领域和层面进行系统的制度设计和工作安排，这方面具有非常大的发展空间。

二是找准几个重要的领域，按照全过程人民民主的原则和精神着力推进改革，以取得实质性的成果。从目前的情况来看，以下四个领域应该可以在推进全过程人民民主方面有所建树：

第一，决策体制。民主决策是全过程人民民主的重要环节。与其他环节略有不同的是，决策过程更注重集中而不是民主。但是，一味地强调集中，不仅不利于民主决策，还会出现坊间所谓“开大会讨论小问题，开小会讨论大问题，不开会讨论关键问题”的现象。民主决策更加强调决策体制中的议事规则，强化决策主体的议事规则意识，加强决策过程的规范化，这就有利于民主决策。例如，贯彻“三重一大”制度，重要的事情必须经过委员会讨论，在讨论的过程中形成领导干部正职“末位表态”等规则。这些都有利于加强决策体制中的民主性。

第二，干部制度。在我国现行干部选任制度方面，还有诸多可以改进和完善之处。首先，应切实加强对干部选任制度的研究，对新时代干部制度的改革和发展进行系统思考和顶层设计，从战略高度提出我国干部制度改革和完善的方向与原则。其次，必须切实重视干部分类管理的意义，有必要将“组织变量”的概念和原理运用到干部管理之中。再次，应切实改变选任干部重形式条件而轻实质条件的状况。最后，应尽快制定选任干部的“动议权制度”或者“初始提名权制度”，提高选人用人的效率，完善选人用人的责任。

第三，财政制度。财政预算是国家机器得以维系的基础，因而并不简单的是一个经济问题，而是政治问题。政府预算的制度优化和程序规范是全过程人民民主的题中应有之义。就政府预算的制度优化与规范运行来说，有必要构筑公共预算的“三角基石”，即法治、参与和技术。毫无疑问，一个适应现代社会结构和政府治理路径的公共预算，需要在国家制度和法律规范的框架下运作：首先，需要一个基于现代法治的公共预算体系，其核心就是政府编制预算的过程必须符合国家现有的法律规章制度；其次，各级人民代表大会要实现对预算审核和监督的法定权力；再次，一个治理良好的政府，必须有一个好的预算管理系统，政府的民主治理离不开公共预算的民主化参与。人民参与预算可以有效地提升预算的社会满意度和人民的认可度；最后，需要充分考虑现代预算的复杂性和科学性，因此需要引入现代预算技术，培养预算技术人才。

第四，基层治理。在推进国家治理体系和治理能力现代化的进程中，努力拓展基层民主的发展空间是一个根本性的方向问题。基层民主的发展空间涉及基层民主向何处去的方向问题。基层民主的发展空间总体上有三个方面：权力空间、行政空间和社会空间。权力空间涉及程序意义上的民主选举问题，因为正是这种民主选举才能赋予人民特定的权力支持。行政空间是指基层民主应该发展到哪一个行政层级，以及其与行政权力的边界问题。社会空间关注社会主体在基层民主实践中的作用。根据上述内容，可以把基层民主的发展空间归纳为三个转向，即从社会领域转向政权领域，从村级民主转向乡镇及县级政府层级的民主，从重权力的获得转向“五大民主链条”的均衡发展。

## 第二节

# 全过程人民民主的自我完善与发展

提出和发展全过程人民民主，必须精准把握其精神实质。必须明确，全过程人民民主是指民主的全面性，并非仅就民主过程而言。这种全面性既包括所有民主主体，也包括所有民主过程；既包括民主环节中的“点”，也包括民主主体中的“面”。全过程人民民主作为一种全新的民主形式，是包括了全部民主主体、民主程序和民主过程的，它是一种全主体、全方位、全覆盖、全流程、全环节、全链条的人民民主。相对于其他民主形式而言，全过程人民民主有一个重要的特点，就是具有自我完善和发展的能力。从一定意义上讲，把握住了全过程人民民主自我完善和发展的能力，就把握住了全过程人民民主的精神实质和发展路径，从而保证全过程人民民主能够沿着正确的方向不断向前发展。

## 一、全过程人民民主契合了社会主义制度自我完善和发展的要求

恩格斯说："所谓'社会主义社会'不是一种一成不变的东西，而应当和任何其他社会制度一样，把它看成是经常变化和改革的社会。"[①]全过程人民民主之所以具有自我完善和发展的能力，首先是因为它契合了社会主义制度自我完善和发展的要求。

社会主义制度是先进的制度体系，它的先进性就体现在能够实现自我完善和发展。这里的社会主义制度是指社会主义的基本制度，而不是指作为其实现形式和运行手段的体制与机制；对于社会主义基本制度，要通过改革使其不断适应生产力发展的要求，符合经济社会的发展和人民美好生活的需要；对于社会主义体制，特别是经济体制，要通过改革建立起符合生产力发展水平和社会主义基本制度要求的具体机制，从而使社会主义制度更加富有生机活力。

全过程人民民主具有全面性的特点，因而它能够辐射到社会生活的各个层面，施于政治和经济生活的各个环节，具有自我提高功能和自我修补机制，从而能够实现自我完善和发展。与时俱进是全过程人民民主的内在逻辑和必然要求。全过程人民民主是从中国的社会土壤中生长和发展起来的，同时它是面向现代化、面向未来、

---

① 《马克思恩格斯选集》(第4卷)，人民出版社，1995，第693页。

面向实践的，具有开放性的特征，能够不断从新的实践中获得生机活力，从而能够持续推动国家发展进步，成为实现人民对美好生活向往的民主形式。

在全面建设社会主义现代化国家新征程上，发展全过程人民民主，既需要改革和完善制度程序，还需要改进和完善人民的参与实践。一方面，要注重构建程序合理、环节完整的民主制度体系，拓展民主渠道，丰富民主形式，把民主集中制原则贯彻到经济社会生活各领域、各环节和全过程，使人民群众参与国家治理各个方面、各个层级的工作；另一方面，要切实保障各阶层人民民主权利，既要看人民是否有民主选举的权利，还要看人民在日常政治生活中是否有持续参与的权利，特别要看在城乡社区治理、基层公共事务和公益事业中是否做到依法自我管理、自我教育、自我服务、自我监督，切实防止出现人民形式上有权、实际上无权的现象。这样，全过程人民民主就与社会主义制度的自我完善和发展紧密契合在一起，将制度的发展和完善与人民民主的发展和完善结合起来，从而赋予全过程人民民主自我完善和发展的能力。

## 二、全过程人民民主适应了人民自主性自觉发展的要求

人民民主是社会主义的生命。人民民主的本质是人民当家作主。1956 年，邓小平在《关于修改党的章程的报告》中指出，“党的全部任务就是全心全意地为人民群众服务；党对于人民群众的领

导作用，就是正确地给人民群众指出斗争的方向，帮助人民群众自己动手，争取和创造自己的幸福生活。因此，党必须密切联系群众和依靠群众，而不能脱离群众，不能站在群众之上”[①]。全过程人民民主就是要实现人民作为民主主体的自主性自觉。所谓民主主体的自主性自觉，一方面是指民主主体是独立自主的，不受其他因素的控制和压迫；另一方面是指民主主体具有自主性意识，能够自主地处理自己和社会的事务，创造自己的幸福生活。

全过程人民民主之所以具有自我完善和发展的能力，就是因为它适应了民主主体自主性自觉的发展需要。在我国，人民民主的主体是人民，人民民主的根本性问题就是人民的自主性自觉问题。全过程人民民主就是用民主过程的连续性来保障人民当家作主。从一定意义上讲，全过程人民民主就是全体人民自主性自觉的提升过程。经过中华人民共和国成立以来 70 多年的发展，中国人民的自主性自觉获得极大提升，广大人民不仅找到了自己的存在方位和发展方位，而且找到了保障自己自主性自觉的实现机制。中华人民共和国成立以来中国社会的巨大进步，不只是 GDP 的一再翻番，也不只是中国日益走近世界舞台中央，而是 14 亿多中国人民的自主性自觉不断提升，由原来的不能自主发展成为自己的主人、社会的主人、自主自为的人，能够掌握自己的命运和未来，能够自主自觉地创造自己的幸福生活。

① 《邓小平文选》(第 1 卷)，人民出版社，1994，第 217 页。

在全面建设社会主义现代化国家新征程上，发展全过程人民民主，就是要坚持以人民为中心的发展思想。全过程人民民主的实现为了人民，全过程人民民主的实施依靠人民，全过程人民民主最广泛、最深厚的基础在于人民。在中国特色社会主义新时代，人民群众对民主、法治、公平、正义、安全、环境等方面的要求日益增长。民众有所呼，政府有所应。各级政府要倾听人民声音、凝聚人民智慧、回应人民期待，将人民群众所思所想所盼体现在法律制度的设计中，以全过程人民民主的制度优势和有效的运行机制，不断增强人民群众的获得感、幸福感、安全感。

## 三、全过程人民民主体现了现代民主程序性发展的要求

从民主运行上讲，现代民主都是程序民主，构建完整的民主程序链条成为现代民主的重要标志。全过程人民民主是最讲究程序的，这里的“全”字就意味着民主的所有环节一个都不能少。全过程人民民主正是因为具有全过程性，因而不会因为人为因素而中断，能够从程序链条的完整性上保证人民当家作主，其自身也能够实现自我完善和发展。

在中国，人民民主程序主要包括民主选举、民主协商、民主决策、民主管理、民主监督等过程。习近平总书记指出：“人民是否享有民主权利，要看人民是否在选举时有投票的权利，也要看人民在日常政治生活中是否有持续参与的权利；要看人民有没有进行民

主选举的权利，也要看人民有没有进行民主决策、民主管理、民主监督的权利。社会主义民主不仅需要完整的制度程序，而且需要完整的参与实践。”[①]这也就是说，中国人民民主具有完整的制度程序和参与实践，要求从制度上和实际运行上保证民主体现到从选举到协商、决策、管理、监督的全过程，实现全链条化，防止出现只重视选举过程而不重视民主协商、民主决策、民主管理、民主监督过程的问题。

程序民主的重要意义在于用完整的程序来保证实体民主。中国共产党高度重视对人民群众民主选举权利的保障，明确要求在党委、人大、政府、政协换届选举中保证基本群众代表比例，从制度上确保党政干部、企业负责人不会挤占应该给基本群众的名额。在注重民主选举的同时，更加注重维护人民群众民主协商、民主决策、民主管理、民主监督的权利。为推进民主决策，党和政府采取了诸多举措，例如，各级政府在重大决策出台前向本级人大报告，通过座谈、听证、评估、公布法律草案等方式丰富公民有序参与立法的途径，各级党委把人民政协政治协商作为重要环节纳入决策程序。为推进民主管理，不仅完善了农村村委会民主管理制度，而且完善了企业民主管理、事业单位民主管理、机关单位民主管理、社会组织民主管理等机制建设，充分调动群众民主管理的积极性。为推进民主监督，让权力在阳光下运行，切实推进权力运行公开化、

① 习近平.在庆祝中国人民政治协商会议成立65周年大会上的讲话。北京：人民出版社，2014:12-13。

规范化，完善党务公开、政务公开、司法公开和各领域办事公开制度，让人民群众能够近距离监督、便捷性监督。在基层民主建设中，这些权利也得到了充分保障。例如，通过健全以职工代表大会为基本形式的企事业单位民主管理制度，更加有效落实了职工群众的知情权、参与权、表达权、监督权，有效维护了广大职工群众民主决策、民主管理、民主监督的权利。这些民主各环节的全方位发展，在制度建设上确保了全过程人民民主的落实。

近些年来，我国十分重视民主程序建设，不断发展和完善人民民主的程序和环节，实现民主程序的自我闭环，从而使整个民主程序不中断，人民的诉求与党政机关工作不脱节。例如，就如何发挥基层立法联系点民主功效的问题，全国人大常委会形成了一套包括“立法决策前”“立法决策中”“立法决策后”在内的完备的全过程程序规则。所谓“立法决策前”，即编制拟定全国人大常委会五年立法规划、年度立法工作计划前，全国人大常委会法制工作委员会要征求联系点基层群众的意见。所谓“立法决策中”，即除涉及国家秘密事项外，所有的法律草案都征求联系点的意见；将联系点作为开展立法调研的基地，有针对性地深入当地调研或委托联系点调研立法中的问题；根据立法工作需要，邀请联系点代表参加立法座谈会、论证会、听证会或者在联系点召开立法座谈会，直接听取基层群众的意见。所谓“立法决策后”，即法律出台后，以联系点为依托，跟踪了解法律实施情况，及时掌握法律在实施过程中出现的问题，收集对法律修改完善的建议。由此形成了一整套环环相扣、井然有序的“全链条式”立法民意征求流程。

党的十九大报告实际上已经描绘出全过程人民民主的蓝图：“在我国政治生活中，党是居于领导地位的，加强党的集中统一领导，支持人大、政府、政协和法院、检察院依法依章程履行职能、开展工作、发挥作用，这两个方面是统一的。要改进党的领导方式和执政方式，保证党领导人民有效治理国家；扩大人民有序政治参与，保证人民依法实行民主选举、民主协商、民主决策、民主管理、民主监督；维护国家法制统一、尊严、权威，加强人权法治保障，保证人民依法享有广泛权利和自由。巩固基层政权，完善基层民主制度，保障人民知情权、参与权、表达权、监督权。健全依法决策机制，构建决策科学、执行坚决、监督有力的权力运行机制。各级领导干部要增强民主意识，发扬民主作风，接受人民监督，当好人民公仆。”

对照全过程人民民主的基本要求，可以看出党处于领导地位，必须加强党的集中统一领导；但党的领导不是包办一切，而是为了保证人民有效治理国家；要扩大人民有序政治参与，保证人民依法享有广泛权利和自由；要健全依法决策机制，构建决策科学、执行坚决、监督有力的权力运行机制。展开来就是一个由“四梁八柱”构成的全过程人民民主链条。“四梁”是：党委领导、人大立法、政府治理、政协协商。“八柱”是：人民有所呼、人大有所应、党委有所引、政协有所商、法律有所定、政府有所为、两院有所司、监委有所督。

由是观之，全过程人民民主是全主体、全方位、全覆盖、全流程、全环节、全链条的新型民主形式。全过程人民民主是从主体到形式再到过程的全方位的民主，保证全面实现人民当家作主。全过程人民民主从本质和形式上保证了制度的自我完善和发展，从而成为最具有与时俱进品质的新型民主。

## 第三节 全过程人民民主的实现机制

### 一、问题的提出：创建人民民主的实践形态

对民主的认知，有价值、制度与道路之分。从价值维度看，民主是人类政治生活的一大价值，它内含着一种人类掌控自己的命运，走向自由而全面发展的美好生活的自主性选择与合作性行动。从制度维度看，民主为解决人类社会面临的共同问题，为实现不同共同体之间的有效合作目标提供了少数服从多数、体现多数人利益的制度框架，并在此过程中建构了制约公共权力、维护公民权利、分配公共利益、提升公共精神的体系化规则与制度体系。从道路维度看，因不同的国家进入现代化的步伐有快有慢，且不同时空条件下的发展任务、人口规模、社会制度、文化积淀、国际环境等千差万别，进而导致各国所选择的政治发展道路大相径庭。对于一国政

治发展来说，民主的价值是政治发展的指引，民主的制度是政治发展的载体，民主的发展道路是政治发展的实现方式，三者有机统一于一国现代化建设的历史实践。

关于现代政治体系模式的建构理论，一般分为价值层次的理论和操作层次的理论两大方面，前者确定政治体系模式的基本原则和政治取向，后者负责将价值层次的理论转化为具体的步骤、程序和规范，使价值层次的理论得以在现实生活中运行。这两方面的理论相辅相成，缺一不可[①]。对于以人民民主为核心和特色的中国式民主来说，同样也面临着在实践中不断深化与创建人民民主的实践形态之重任。

人民民主是中国式民主的表现形态，其制度框架由党的领导、人民当家作主和依法治国有机统一构成。人民民主的价值与制度框架需要有现实的运作形态与机制相配套，并在实践中不断调适和优化，才能更好地展现中国民主的绩效与质量。全过程人民民主是人民民主价值与制度框架在操作层面的具体化运用，也就是人民民主的实践形态的具体体现。全过程人民民主通过利益需求满足、透明公开参与、理性协商共识、制约监督纠错的链式互动方式，既将人民民主的价值与制度框架和实践形态与运作机制有机结合起来，又将人民民主所追求的民主价值和性质与民主运行的绩效和质量有机地结合在一起。在坚持人民民主对公共权力进行监督制约与有效行

① 王沪宁：《〈中国政府与政治〉序言》，载高民政《中国政府与政治》，黄河出版社，1993，第1-14页。

使的条件下，思考全过程人民民主对人民民主性质的完善、人民民主形式的丰富、人民民主绩效的提升以及人民民主质量的展现等重大理论与实践问题，进一步深化对人民民主价值与制度框架的运作形态与实现机制的认识，探索人民民主的制度化与绩效化路径，是发展社会主义民主政治、走中国特色社会主义政治发展道路的题中之义。

当代中国的公共权力监督制约与有效行使之路，一方面表现为中国共产党坚持人民主体地位，通过科学决策与民主决策的程序和方式，凝聚广大人民意志，将最广大人民的利益作为党和国家最高政治原则，将人民美好幸福生活作为党和国家中心任务的制定基点，充分展现主权在民、执政为民的宗旨；另一方面表现为中国共产党坚持和完善民主集中制，通过依法治国与依规治党的方式，积极建立和完善公共权力在现实政治运作中的三大表现形态——用人权、治事权与财政权——的监督制约制度与机制体系[①]。此外，以人民需求为基点，以透明参与为动力，以理性共识为指引，以纠偏纠错为方式，通过对人民民主进入操作层次的形态与机制的实践创新与理论进行提炼，创建全过程人民民主的回应式民主、参与式民主、协商式民主与监督式民主四大运作形态，并实施精准识别机制、精致发展机制、精明推进机制、精敏发现机制四大实现机制，创造人民依法、主动、有效参与国家事务和社会事务管理的制度形

① 唐亚林:《当代中国财政权的控权机制设计及其实现路径》,《中共中央党校学报》2017 年第 5 期，第 21-29 页。

态与机制体系，拓展民主实现方式，提升民主实践绩效，开创中国特色社会主义民主发展之路。

通过对民主的价值、制度与道路的一般理论认识进行分类考察，以及对人民民主的价值与制度框架和运作形态与实现机制进行区分，我们可以看出，任何一种民主形态在确立了基本的价值与制度框架之后，都需要在实践中不断丰富、调适和完善其运作形态与实现机制。中国全过程人民民主超越西方民主的地方，不仅体现在其价值与制度框架这种民主性质之上，而且还体现在其实践运作形态与实现机制这种民主质量导向之上，而全过程人民民主就是这种民主实践形态的集中体现。

这种全过程人民民主的民主实践形态，从内容的逻辑构成来看，首先，人民的需求构成了全过程人民民主的起点，即执政党和政府需要通过精准的识别机制去有效回应现实生活中民众不断变化的需求，由此建构回应式民主的形态；其次，人民对公共事务的议事、公共决策的参与、公共利益的分配等的有效参与，构成了全过程人民民主的关键，这需要执政党和政府通过精致的发展机制去有效发挥和建构民众对现实生活过程的参与热情与参与机制，由此建构参与式民主的形态；再次，人民的需求与参与，都需要通过理性协商的方式达成最大的共识，以利于有效执行公共政策，减少阻力，包容分歧，提高效率，以精明的推进机制去建构广泛性、多层次、制度化的协商式民主形态；最后，全过程人民民主需要有良好的监督保障机制作支撑，通过纠偏纠错的精敏发现机制，将人民的需求、人民的参与、人民的协商、人民的监督有机统一于全过程人民民主的始终，并形成一个相互联结、有机互动的整体，形塑人民民主的实践形态，并与人民民主的价值与制度框架一起，实现中国全过程人民民主的价值与性质、绩效与质量有机统一之目标。

## 二、回应式民主：以人民需求为基点，创建全过程人民民主的精准识别机制

将人民的需求作为党和国家一切工作的出发点和落脚点，是中国共产党领导中国特色社会主义事业不断取得胜利的根本动力。不管居住在地球上的哪一个角落，人类追求美好幸福生活的初心是始终如一的，这既是民主的内核所在，又是民生的内核所在。“人民幸福生活是最大的人权”[①]。民主与民生是天然地联系在一起的。民主为民生的发展提供了表达多样化需求与公正分配公共利益的制度框架与运作机制，而民生为民主的发展奠定了可持续推进的动力与人心基础。

因国家与社会发展的阶段性特征、地区发展与行业发展的差距性特征、人群能力发展与阶层地位的差异性特征、社会分配制度与保障制度的公平性特征等多重因素的相互叠加与彼此催化，不同社会、地区、人群之间存在明显的发展差距。有鉴于此，以人民需求

---

① 《习近平谈治国理政》（第3卷），外文出版社，2020，第288页。

为基点，以精准识别机制为核心，通过建立表达机制、识别机制、整合机制、转化机制等链式机制体系，形成回应式民主运作形态，是创建全过程人民民主的民生需求导向价值的基础，也是人民民主从价值层次的理论转化为操作层次的理论并予以有效落实的首要环节。这种回应式民主运作形态与精准识别机制的最大意义在于，从源头上找到了民主制度的实践基础，弥补了将民主制度简化为一种投票式参与的机会主义行为之不足，将民需民意民心的沟通、表达与满足作为执政党和政府与人民群众之间相互信任、相互合作、有效施政的基础，进而重塑了人类新型政治形态的信心力基础。

人民需求既包括满足人身需求的物质性需求，又包括满足人心需求的精神性需求，还包括基于共同体的对家国和世界认知与认同的文化情怀。[①] 而且，在物质性需求与精神性需求不断得到满足和提升的过程中，基于地域共同体而生的家国情怀也会与日俱增，成为一种打上独特地域特色、共同体文化烙印的标识。如果抽象提炼一下中国人的需求观，可以用个体家庭层面的“丰衣足食、安居乐业”、家族团体层面的“出入相友、守望相助”、国家层面的“国泰民安、政通人和”、世界层面的“天下为公、四海一家”四层次三十二个字的“圈层包容共生式需求观”来总结。[②]

党的十九大报告从中国特色社会主义进入新时代，我国社会主要矛盾发生了新的转化视角，提出了建立回应式民主运作形态的新

① 唐亚林:《人心政治论》,《理论与改革》2020 年第 5 期，第 115-129 页。
② 唐亚林:《当代中国政治发展的逻辑》，上海人民出版社，2019，第230-231页。

要求，即“人民美好生活需要日益广泛，不仅对物质文化生活提出了更高要求，而且在民主、法治、公平、正义、安全、环境等方面的要求日益增长”[①]。同时，党的十九大报告还提出了建立回应式民主运作形态的民生需求基础，即“必须多谋民生之利、多解民生之忧，在发展中补齐民生短板、促进社会公平正义，在幼有所育、学有所教、劳有所得、病有所医、老有所养、住有所居、弱有所扶上不断取得新进展，深入开展脱贫攻坚，保证全体人民在共建共享发展中有更多获得感，不断促进人的全面发展、全体人民共同富裕”[②]的新要求与新目标。

现代政府面临的核心问题在于，“确保公共行政管理者能够代表并回应民众利益”，而“公共行政管理者参与公共政策的制定与执行，并根据社会整体的需要进行资源、价值观以及地位的分配”，就是回应性政府的内在要义。[③]如果说回应性政府是回应性政治在公共政策领域的具体体现，那么回应式民主运作形态就是全过程人民民主在民主政治领域的具体体现。从回应式民主运作形态视角提炼全过程人民民主的创新机制，建立基于人民需求的精准识别机制至关重要，主要包括三个方面内容：一是建立倾听群众呼声、反映群众愿望的渠道、平台与载体，让群众的多元化需求得到畅通的表达。当前，各地各部门在出台重大法律、重大规划、重大政策、重

---

① 《习近平谈治国理政》（第 3 卷），外文出版社，2020，第 9 页。

② 《习近平谈治国理政》（第 3 卷），外文出版社，2020，第 18-19 页。

③ 戴维·罗森布鲁姆等：《公共行政学：管理、政治和法律的途径》，张成福等译，中国人民大学出版社，2002，第 9、12 页。

大项目等之前，召开的群众意见听取会、专家座谈会和实行的立法联系点制度、网站意见征求征询制度等，就是这种回应式民主运作形态的具体形式。二是建立集需求表达、需求识别、需求整合、需求转化于一体的科学与民主决策程序与机制，尤其是要建立社会转型时期各种弱势困难群体的需求听取与帮扶机制，将民众的现阶段需求目标与国家和社会的长远发展目标有机地对接起来，并将党和国家的发展战略与重大决策转化为高质量的公共产品与多样化的公共服务。其中，最为关键的是要建立弱势困难群体的生产与生活需求调查与评价制度，将底层群众的实际需求纳入公共政策制定的范畴。三是建立广覆盖、普惠型、高绩效的，并与经济社会发展水平保持同步提升的公共服务体系与公共服务制度框架，以动态性与体系性的获得感、幸福感和安全感去不断满足人民群众日益增长的美好生活需要。

## 三、参与式民主：以透明参与为动力，创建全过程人民民主的精致发展机制

现代生活中，公民参与国家政治和社会生活的方式多种多样，但展现的实质都是一样的，即既体现民主的价值，又体现民主的权利，还体现民主的性质和质量。

“民主是国家形式，是国家形态的一种。因此，它同任何国家

一样，也是有组织有系统地对人们使用暴力，这是一方面。”[①] 在这里，列宁揭示了民主的阶级属性问题，提出了人类社会民主制度的多样性发展问题，指出了存在着与资产阶级民主相对立并最终将其超越的无产阶级民主的发展问题。作为国家层面的民主，既需要与公民的个体平等权利紧密相连，将其转化为体现在民众日常生活实践中，民众看得见、行使得着的系列性民主权利，又需要通过民主权利在日常生活实践中的全过程与全方位展开，将民主的形式、民主的绩效、民主的质量与民主的价值四者有机地统一起来，全过程全方位展示民主的性质、深度、广度与可持续度。因此，列宁在强调了民主作为国家形式的一面的同时，还进一步强调了民主作为公民权利的另一面：“民主意味着在形式上承认公民一律平等，承认大家都有决定国家制度和管理国家的平等权利。”[②]

在现代西方资本主义国家，通过制度设计来体现参与式民主的权利，主要有两条路径：一是竞争性选举下的公开投票以及国家重大法律与政策的全民公投；二是不同社区形态中关于共同体生活的公共参与问题，且通常由各种各样的非政府组织进行操盘和运作。前者表现为国家层面的民主形态，后者表现为社会层面的民主形态，但这二者之间缺乏有机联结，呈现为一种断裂状态。除此之外，还缺少真正以公共利益为导向的更为广泛与更为精致的公民参与公共事务和公共政策的制度与机制设计。更为关键的是，这种国

①② 《列宁选集》（第3卷），人民出版社，2012，第201页。

家层面的选举民主或者公投式参与，基本展现了党派与资本利益的结盟，或者政客为了特定利益而操纵民意的民粹主义式投票狂欢，其结果不仅绑架和偏离了公共意志与公共利益，而且给国家和社会的有机统一与共荣发展埋下了无穷的冲突“种子”与震荡隐患。在西方现实政治生活中，前者鲜明地体现在党派利益超越国家利益的美国总统大选之中，后者鲜明地体现在英国的政客操纵政局、“甩锅”民众的“脱欧公投”之上。

中国的参与式民主同样表现为国家层面与社会层面两大民主形态，但与西方民主的运行机理却迥然不同：一是不以多党竞争的公开选举为皈依，而是以人民代表大会制度和中国共产党领导的多党合作和政治协商制度两大制度形态为依托，中国共产党没有自己的私利而以中国人民和中华民族利益为最高价值，通过民主选举、民主协商、民主决策、民主管理、民主监督五大民主运作形式，体现依法有序、多层次多领域多渠道对话协商、决策执行监督一体化、多方合力推进的特点。

二是不以形式参与共同体生活为追求，而是以透明参与为动力，以真正体现公民的知情权、参与权、表达权、监督权四大权利为核心，通过以村民自治与居民自治为核心的城乡社区基层群众自治制度，以职工代表大会为基本形式的企事业民主管理制度，以重大立法、重大规划、重大决策、重大项目为主的立法联系点制度、（网络）意见征求征询会、专家座谈会、听证会、恳谈会、评议会、议事会等决策议事协商会议民主制度三大基层直接民主形态[①]，广泛实行群众自我管理、自我服务、自我教育、自我监督，创建全过程人民民主的精致发展机制，进而把国家层面的民主形态和社会层面的民主形态有机结合，将民主转化为一种日常生活方式和人人均知晓、都熟悉、会实操的参与程序、方式、规范与机制，产生看得见、摸得着，常参与、见实效，广覆盖、机制化的治理绩效。

当然，我们也要看到，虽然中国以透明公开参与的参与式民主为动力，在中国共产党全面领导制度这一根本制度统领下，以人民代表大会制度和中国共产党领导的多党合作和政治协商制度两大制度形态，城乡社区基层群众自治制度、企事业民主管理制度和决策议事协商会议民主制度三大基层直接民主形态，知情权、参与权、表达权、监督权四大权利，民主选举、民主协商、民主决策、民主管理、民主监督五大民主运行形式为核心地推进全过程人民民主的精致发展机制，但民主作为意见表达的参与权利、作为精神生活的可欲价值、作为生命质量的生活方式、作为展现人的自由发展程度的管理形态这四者的有机统一和全面落实，仍有很大的改进空间，尚需要在实践中不断探索与创新。

---

① 唐亚林：《社会主义民主就是人民当家作主》，《红旗文稿》2020 第 13 期，第 13-16 页。

## 四、协商式民主：以理性共识为指引，创建全过程人民民主的精明推进机制

现实政治过程是一个既充分容忍多元分歧，又充分整合多方意志的意见表达与共识生成过程，而意见表达与共识生成的过程，往往是通过制度化的参与协商机制和体系化的公共政策来加以实现的。制度化的参与协商机制和体系化的公共政策的达成，主要通过代议制与公共服务制度的方式予以实现，即由人民选举自己的代表组成代议机关，由代议机关通过谈判、协商、妥协、交换等方式，将不同地区、不同党派、不同阶层、不同群体的利益整合成不同类别的公共服务制度，形成体系化的公共政策“大盘子”，然后再通过行政机关的有效执行，将其转化为满足人民需求的各类公共产品和公共服务。

当代中国的现实政治过程，总体上受到中国共产党全面领导制度框架下统一规划、决策、执行、监督与评估的规约，并在实际运作过程中通过以政党协商为主导形式、以基层民主协商为核心形式的协商式民主运作形态，可以最大程度实现以理性协商共识为指引，广泛凝聚各政党、各团体、各群体、各阶层的意志，找到最大公约数，画出最大同心圆，进而形成全过程人民民主的精明推进机制之目标。

对于协商式民主的地位、范畴及内涵、制度安排、组织形式、

运作方式等问题，党的十九大报告作了全新的战略定位：“协商民主是实现党的领导的重要方式，是我国社会主义民主政治的特有形式和独特优势。要推动协商民主广泛、多层、制度化发展，统筹推进政党协商、人大协商、政府协商、政协协商、人民团体协商、基层协商以及社会组织协商。加强协商民主制度建设，形成完整的制度程序和参与实践，保证人民在日常政治生活中有广泛持续深入参与的权利。”[①]“人民政协是具有中国特色的制度安排，是社会主义协商民主的重要渠道和专门协商机构。人民政协工作要聚焦党和国家中心任务，围绕团结和民主两大主题，把协商民主贯穿政治协商、民主监督、参政议政全过程，完善协商议政内容和形式，着力增进共识、促进团结。”[②]人民政协作为当代中国新型政党制度的制度化安排与协商民主的组织化机构，其所发挥的作用已经成为充分展现全过程人民民主精明推进机制成效的典范。

首先，充分发挥了人民政协作为政治组织的吸纳、沟通与整合作用。人民政协作为政治生活中的重要组织，不仅可以最大程度吸纳来自不同党派、不同阶层、不同地区、不同专业领域、不同界别、不同民族的优秀人士参与到参政议政的全过程之中，而且可以通过他们的诉求表达、交流探讨和磋商会谈等方式，在各个关心的重大议题之上畅所欲言、包容分歧、达成共识，最后找到最大公约数。也就是说，更多更好的吸纳是为了更好的团结，更多更好的团

① 《习近平谈治国理政》（第 3 卷），外文出版社，2020，第 29-30 页。
② 《习近平谈治国理政》（第 3 卷），外文出版社，2020，第 30 页。

结是为了更好的共识，而团结和共识是为了各级党委和政府随后的更好政策的出台以及更有效执行的实施，进而形成一种基于协商式民主的社会文化心理基础。

其次，充分发挥了人民政协作为正式组织参与公共生活的庄重、友好与合力作用。之所以“政治生活中的组织因素才是至关重要的”，是因为“正式组织成为现代经济体系与政治体系活动中的主要角色，法律制度和官僚制度在当代生活中也占据了主导地位”这一基本现实。[①] 以政党协商、政协协商、人民团体协商为核心的正式组织协商活动，可以最大限度地让参与组织之人，通过严密的程序、庄重的仪式和友好的商谈等方式，充分感受到作为国家主人的神圣感、使命感与参与感，将个体的非理性情绪因素与非公共利益诉求摒弃一旁，以公共利益和国家利益为最高价值，全过程参与民主发展进程，并形成“上下齐心、同心同德、合作发展”的协商式民主发展新格局。

最后，充分提供了人民政协作为正式组织有效运作所需的资源保障条件。正式组织的有效运作，不仅需要有明确的组织目标、合理的人员机构与职能设置，而且需要有充足的场所、阵地和资源。对于一些事关国计民生的重大议题，还需要各级领导人深入第一线，进行充分的调查研究，才能形成符合事物性质和作出有前瞻指导意义的重大战略与决策。通过正式组织间协商，尤其是在有重大

---

① 詹姆斯·马奇、约翰·奥尔森：《重新发现制度：政治的组织基础》，张伟译，生活·读书·新知三联书店，2011，第1页。

议题和政策可以协商，有正式阵地和严密程序可以协商，有充裕时间和良好保障条件可以协商的情况下，对于参与协商的正式组织以及参与各类组织协商的人来说，既可以将分散的意志与需求充分表达和整合，又可通过深入的长时期的调研，提出具有重大价值的战略与政策，由此获得对协商式民主的一种高度认同与高效运用。

此外，当代中国的协商式民主运作形态是多种多样的，除了找到最大公约数、画出最大同心圆的政党协商、政协协商、人民团体协商等之外，还有诸如国家和地方层面以法律和政策为核心的人大协商、政府协商等形式，以及地方和社会层面的基层协商、社会组织协商、社区协商等形式，其共通之处都在于通过理性共识的引领，达到理顺各方关系、整合多主体意志、形成发展合力之目的。党的十九届五中全会通过的《中共中央关于制定国民经济和社会发展第十四个五年规划和二〇三五年远景目标的建议》提出："完善社会治理体系，健全党组织领导的自治、法治、德治相结合的城乡基层治理体系，完善基层民主协商制度，实现政府治理同社会调节、居民自治良性互动，建设人人有责、人人尽责、人人享有的社会治理共同体。"[①]针对基层治理的实际，中共中央提出了"完善基层民主协商制度"的新要求，即要建构以基层民主协商为核心形式的协商式民主新形态，这也是全过程人民民主的协商式民主运作形态在当代中国民主建设实践中的新拓展，其具体的制度形式与运作

① 《中共中央关于制定国民经济和社会发展第十四个五年规划和二〇三五年远景目标的建议》，《光明日报》2020 年 11 月 4 日第 5 版。

机制尚待在实践中进一步探索、丰富、创新和总结。

## 五、监督式民主：以纠错纠偏为方法，创建全过程人民民主的精敏发现机制

现代民主制度之所以被广泛推崇，最主要的原因在于通过对公共权力的有效制约、监督与纠错，可以最大限度地防止公共权力的自身腐败及其对人身财产与自由的损害与伤害。通过公共权力的积极行使与有效作为，可以最大限度地促进国家和社会的繁荣与发展。这其间的内在运行机理就在于现代民主制度内蕴着系统化的纠错纠偏机制体系。

在西方民主框架下，所谓公共权力的纠错纠偏机制体系，主要靠议会制度、权力分立与制衡制度、政党轮替制度、公开选举制度以及主要官员财产申报与公开制度、新闻媒体监督制度等核心制度设计来体现，并将每隔几年举行一次的全国性选举作为民意监督议会和政府（总统）的轮换“风向标”。

虽然这套针对公共权力的纠错纠偏机制体系看上去很系统也很严密，但其能否真正发挥对“深层国家”（deep state）或“影子政府”（shadow government）的监督作用，是大有问题的。其根本原因在于经过长期隐蔽的资助捐助、教育培养和游说交换等，最终能够成为各级公共权力掌控者的精英群体几乎早就被各类资本与利益集团（财团）选中培养、绑架利用与长期操纵，并通过竞争性政党

的意识形态化政策体系，获得特定群体的选举基本盘支持，进而不是建构起了想象中的公共权力纠错纠偏机制，而是建构起了利益分赃与对抗均衡机制，其结果是事关公共利益和国家利益的整体性、长远性、持续性的国家战略天然缺失，任何上台的政党或政府或特定当选者只是在碎片化政策领域内打转。这种现象被称为“政治铁三角”现象，即通过资本与政治的隐秘结盟，形成由议会、政府与利益集团相互勾连并主导公共政策与公共利益分配的政治过程。[①] 所谓公共权力的纠错纠偏机制，不仅要在不得不忍受四年或五年的选举周期后才能启动，而且即使启动了，也只不过是在局部领域、碎片化政策范畴内进行改良，看不到公意、人命与公共利益的位置与作用，更看不到一个有使命感和责任心、真正地以人民利益为皈依的政党与执政集团的横空出世。

中国共产党作为马克思主义使命型政党，一是没有自己的私利，始终致力于将实现人类最终解放的长远目标贯穿于中国实现独立自主、富强繁荣、民主法治、和谐美丽的社会主义现代化建设目标的全过程，即将政党的发展目标与国家和社会的发展目标有机地统一起来；二是作为中国工人阶级的先锋队、中国人民和中华民族的先锋队，始终保持马克思主义政党的先进性纯洁性，通过先进组织的引领和先进党员的带动，为国家和社会的发展树立“主心骨”，

① Thomas L.Gais, Mark A.Peterson, Jack L.Walker, “Interest Groups, Iron Triangles and Representative Institutions in American National Government”, *British Journal of Political Science*, Vol.14, 1984.

始终确保发展方向的正确性、发展战略的前瞻性与发展道路的科学性；三是遵循人类社会对公共权力制约与监督的内在要求，通过自我反省、比较借鉴和累积性创造，逐步建构起了与中国共产党长期执政相适应的监督式民主运作形态，其基本内容包括制度化安排、内省化提升、动态化调整与最高层救济力四大方面，并在此过程中通过包括交心谈心、谈话提醒、约谈函询、批评与自我批评、纪律教育以及民主生活会、巡视巡察、述职评议、事项报告、考察考核等多样化机制，及时发现苗头、及时解决问题、及时排除风险，建构全过程人民民主的精敏发现机制。

所谓制度化安排，是指中国共产党通过构建党统一领导、全面覆盖、权威高效，体现党纪和国法相统一的党和国家监督体系，强化对公共权力运行的制约监督，形成中国全过程人民民主框架下对公共权力的纠错纠偏机制。所谓内省化提升，是指中国共产党通过思想道德和党纪国法教育，全面加强纪律建设，用严明的纪律管全党治全党，并用自我革命的精神，要求全党“坚定理想信念，加强党性修养，从严管党治党，严肃党内政治生活，坚持经常性教育和集中性教育相结合，勇于开展批评和自我批评，加强党内监督，接受人民监督，不断纯洁党的思想、纯洁党的组织、纯洁党的作风、纯洁党的肌体”[①]，让党员、干部知敬畏、存戒惧、守底线，习惯在受监督和约束的环境下工作生活。所谓动态化调整，是指中国共产

① 《习近平谈治国理政》(第 3 卷)，外文出版社，2020，第 532 页。

党根据公共权力在现实生活中的运行特点、党和国家在一段时间内的中心工作以及人民群众反映强烈的现实问题等实际情况，综合运用标本兼治、高压反腐与防微杜渐相结合、政治巡视与专项巡视相呼应、巡视巡察与监督监察相联动、自我监督和群众监督相配合等方式方法，形成“把权力关进制度的笼子里”的精敏发现与有效运行机制体系。所谓最高层救济力，是指以党中央为坚强领导集体的中国共产党，拥有具有高度职业性、高度革命性、高度组织性、高度自觉性、高度纪律性、高度纯洁性、高度责任性、高度权威性、高度团结性、高度稳定性的马克思主义政治家集团这一最高领导力量①，在复杂的国际国内斗争中，始终坚持集体领导与分工负责制和民主集中制，不仅具备驾驭各种复杂局势、作出重大前瞻战略、引领改革治理发展、保持大局稳定的高超能力，而且始终能够审时度势，不断强化自我学习、自我对标、自我净化、自我革命、自我完善的能力，充分运用“自上而下的组织监督和政治巡视”这种基于中国共产党长期执政实践而生的战略性制度形式和自我更新动力机制，发挥党中央对全党全国全社会中心工作的领导作用，发挥党中央这个“中枢”对可能出现的问题、已经发生的问题进行预判指导、纠正救济、处置完善等作用，构建全体人民高度信任和拥护中国共产党、中国共产党高度信任和依赖全体人民，集硬实力、软实力与信心力于一体的人心政治新形态。②

---

① 唐亚林:《当代中国政治发展的逻辑》，上海人民出版社，2019，第 244 页。

② 唐亚林:《人心政治论》,《理论与改革》2020 年第 5 期。

## 六、用全过程人民民主来保障和提升人民民主的性质与质量

全过程人民民主的本质，就是中国共产党领导的人民民主发展形态，其基本内涵可以用“一、二、三、四、五”来加以提炼：“一”是指中国共产党全面领导制度；“二”是指国家层面人民代表大会制度和中国共产党领导的多党合作和政治协商制度两大制度形态；“三”是指以村民自治与居民自治为核心的城乡社区基层群众自治制度，以职工代表大会为基本形式的企事业民主管理制度，以重大立法、重大规划、重大决策、重大项目为主的立法联系点制度、（网络）意见征求征询会、专家座谈会、听证会、恳谈会、评议会、议事会等决策议事协商会议民主制度三大基层直接民主形态，其中以决策议事协商会议民主制度所展现的基层民主协商制度，愈来愈体现出不同阶层、不同群体、不同人员、不同共同体的参与范围、参与意愿、参与形式、参与效率等民主质量与民主性质等价值；“四”是指公民所拥有的知情权、参与权、表达权、监督权四大权利；“五”是指民主选举、民主协商、民主决策、民主管理、民主监督五大民主运行形式。

人民民主发展形态的基本内涵，既包括人民民主的根本政治原则，又包括人民民主的制度框架，还包括人民民主的运行机制，其核心价值与制度框架是中国共产党领导、人民当家作主和依法治国

的有机统一。为充分展现中国民主的运行质量和发展性质，在人民民主“一、二、三、四、五”制度框架与运行机制的基础上，还需要紧扣公共权力的监督制约与有效行使这根主线，运用多种技术手段打通各类主体相互合作与监督的渠道[①]，进一步通过创建全过程人民民主的运作形态与实现机制，为在实践中推行的中国民主提供新型实践操作机制，拓展新型发展空间，创造新型制度化动力。

以人民需求为基点，以透明参与为动力，以理性共识为指引，以纠偏纠错为方法，创建全过程人民民主的回应式民主、参与式民主、协商式民主与监督式民主的四大运作形态，并实施精准识别机制、精致发展机制、精明推进机制、精敏发现机制四大实现机制，是对人民民主理论与实践的丰富和完善，其创新之处在于首先深化了对人民民主的制度框架与运行机制的认识，可以形成多层次宽领域全过程的发展样态与实践模式，进而将人民民主的理论转化为生动的全过程人民民主实践；其次丰富了人民民主的实现方式，创建了全过程人民民主的步骤、程序、规范和路径，展现了人民民主的参与感和获得感，全面提升人民民主的运行质量；最后建构了国家民主与社会民主有机对接的一体化路径，形成了国家民主与社会民主的共通平台，通过人民民主的价值与制度框架和全过程人民民主的运作形态与实现机制的全面对接与有机互动，创造出了比西方民主更为多样、更为有效、更为灵敏的人民民主新型发展之路，确保

① 唐亚林、王小芳:《网络化治理范式建构论纲》,《行政论坛》2020 年第 3 期，第 121-128 页。

人民民主的性质始终是建立在中国共产党的领导和引领之上，始终是建立在人民本位观的基础和价值之上，始终是建立在实现人类伟大解放的目标和任务之上。

## 第四节

# 全过程人民民主的发展机理

在全面建设社会主义现代化国家新征程上，发展全过程人民民主成为一项重大理论与实践课题，需要展开深入的理论和实践探索。学界已经开始广泛探讨全过程人民民主的一些理论和实践问题，诸如从政治文明的高度定位全过程人民民主，认为它是人类政治文明的新探索[①]或人类民主政治的新形态[②]；从政治功能和作用上论说全过程人民民主的价值，认为它彰显了中国特色社会主义民主政治之路[③]，

① 肖立辉：《全过程人民民主：人类政治文明的民主新探索》，《中国党政干部论坛》2021 年第 7 期，第 19-23 页。

② 鲁品越：《全过程民主：人类民主政治的新形态》，《马克思主义研究》2021 年第 1 期，第 80-90 页。

③ 杜运泉：《全过程民主：中国特色社会主义民主政治之路》，《探索与争鸣》2020 年第 12 期，第 4 页。

保证了中国道路的成功[①]，体现了中国民主的鲜明特点[②]。当前，发展全过程人民民主正成为一项重要研究课题。但是，学界对全过程人民民主的发展机理，尚未形成足够的关注。本书提出和探讨全过程人民民主的发展机理问题，从中国政治过程中抽象出三大政治关系，论证这些政治关系作为全过程人民民主三重发展机理的缘由。

## 一、立足人民与党的关系发展全过程人民民主

中国共产党和人民的关系是"休戚与共、生死相依"的血肉联系。这一关系是当代中国的根本政治关系，是中国共产党领导制度确立和规范的根本关系。从中国政治理论层面言说这一政治关系，需要深入探讨相关重要理论命题：人民是中国共产党的社会存在，中国共产党是人民的领导者。习近平在庆祝中国共产党成立 100 周年大会上，将这种社会存在与领导的关系形象地描述为"根基""血脉""力量"。这些比喻蕴含深刻的历史逻辑：人民作为共产党的社会存在，是中国近代以来历史运动的内在规定；中国共产党作为人民的领导者，是马克思主义政党的根本要求，也是人民上升为国家主体的根本要求。中国共产党坚守自身与人民群众不可分离的联系，在政治价值和政治实践中树立起人民至上的观念。这是中国共

① 韩震：《全过程民主制度保证了中国道路的成功》，《社会主义论坛》2019 年第 12 期，第 12-13 页。

② 亓光：《全过程民主：中国共产党治国理政的思维变革与政治逻辑》，《社会科学研究》2021 年第 2 期，第 1-8 页。

产党运用唯物史观指导中国革命和建设而确立起来的根本的人民立场和人民观点，体现出中国共产党的马克思主义政党水平和崇高境界。自成立以来，中国共产党坚信人民的力量，以人民为上，紧紧依靠人民，塑造了自己的精神、品格、意志和作风，形成了根本的政治思维方式和解决实践问题的根本方法。将人民置于至上的政治价值位置，成为中国共产党治国理政成功实践的基本经验。由此，人民是中国共产党的社会存在，中国共产党是人民的领导者，成为中国政治的一条基本原理。该原理的普遍意义在于，在世界的任何地方，只要一个政党真正立基于人民，承担起领导人民的责任，坚守人民至上的价值，为人民服务，就会确立起这种政党与人民的关系。

首先，发展全过程人民民主契合执政党的使命任务。在当代中国政治生活中，中国共产党与人民之间的关系集中体现为中国共产党保证和支持人民当家作主。这种保证和支持贯穿于中国民主政治全过程。发展全过程人民民主，成为中国共产党与人民之间维护结构化主体关系的要求。人民生产的力量、社会的力量最终体现为政治的和历史的力量，进而为中国共产党源源不断地提供强有力的政治主体资源。中国共产党通过实施坚强的领导，特别是通过保证和支持人民当家作主，使人民的力量不断积聚和增强，使社会主义国家制度不断完善并富有治理效能，使人民福祉不断增长。

这种结构化主体关系为发展全过程人民民主提供了理论之维。这就要求正确处理党与人民的关系，人民是全过程人民民主的“本体”存在。正如习近平总书记在庆祝中国共产党成立 100 周年大会上指出的：“新的征程上，我们必须紧紧依靠人民创造历史，坚持全心全意为人民服务的根本宗旨，站稳人民立场，贯彻党的群众路线，尊重人民首创精神，践行以人民为中心的发展思想，发展全过程人民民主，维护社会公平正义，着力解决发展不平衡不充分和人民群众急难愁盼问题，推动人的全面发展、全体人民共同富裕取得更为明显的实质性进展！”①

其次，发展全过程人民民主契合社会主义国家的价值追求。中国共产党把马克思主义国家学说与中国具体实际相结合，领导人民建立新型国家，发展社会主义民主政治。社会主义民主政治以实行人民当家作主制度为标志，以运用社会主义制度优势快速发展生产力、推动人的全面发展和实现全体人民共同富裕、满足全体人民的美好生活需要为内容。中国民主政治既经由马克思主义而形成与世界政治文明的思想联系，又经由中国共产党领导人民革命和建设的实践而创造出全新的内容。它是对人类政治文明发展史的重大贡献。这种民主政治在理论上追问，人民何以能历史性地组织成为国家的主人，并运用国家来达到自己的目的，最终促进人类普遍福祉的真正实现。因此，社会主义中国的民主政治过程在本质上是国家过程，即人民内在于国家，而不是在国家之外。人民不仅要生产国家权力和权威，而且要运用国家权力和权威；人民不仅要参加选

---

① 习近平：《在庆祝中国共产党成立 100 周年大会上的讲话》，《人民日报》2021 年 7 月 2 日第 2 版。

举，还要参与决策、参与管理、参与监督。“人民当家作主必须具体地、现实地体现到中国共产党执政和国家治理上来，具体地、现实地体现到中国共产党和国家机关各个方面、各个层级的工作上来，具体地、现实地体现到人民对自身利益的实现和发展上来。”[①] 人民内在于国家的过程，使自身成为中国民主政治过程的本体。人民代表大会制度、中国共产党领导的多党合作和政治协商制度、民族区域自治制度及基层群众自治制度，都是中国民主政治过程的制度载体。它们以制度形式和法治威力保证人民民主过程的本体实在性。

最后，发展全过程人民民主契合人民作为主体性存在的多种样式。在当代中国，人民构成社会的主体、总体和实体。社会存在具体化为人民的主体性存在、总体性存在及实体性存在等多种样式。当社会存在以人民的主体性存在为样式的时候，人民的现实生活过程在根本上就是人民的自我生产过程。从而，人民的价值由人民在现实生活过程中生成。人民在生产关系中的主体地位决定了在现实生活中人民的自我强调。因此，人民进入国家、掌握国家、管理国家事务具有权力要求的必然性，它建立在社会主义国家的人民主权原则之上，而非所谓社会契约论的基础之上。当社会存在以人民的总体性存在为样式的时候，人民的现实生活过程客观地呈现出差异性分布的格局，体现出现实生活过程的内在结构性张力。人民作为

---

① 《习近平谈治国理政》(第 2 卷)，外文出版社，2017，第 292 页。

总体性社会存在，他们的不同构成部分受到历史、文化、资源等的制约，因而他们的现实生活过程存在差别，甚至存在很大差别。这些差别反映着生产水平和生产能力等根本方面的差别。与此同时，人民又总是处在从过去到未来的历史总体之内，人民现实生活的生产与再生产过程不能脱离这个历史的总体。因此，人民作为总体性社会存在，既具有现实总体性，也具有历史总体性。当社会存在以人民的实体性存在为样式的时候，人民的现实生活过程呈现为组织化状态：既呈现为实然的权责关系，如从事某种生产活动（物质生产、精神生产及社会生产）的微观组织状态；也呈现为无实然边界、无明晰权责关系，但共享同一社会符号的宏观组织形态，如阶级、阶层、族群等。这样的实体性存在同样离不开历史唯物论语境中的生产活动，特别是作为生产话语的社会分工以及社会变革等活动。它们一方面体现了人民的现实生活过程本身，另一方面具有内在于这种生活过程而不断影响这一过程的意义。可以说，以人民的实体性存在为样式的社会存在处于自我更新和自我发展的过程中。

党对人民的领导，不仅是中国共产党的历史使命使然，更是人民的社会存在生成的必然要求，具有客观性。在发展全过程人民民主的历史实践中，人民的社会存在的多样性不断为人民民主事务注入活力、形成需求、产生动力，人民因而将存在于人民民主全过程中。党通过对人民的社会存在多样性的整合而发挥领导作用。在全过程人民民主实践中，党将保证和支持人民当家作主贯穿始终。

## 二、立足人民与国家的关系发展全过程人民民主

早在19世纪70年代，马克思、恩格斯就曾对新创建的无产阶级国家同社会相脱离的风险有过重要论述，强调无产阶级的国家要在政治统治和社会管理中保持与人民的联系。恩格斯在《家庭、私有制和国家的起源》中指出，国家是一种“从社会中产生但又自居于社会之上并且日益同社会相异化的力量”[①]。结合苏联由盛及衰最终解体的历史，反思其留下的十分惨痛的教训，不能不说：社会主义国家能否真正避免国家与人民大众分离的问题，关系社会主义事业的成败。

社会主义国家要保持与人民的紧密联系。于是，人民进入国家的问题就提了出来，这个问题是社会主义国家的根本原理问题。它要回答人民如何才能克服国家与社会的分离，进而发挥国家更好地服务人民的目的。在中国特色社会主义政治发展道路的理论和实践探索中，中国共产党领导人民不断进入国家，在国家中当家作主，使国家成为人民有力而有效的工具。这是中国政治发展的一条根本经验，发展全过程人民民主正是对这条根本经验的理论总结。

要使国家权力在国家治理体系中发挥其应有的作用，需要人民

① 《马克思恩格斯文集》(第4卷)，人民出版社，2009，第189页。

不断发挥主体作用。人民进入国家就是人民的主体性成为国家意志以及人民在国家事务中发挥主体作用的制度安排和实现方式。在中国特色社会主义的总体语境下，它运行的总原则便是党的领导、人民当家作主和依法治国的有机统一。党的领导、人民当家作主和依法治国的有机统一，反映中国特色社会主义政治发展道路的规律，并对现实与未来的实践发展具有根本的规范与指导意义。党的领导、人民当家作主以及依法治国的有机统一，关键在于保持执政党、国家和法治的人民主体性。

首先，中国共产党对国家的领导是人民进入国家的根本体现和保证。中国共产党领导人民创建社会主义的国家制度，是在现代世界历史运动和国际共产主义历史运动交织影响的大背景下，现代中国历史发展逻辑使然。中国共产党作为马克思主义执政党，矢志不移坚持共产主义理想，遵循历史唯物论所阐释的基本原理，并将其与中国实际发展状况相结合，开创了在生产力不发达、经济社会发展比较落后的条件下建设中国特色社会主义的道路。在这条道路上，中国共产党秉持无产阶级历史使命的原理，领导中国人民向更加美好的人类社会远景目标奋进。依照人民至上的价值理念和全心全意为人民服务的根本宗旨，中国共产党秉持长期执政的信念，克服一切艰难险阻，战胜一切风险挑战，使国家始终维护和保持人民主体地位。在这个意义上，中国共产党对国家的领导就体现为支持中国人民进入国家并发挥主体作用，坚持党的领导就是坚持人民的主体地位。

其次，人民当家作主是人民进入国家的基本实践样式。人民当家作主是中国人民民主的通俗称谓。人民民主“从价值理念转变为扎根中国大地的制度形态、治理机制、工作作风和生活方式，贯穿国家治理全过程，浸透到人们的工作生活之中”[①]。无论作为制度形态，还是作为治理机制，抑或作为工作作风，人民民主都与中国共产党领导的革命相联系。它是中国老百姓熟悉，能够被人民群众掌握和运用的现代政治生活实践样式。就其核心内容而言，人民民主是人民的各个部分乃至个体共同构建主体性即人民性，通过学习、讨论、识别、认同、提出意见建议、表决、付诸行动等实践过程形成的对根本利益的共同认知，是凝聚起来的统一力量。简而言之，人民民主就是人民凝聚起来的统一力量。这个力量驾驭着国家机器，使其始终朝着维护和实现人民根本利益的方向前进，服务人民的物质生产、精神生产和社会生产等实践活动。

最后，依法治国是人民进入国家的法治化过程。人民进入国家的法治化过程包含如下层次：一是人民通过法律将自己的普遍意志及根本利益固定化、规范化、制度化，以促使执行法律的国家机关依法维护人民的根本利益。二是人民为了各个不同部分在管理国家事务中，协调他们相互之间的立场和行动，解决他们之间可能产生的矛盾与冲突，而运用法律的方式达成目的。三是对破坏法律、违反法治的行为，人民支持国家执法机关依法治理。四是对国家执法

① 杨雪冬、黄小钫:《人民民主的百年探索及启示》,《理论导报》2021 年第 3 期，第 29-33 页。

机关执法活动的监督。这种法治化的实践过程，是保障人民有序进入国家的过程。这个过程与党的领导的逻辑高度一体化。

上述三个方面构成人民进入国家的三种方式，即人民通过党的领导、人民民主和法治的方式进入国家。这些方式都是落实人民主体地位的政治制度。它们保护人民主体地位，支持由人民驾驭国家，抑制国家与社会相分离，为实现国家以人民为主、有效防止国家以自身为主提供制度保障。人民进入国家，为发展全过程人民民主提供了社会主义国家自我发展完善的基础。

## 三、立足人民与发展的关系发展全过程人民民主

人民与发展的关系是当代中国另一个主要的政治关系。这一关系被概括为发展要以人民为中心，或要实现以人民为中心的发展。这里之所以要将“人民”与“发展”联系起来，并将其概括为当代中国的一个主要政治关系，基于以下重要理据：

其一，根据中国社会主要矛盾确定革命与建设根本任务，是中国在解决发展问题过程中形成的认识论逻辑。始终围绕人民的根本利益及其实现这个中心课题，客观分析现实的生产能力，即建立起人民与发展的联系，是中国共产党准确分析社会主要矛盾的基本方法。中华人民共和国成立以来，党对社会主要矛盾的认识不断深化。1956 年，党的八大指出：我国国内的主要矛盾，已经是人民对于建立先进的工业国的要求同落后的农业国的现实之间的矛盾，

已经是人民对于经济文化迅速发展的需要同当前经济文化不能满足人民需要的状况之间的矛盾。1981 年，党的十一届六中全会通过的《关于建国以来党的若干历史问题的决议》，将中国社会主要矛盾进一步表述为人民日益增长的物质文化需要同落后的社会生产之间的矛盾。2017 年，党的十九大对中国社会主要矛盾作出新判断："我国社会主要矛盾已经转化为人民日益增长的美好生活需要和不平衡不充分的发展之间的矛盾。"[①]中国共产党关于社会主要矛盾认识的转变充分表明，处理好人民与发展的关系，始终是执政党把握社会前进方向和发展道路的根本出发点和落脚点。

其二，坚持以人民为中心的发展，实质是实现社会主义现代化。将中国这样一个发展中国家建设成为富强民主文明和谐美丽的社会主义现代化强国，通过制定和实施以人民为中心的发展纲领达成目标，这是一项具有重要理论价值和世界意义的伟大实践。以人民为中心的发展纲领联结起中国特色社会主义理论和实践、执政党和国家、历史和现实，成为当代中国政治的大叙事。由于人民及其根本利益始终处于中国发展的中心地位，从而这一大叙事的本质就是人民叙事。在过去一个较长时期，人们对如何定义社会主义现代化，没有找到更契合这个事物本质的话语。确立以人民为中心的发展思想，构建起以人民为中心的发展逻辑，揭示了社会主义现代化的实质，回答了什么是社会主义现代化的问题。以谁及以什么为中

① 习近平：《决胜全面建成小康社会 夺取新时代中国特色社会主义伟大胜利——在中国共产党第十九次全国代表大会上的报告》，《人民日报》2017 年 10 月 28 日第 1 版。

心来实现发展，这是判断世界上不同现代化类型的根本标准。以资本为中心还是以人民及其根本利益为中心，区分了资本主义现代化和社会主义现代化。

其三，提出与发展阶段、发展方向和发展目标相契合的发展理念，用以指导发展实践，使人民与发展的关系在发展实践中不断得到维护与强化。发展理念“是战略性、纲领性、引领性的东西，是发展思路、发展方向、发展着力点的集中体现”①。因此，发展理念是中国共产党在特定历史条件下对为什么要发展、如何发展问题的系统思考。中国共产党关于发展理念演进的历史轨迹是：从对发展理念的最初认识，到党的十一届三中全会以来发展理念的不断推进，再到党的十八大以来对发展理念的创新。② 中国共产党的发展理念经历了从“快速发展”到“科学发展”，再到“创新、协调、绿色、开放、共享”的新型发展的变迁。发展理念的演进揭示：中国共产党领导经济社会发展始终高度重视发展理念的价值主导性，始终高度关注整个经济社会发展的阶段性特征，始终对经济社会发展进程释放的重要信号保持高度敏感性，始终在变与不变的辩证思维中定义中国的发展问题。发展理念变迁反映“发展是硬道理”“发展是党执政兴国的第一要务”的全党共识，蕴含在其中的逻辑始终是以人民为中心。

① 《习近平谈治国理政》（第 2 卷），外文出版社，2017，第 197 页。

② 严书翰：《中国共产党发展理念的演进与创新——兼论习近平发展思想的科学内涵》，《人民论坛 · 学术前沿》2016 年第 3 期，第 6-15 页。

其四，将人民与发展的关系贯穿于中国特色社会主义现代化国家建设的历史实践中，持续实现发展战略与发展规划的衔接和统一，创造了中国的发展模式。中国特色国家发展坚持总体目标和发展周期的统一。五年规划中的总体发展目标联结成中国经济社会发展的“三周期”实践逻辑，即五年为“规划周期”，十至十五年为“台阶周期”，十五至二十年以上为“远景周期”。“规划周期”即每五年为一个规划期。“台阶周期”是指历经两至三个五年规划期的建设和发展，使国民经济和社会发展总体上能够前进一大步或上一个大台阶。“远景周期”是对中国经济社会发展长时期的远景目标的设置。三个周期既各有其相对独立的价值意涵和实践结果期待，但也有一条“目标链”来贯通。这使得中国经济社会发展遵循基于中国特点的时间秩序原理，以五年为一个规划周期而实现的宏观政策价值主导性在发展时间中有机延展。经济社会发展的“三周期”实践逻辑是将时间秩序转化为中国社会主义现代化发展秩序的逻辑，中国共产党通过制定符合中国实际、宏伟而又能及的发展战略，汇聚起人民的力量，使国家一步一步走向富强民主文明和谐美丽前景，使人民不断实现对美好生活的向往。

人民与发展的关系作为当代中国的一个主要政治关系，也是全过程人民民主不断获得发展动力、不断形成新的内容、不断发挥实际效能，从而不断丰富自身意义的机理。

首先，人民与发展的关系促进全过程人民民主内在动力的不断生成。“民主不是装饰品，不是用来做摆设的，而是要用来解决人民要解决的问题的。"[①]一方面，发展在总体上就是人民要解决的大问题；另一方面，众多具体的发展事项或直接或间接地与人民所需所盼所求相关。全过程人民民主正是人民参与到解决问题的实践中来。全过程人民民主在解决中国发展问题上的意义体现在执政党和人民一起，运用人民、国家、法治、治理、体制、政策、机制等力量和工具，不断促进以人民为中心的发展。其动力就是党和人民关于发展需求的议程转化，就是人民与国家在发展事业上的持续、多形式的互动，就是人民之间具体利益的协调和整体利益的维护。

其次，人民与发展的关系不断促进全过程人民民主内容的更新、丰富和完善。中国的人民民主有诸多制度形式，既包括根本的制度形式，也包括一些基本制度形式。它们为全过程人民民主的实行提供制度保证。人民民主就其内容而言，就是人民的民主生活，既体现为选举活动，也体现为人民广泛参与国家事务管理、参与立法和政策制定过程中的讨论与意见表达、人民在各种具体生活场景中参与治理活动等。人民与发展的关系在实践中不断延伸与深化，从而不断生成需要人民广泛参与的民主生活，促使全过程人民民主的内容不断更新、丰富和完善。由此，全过程人民民主的要义及优越性在广泛而丰富的民主生活实践中得到彰显。

最后，人民与发展的关系不断为全过程人民民主制度的治理效能转化提供政治资源支持。全过程人民民主制度的治理效能，最终

---

① 《习近平谈治国理政》（第 2 卷），外文出版社，2017，第 296 页。

体现为人的全面发展和实现全体人民的共同富裕。这是一个历史过程。以人民为中心的发展，将贯穿这个历史过程。于是，在不断获得全面发展和提升共同富裕水平中，人民民主生活能力、民主生活品质也将随之提高，形成水涨船高效应。在这样的历史过程中，人民既是人民民主制度转化为治理效能的政治资源，也是治理效能福利的共享者。

总之，作为中国政治中的一对重要关系，人民与发展的关系不断孕育、激发全过程人民民主的生机和活力，从而成为全过程人民民主发展的重要机理。

# 第五节

# 全过程人民民主与智能文明

在党的十九届四中全会结束后不久，习近平总书记在上海考察时对于中国民主政治作出了新的深刻论断："我们走的是一条中国特色社会主义政治发展道路，人民民主是一种全过程的民主，所有的重大立法决策都是依照程序、经过民主酝酿，通过科学决策、民主决策产生的。"[①]这一重要论断所提出的"全过程的民主"是对人民民主的最新总结，同时也是从国家治理体系和治理能力现代化的高度对于中国民主政治发展提出的总体要求。从理论上看，在人类社会进入智能文明的背景下，全过程人民民主的发展也将具有更加普遍性的意义。本节试图从历史和理论逻辑出发，深入分析智能文明发展对于全过程人民民主的背景性意义，并由此探究全过程人民

① 《习近平：中国的民主是一种全过程的民主》，http://www.xinhuanet.com/2019-11/03/c_1125186412.htm。

民主与国家治理现代化的智能技术基础和实践路径。

## 一、技术文明迭代与民主的全过程性发展

对于民主进行基本的溯源性考察，可以发现民主概念本身就存在着内在的张力，这种张力决定了民主的实现需要社会进步和文明作为支撑，因此民主的真正实现是一个长期的历史过程。从历史发展来看，民主从古代到现代的发展得益于科学技术的进步和支撑，并且在农业文明、工业文明、信息文明和智能文明等不同的发展阶段，民主政治日益呈现出对于全过程性的要求。查尔斯·泰勒（Charles Taylor）认为，根据希腊时期的词源考察，民主中的人民（demo）具有两种意涵："广义来说，人民包含了社会中的所有成员，至于狭义中的人民，指的是非精英阶层。……由广义的'人民'施行统治，是民主的目的（telos）。"[①]按照这种界定，人民分为广义的"全体人民"和狭义的"非精英的人民"，两者的差异便导致了一种"目的式"（telic）的民主观念：民主应当致力于克服存在于精英和平民之间的不平等。由此，民主就成了一个达成目的的"过程"，即缩小精英与平民的差距，让民主扩及更多平民。由此可见，民主本身从一开始就设定了让民主拓展至全体人民的基本发展目标，但是这种目标的实现程度则取决于人类自身的社会结构、物

---

① 查尔斯·泰勒：《现代社会中的理性》，蒋馥朵译，联经出版事业公司，2018，第23-24页。

质条件和文明程度。简言之，民主发展取决于社会生产力发展水平和生产关系结构。

从某种意义上说，正是民主概念本身的这种歧义引发了关于民主理论和民主实践的巨大争论，同时也决定了民主的实现将是一个长期的历史过程。在西方民主的起源地古希腊，虽然产生了以公民大会为主要形式的直接民主实践，但是民主本身并不被柏拉图、亚里士多德等思想家所青睐。相反，这些古希腊思想家都将民主作为一种变异的政体，认为民主会导致极端的“暴民统治”，和极端的“寡头制”一样，都属于“变态政体”。[①] 这种主张实际上包含了对于民主实践主体——平民的政治判断，即一般的平民限于其理性程度等具体原因而无法有效参与政治生活，因此应当严格限制民主的范围。

这种关于民主的主张在很大程度上契合当时的文明条件，因此在相当长的时期内占据了历史的主流，使得民主在经历了早期希腊直接民主的实践之后，就陷入了长期停滞。但是，随着人类文明的发展，特别是近代资本主义兴起之后，人类的社会生产力和生产关系发生了巨大的变化，从而为民主实践提供了新的基础和条件。在这个过程中，民主自身所包含的精英与平民的权力差距逐渐缩小，社会财富的积累和分配也逐渐惠及更多社会阶层，而民主政治也进入新的发展阶段。从具体实践角度来看，民主的核心问题也逐渐转

① 亚里士多德:《政治学》，吴寿彭译，商务印书馆，1965，第 134 页。

化为一种程序性问题，即如何让尽可能多的民众产生共同的民主意志。正如查尔斯·泰勒所指出的："人民要先让自己有个共同'意志'(will)，唯有透过复杂的制度与程序，才有可能产生这样的意志。而这些制度与程序又要在社会想象（social imaginations）中才有意义。"[①]在进入资本主义社会后，不同社会对于民主的社会想象也呈现出新的形态。正是在这种情况下，民主的实践形式在西方发生了巨大的转变，开始向以代议制为核心的间接民主方向发展。

同时，科技文明的迭代决定了民主实践过程的拓展性。从历史和社会的角度来看，民主政治的发展是同人类社会的生产力发展密切联系的，而其中最直观的联系就在于科学技术的进步对于民主政治的支撑作用。随着人类社会从农业文明、工业文明、信息文明发展到智能文明，民主政治的实践方式和制度发展也呈现出越来越全面和完善的基本趋势。由科学技术发展所决定的社会生产，从根本上为民主政治的拓展提供了物质和技术基础，而民主政治本身也逐渐向各个社会阶层和各种政治制度层面进行拓展。

例如，古希腊城邦社会的主要生产方式依然是较为落后的农业和建立在农业基础上的工商业，而社会制度则是以奴隶制为基础的。在这种情况下，民主只能局限于城邦的范围或者城邦的少数公民，其辐射和影响范围也是极为有限的。究其根本，在农业文明时期，政治实践受制于技术条件的不足和社会生产的分散性，无法对

① 查尔斯·泰勒:《现代社会中的理性》，蒋馥朵译，联经出版事业公司，2018，第19页。

大规模社会进行有效的统合，因此统治权力往往集中于少数的政治和社会精英手中，而无法进行大规模的社会动员。在这种农业文明条件下，根本无法产生现代意义上的民主，即便产生一定的民主实践，也仅仅局限于社会精英阶层之中。因此，在西方政治思想史上，古典思想家往往都排斥纯粹的民主制，而将理想的政体寄希望于贵族制或王道政治；中国的政治思想家虽然更强调民本政治，但“以民为本”的主体还是帝王和官僚阶层。[①]

相比于农业文明，工业文明促进了社会的巨大进步，彻底改变了人类社会的生产方式和社会面貌。工业文明是在西方资本主义发展的历史条件下产生的，其根基就在于以蒸汽机为代表的第一次科技革命、以电气化为代表的第二次科技革命，这两次科技变革所引领的两次工业革命造就了工业文明。正是在人类社会产生了重要的科技迭代和文明进步的条件下，西方现代民主政治才真正产生并迅速扩展，并且将古典的直接民主转变为现代的代议制民主。这种代议制民主的核心理论基础就在于约瑟夫·熊彼特（Joseph Schumpeter）对于民主所提出的著名论断：“民主方法就是那种为作出政治决定而实行的制度安排，在这种安排中，某些人通过争取人民选票取得作决定的权力。”[②]这种“程序性定义”得到了西方学

---

① 在中国的传统中，“民主”的概念有其特定的内涵，即“民之主宰者”，所指的便是“帝王或官吏”这样的政治统治精英。参见《辞源（修订本）》，商务印书馆，2009，第1860页。

② 约瑟夫·熊彼特：《资本主义、社会主义与民主》，吴良健译，商务印书馆，1999，第395-396页。

者的普遍接受。塞缪尔·亨廷顿（Samuel Huntington）在研究民主化问题时就采用了这种民主定义："民主政治的核心程序是被统治的人民通过竞争性的选举来挑选领袖。"[①]从理论上看，间接民主在形成民主意志的程序上，突出了选举和投票的作用，同时也在一定程度上平衡了精英和平民之间的权力关系，体现了民主的进步。但是代议制民主自身的时代局限，也为民主的进一步拓展提出了内在需求。

## 二、工业文明与代议制民主的历史进展

最早开启工业现代化进程的英国成为世界上第一个完备的工业国家，特别是第一次工业革命造就了英国在较长历史时期内的领先地位。同时，工业文明的发展也促使英国产生了以选举为基本程序的议会政治和政党政治，并由此成为现代西方代议制民主的"模板"。作为阐发代议制政府的著名思想家，约翰·密尔（John S. Mill）并不否认"能够充分满足社会所有要求的唯一政府是全体人民参加的政府"，但是现实条件往往无法让所有人亲自参加公共事务，因此，"一个完善政府的理想类型一定是代议制政府了"[②]。现代民主政治所面对的是整体性动员起来的社会大众，因此，核心问题

---

① 塞缪尔·亨廷顿：《第三波——20世纪后期民主化浪潮》，刘军宁译，上海三联书店，1998，第4页。

② 约翰·密尔：《代议制政府》，汪瑄译，商务印书馆，1982，第55页。

是如何在社会大众广泛政治参与的基础上达成一定的政治妥协，同时又能保证政治秩序的问题，而代议制民主正是基于这种社会发展所作出的一种政治安排。从历史角度来看，代议制民主是时代的产物，具有很强的历史进步性。关键就在于此前的制度设计无法有效地把大众的意愿集合在一起。而代议制民主所秉持的“委托-代理”原则和制度，可以通过选举投票实现民众阶段性的权力授权，在一定期限内将其权力委托给代理人，进而由代理人进行政治决策。

英国在第一次工业革命之后，较好地实现了议会制这一重要的代议制民主的形式，并且通过殖民扩张使得这一制度成为全世界范围内最流行的现代政治制度模板。随后，经过第二次工业革命的发展，资本主义进入垄断资本主义阶段，在政治上则形成了列强争霸和帝国主义战争爆发的局面。在这种情况下，美国的经济实力迅速接近并在某些方面超过英国，并且逐渐取得了政治上的优势。美国的开国元勋以总统制和共和制的制度设计限制了纯粹的民主政治，也就是近代以来以人民主权为基本主张的直接民主。而第二次工业革命给美国带来的巨大成功，又使得以总统制为代表的代议制民主逐渐成为西方政治制度发展的模板。与此同时，围绕选举和投票产生了现代政党政治，各个政党派别围绕争取民众选票和支持而展开的政治竞争，便成为西方民主的典型特征。例如，在第一次工业革命完成之后，英国逐渐形成了保守党和自由党的两党界分，为了争夺选民，两党的活动范围不再局限于议会内部，而是在议会之外建立了较为严密的组织，逐步形成了现代的群众型政党，将政党组织作为政治动员的工具来进行竞选。

但是，即便是当时具有历史进步意义的代议民主制，也同样因为工业革命自身的不足以及工业社会初期的复杂矛盾而呈现出种种乱象，特别是第一次工业革命的发展，导致社会分裂为资产阶级和无产阶级两大对立的社会阶级，而社会主义学说和各类批判思潮也随之风起云涌。以马克思和恩格斯为代表的社会主义经典作家，也正是从这一时期开始了对议会民主制的批判。当时很多人都将民主和社会问题的解决寄希望于议会制度。但是在马克思和恩格斯看来，这种对议会制的过度痴迷，不仅夸大了资产阶级议会制的功用，而且还会掩盖其阶级本质和削弱社会革命的必要性。马克思曾敏锐地指出，“1848 年以来，在全欧洲大陆上流行着一种特殊的病症，即**议会迷**，染有这种病症的人就变成幻想世界的俘虏，失去一切理智，失去一切记忆，失去对外界世俗事物的一切理解”[①]。马克思和恩格斯看到了议会制背后的社会实质，即社会中的阶级分裂和严重的社会矛盾，而真正能够解决这些问题的并不是议会制，而是社会化大生产的进步和无产阶级的革命斗争。由此，马克思和恩格斯对议会制的批判，实际上树立了民主政治的新目标：为无产阶级和全人类的自由发展创造真正的、实质性的人民民主，而非仅仅满足于具有阶级局限的代议制民主。

---

① 《马克思恩格斯选集》(第 1 卷)，人民出版社，1995，第 648 页。

但是，在当时的历史条件下，第二次工业革命提升了资本主义的社会调节能力，而代议制民主在政治竞争、群众动员和民众抗争等因素的共同作用下也实现了进一步改革，并在一定程度上缓和了其背后的阶级矛盾，这集中体现在选举权利的逐渐扩展上，即民众逐步实现了全民普选权。这种普选权的扩展，实际上也回应了社会主义学说的批判，促进了民主权利逐渐普惠至一般平民。在某种程度上，这也构成了工业文明相对于农业文明的进步。如果说代议制所选举出来的总统、议员等政治精英代表了农业文明遗留下来的传统，那么拥有选举权和被选举权的一般民众则代表了工业文明条件下民主进一步拓展的新兴力量。这两种政治力量通过选举制度实现了一定程度的权力平衡，但远远没有实现马克思主义所呼吁的实质性的权利平等，特别是由于西方民主在实践过程中逐渐固化为选举程序，因此导致在选举间歇期间，一般民众对于政治精英的决策和执政状况缺乏监督，同时也对一般的政治过程缺乏有效的参与，这也就形成了西方代议制民主的基本局限。然而，这种局限是工业文明造成的，当人类社会进入信息文明时代，民主理论和实践发展的主流趋势都是为了弥补代议制的这种缺陷，并促进民主在形式、过程和覆盖面方面实现进一步发展。

从历史发展中不难看出，现代民主政治的发展和转型是随着科技革命和工业革命的发展而逐步进行的。根据亨廷顿的总结，民主在全世界范围内的传播，主要分为三个阶段：第一次民主化长波出现在1828—1926年，而第一次回潮的时段为1922—1942年；

第二次民主化短波出现于1943—1962年，而第二次回潮的时段为1958—1975年；继之而起的第三波民主化始于1974年之后。[①] 从工业革命的角度来看，第一波民主化出现在第一次工业革命之后到第二次工业革命的整个时期，这一阶段民主化的成果是西方主要国家完成了民主化的过程，并为世界范围内的民主发展树立了模板。无论是英国的议会制还是美国的总统制，都在全世界范围内实现了较大范围的传播，而这种传播无疑与两次工业革命密切相关，工业革命所引发的社会交往条件和社会结构的变化为民主政治的发展提供了基本的条件和动力。由于两次世界大战的影响，民主化的回潮和第二波民主化的发展并没有出现实质性的变化，西方代议制民主依然在全世界范围内继续传播。

## 三、信息文明与代议制民主的替代选择

在第二次世界大战之后出现第二波和第三波民主化的同时，科学技术也取得了长足的进步，特别是信息技术实现了革命性发展。由此，人类社会逐渐进入信息文明时代。以信息和计算机技术为核心的第三次科技革命在20世纪40年代自美国兴起，随着战后和平时期的到来，社会生产力迅猛发展。这次科技革命的持续时间较长，早期主要以信息通信和计算机技术的发展为主要代表。在20

---

① 塞缪尔·亨廷顿：《第三波——20世纪后期民主化浪潮》，刘军宁译，上海三联书店，1998，第15-26页。

世纪 90 年代之后，信息技术革命进入互联网的革命性发展时期，人类社会通过互联网技术更加紧密地联系在一起，进一步推动人类文明进入信息文明时代。

从历史时段来看，在第二次民主化短波接近尾声和第三波民主化开始的同时，信息社会正在逐步发展并日益凸显出其巨大的社会变革力。这一时期的民主化仍然以西方代议制民主的传播为基本特征，这在很大程度上是因为西方现代化国家仍然掌握着世界政治话语权，而因民主化出现的新兴现代化国家正处于工业革命和现代化的初期阶段，也容易接受以西方为模板的代议制民主。但是，对于这些刚刚完成民族解放和独立的发展中国家而言，社会生产力的发展水平并不均衡，有的国家甚至仍然处于以农业文明为主的发展阶段。因此，这一时期的民主化也不可避免地出现了反复和波折。从根本上看，这是由各国的国情，包括科技水平、生产力条件、社会结构和历史文化传统等具体状况的巨大差异所造成的。

反观西方世界，特别是在西方民主国家内部，自第二次世界大战结束之后，就开始出现各种批评代议制民主的理论。这些批评在很大程度上是对工业文明的反思，特别是对发达工业社会中人的异化和社会统治的精英化、寡头化的反思。由此，选举或竞争民主也就越来越被认为是民主"'最低限度'的定义"[1]。而西方学者也相继提出了一系列新的、替代性的民主理论，例如卡罗尔・佩特

① 乔万尼・萨托利:《民主新论》，闫克文译，东方出版社，1993，第 161 页。

曼（Carole Pateman）等人自 1970 年以来所提出和发展的“参与式民主”（participatory democracy）。在佩特曼看来，“直到参与式民主得到仔细的检视，参与民主实现的可能性得到批评，我们才能够知道民主理论中还有多少‘未竟的事业’或类似的事业”[①]。这种理论的基本着眼点，便集中于改变选举式民主的精英化取向，为平民的政治参与和民主权利提供更广泛的程序和过程。这种民主理论的发展自 20 世纪 80 年代开始，便逐渐集中表现为西方协商民主理论（deliberative democracy theories）的兴起。协商民主的思潮伴随着共和主义民主的复兴，都是对代议制民主的批评和修正。换言之，这些理论家都希望可以唤醒传统的共和主义或者古希腊政治中直接民主的一些因子，从而弥补代议制民主或选举式民主的固有缺陷。

综合而言，当代政治理论流派对于代议制民主的批评主要集中在三个方面。第一，代议制民主在很大程度上并不信赖大众，实行的是精英统治，政府往往被少数政治精英所把持，普通民众则被排斥在外。第二，代议制民主是一种初级民主，仅仅是为适应当前社会发展状况而采取的临时性选择，一旦社会条件成熟就应当向着直接民主的方向努力。第三，代议制民主具有虚伪性，并不能够给广大民众带来真正的自由，只有直接民主才可能允许所有人参与政治并且给所有人以自由。这种对于民主发展的立场，实际上说明了民

① 卡罗尔·佩特曼:《参与和民主理论》，陈尧译，上海人民出版社，2006，第 19 页。

众广泛参与日常政治的重要性。正如有的学者所指出的："民主发展的本意是超越政治排斥，建立公民参与公共治理的制度安排。如果公民只能以民主选举的方式向代表赋权，而不能通过选举之外的主动方式影响政策过程，这将造成民主政治的异化。"①

更为重要的是，从另一个角度来看，这些对代议制民主的批评，恰恰与信息文明的发展紧密结合在一起。信息文明的早期代表是以电视广播和卫星通信为主的信息传播技术以及计算机技术，这一阶段的民主政治同普通民众的联系也更加密切。人们可以通过便利的通信技术和媒体传播迅速获得政治信息并对政治过程进行监督。约翰·基恩（John Keane）曾经以传播技术来划分民主发展的历史阶段，他认为代议制民主建立在印刷文化的基础之上，而在信息革命和媒体技术的支撑下，新的民主形式应当是参与更为广泛的"监督式民主"（monitory democracy）。② 实际上，早在信息革命初期，美国未来学家阿尔文·托夫勒（Alvin Toffler）就已经提出："利用先进的计算机、人造卫星、电话、有线电视、投票技术以及其他工具，一个受过教育的公民，在历史上第一次能够开始作出自己的许多政治决定。"③随着信息革命进入第二阶段，互联网技术的迅猛发

---

① 高春芽：《正当性与有效性的张力——西方国家代议民主的运行机制及其困境》，《当代世界与社会主义》2017 年第 6 期。

② John Keane, *Democracy and Media Decadence*, Cambrige: Cambrige University Press, 2013, pp. 77-108.

③ 阿尔文·托夫勒：《第三次浪潮》，朱志焱等译，新华出版社，1996，第 476-477 页。

展引发了人类生活形态的巨大变化，这种革命性影响具有非常强烈的去中心化的色彩。在互联网技术的条件下，以个人为中心的自媒体更加容易形成，这就使得个体越来越成为民主活动的中心，而无须事无巨细都通过委托代理人来实行。在这种背景下，民主政治发展和新的民主思潮都是围绕着被唤醒的个体而展开的，并逐渐推动西方协商民主等理论的形成，为直接民主的实践提供基本的技术条件。

由此可见，这些针对代议制民主的替代性选择，具有共同的理论导向和实践特征：一方面要弥补选举期间民主政治参与的不足，将民主程序和民主实践扩展至政治过程的更多方面，而不仅仅局限于选举政治；另一方面则是要让更多的民众参与到各种政治过程之中，提高民主的普遍性和覆盖面。不难看出，这种民主的发展和对直接性民主参与的强调，是与信息文明的发展紧密相关的。换言之，在工业文明时期，每个人所享受到的政治公共产品也犹如工业革命所提供的产品一样，整齐划一且成本低廉，同时又可以保障每个人都拥有基本相同的初级权利。但是，这样的产品并不能满足每个人的精准需求，也不能保证更高的质量和品质。而在信息革命的背景下，政治公共物品开始能够因人而异、因地制宜地满足不同个体或群体的政治诉求，这是信息革命为人类民主政治发展所带来的一个重要的革命性变化。

进而言之，在信息文明时代，民主政治正在向着更加普遍和全面的方向发展，这一方面是在回归民主的本源性意义，另一方面也是在新的科技文明基础之上开辟新的景象。在此前的发达工业社会，社会运行和管理的基本特征，是每一个人犹如卓别林在《摩登时代》中所表现的那样，成为社会机器的固化零件。或者说，每个社会成员都可能成为马尔库塞所描述的“单向度的人”[①]，在既定的选举框架下机械地作出投票的举动，而不去思考民主政治的真正意义和社会的整体福祉。但是，在信息文明社会，每个人的民主权利和政治主张都有条件在现实政治中充分实现，他们可以不再通过代理人来实现自己的主张，可以随时随地地参与到政治进程中去，这就是信息革命给民主的全过程性发展所带来的新的需求和希望。随着人类社会向着智能文明阶段迈进，全过程人民民主的实践更迎来了新的前景和空间。

## 四、智能文明与全过程人民民主的中国特点

信息文明的进一步发展催生了新的移动互联网革命，在移动互联网发展的基础上，大数据和人工智能技术取得了迅猛发展，推动人类站在了智能革命的门槛之上。由智能革命所引领的第四次工业革命正在如火如荼地发展，这次革命中最重要的技术是智能技术和区块链技术等。智能技术包括人工智能技术、生物智能技术和超级智能技术。智能技术的主要作用在于推动未来生产力的极大发展，

① 赫伯特·马尔库塞：《单向度的人：发达工业社会意识形态研究》，刘继译，上海译文出版社，1989。

尤其是避免了传统的劳动力局限，使得由人创造的机器可以仿照人的思维模式和生产方式去生产新的物品。而区块链技术则在更大程度上意味着生产关系的变革，将对人类社会的关系重塑造成革命性的影响，并且有助于解决智能技术所带来的隐私问题、安全问题和公平问题等。在这两种主要技术的推动下，人类社会将迎来一种全新的文明形态，即智能文明阶段。目前，大数据与人工智能技术为民主政治带来的机遇和挑战，已经在西方世界引发了相应的学术讨论。①

从前述历史比较的视野来看，在智能文明的条件下，民主政治也将会朝着全过程人民民主的方向继续发展和完善。工业文明条件下诞生的代议制民主在信息文明和智能文明的条件下，需要更多的民主形式和程序来弥补其不足，并且将民主实践扩展到更广泛的人民主体上。尽管西方国家掌握了现代民主政治的主流话语权，仍然强调所谓的选举和代议制民主是真正的民主，但是民主实践及其技术条件已经要求超越选举和代议制民主，向更为广泛的实质性民主方向发展。这种实质性民主一方面需要消弭政治精英和平民大众之间的权力差距，另一方面也要消弭社会各阶层在社会财富和地位等方面存在的不平等。而这种追求完全符合马克思主义对于民主政治和人民民主的主张，同时也符合马克思主义关于民主作为一种政治制度需要由经济社会基础所决定的基本判断。马克思指出："在民

① Dirk Helbing, ed., *Toward Digital Enlightenment: Essays on the Dark and Light Sides of the Digital Revolution*, Zurich: Springer, 2019, pp. 73-98.

主制中，任何一个环节都不具有与它本身的意义不同的意义。每一个环节实际上都只是整体人民的环节。”[①]让每一个民主环节真正成为“整体人民”能够参与和掌握的具体过程，乃是人民民主发展的基本要义。中国特色社会主义民主政治所秉持的人民民主理念和正在发展的协商民主实践，正体现了这种对于“真正民主制”的追求。在未来的发展中，中国应当在民主政治领域顺应智能文明所带来的变革趋势和内在要求，进一步推动全过程人民民主的发展。

更为重要的是，中国目前在智能革命中所取得的优势同样可以在很大程度上转化为全过程人民民主的发展效能。中国在农业文明时期长期处于世界领先的地位，但也为中国的现代化转型带来了相当程度的路径依赖和历史难题。而改革开放以来的发展，使中国逐渐赶上了世界现代化的脚步，并且在互联网和移动互联网的革命性发展中逐步走到世界的最前沿。究其根本，就在于中国拥有活跃的市场和极其庞大的用户数量，为大数据的生产和智能技术的社会应用提供了广阔的空间。由此，在智能文明初期，中国首次与西方发达国家同时站在智能革命的门槛上，具有了同美国等西方发达国家进行科技竞争的基本力量。相较而言，美国的主要优势在于其掌握了一系列人工智能的高端技术创新以及标准制定的主导权，但是中国的主要优势则在于海量的用户数据、统一活跃的市场和政府的大

① 《马克思恩格斯全集》（第3卷），人民出版社，2002，第39页。

力支持。[①] 因此，中美双方在智能技术发展的主导权方面已经开始了日益明显的争夺，但是从更为广义的智能文明的发展角度来看，中美或中西之间的竞争并不仅仅体现在新兴的智能技术上，而更多体现在智能技术影响下的社会政治的发展上。因此，在智能文明的基础上，新型民主模式应当向着全过程人民民主的方向发展，从而弥补代议制民主的固有缺陷，真正推动民主政治向着更加全面和实质的方向发展。

整体来看，在人类社会开始进入新的智能文明的背景下，应当充分利用智能技术和相应的社会条件，推动全过程人民民主这一更高实践形式的发展。从这个角度而言，同时兼具智能社会基础和全过程人民民主条件的中国将变得更为重要，而中国特色社会主义民主政治和制度建设则可能成为全过程人民民主的新典范。全过程人民民主是基于中国全过程人民民主的最新理论总结，契合中国民主政治发展的基本要求。全过程人民民主的核心要义在于全过程性，基本问题就在于将民主原则贯穿于政治实践的全过程，将民主程序内化于制度建设的全过程，将民主权利普惠至公民个体和作为整体的人民。具体而言，基于中国实践而发展起来的全过程人民民主，具有以下方面的基本制度特点：

第一，全过程人民民主具有“全局性”，体现为五大民主形式的有机统一。党的十九大报告将人民参与的民主过程总结为五个方

---

① 高奇琦：《人工智能、四次工业革命与全球政治经济格局》，《当代世界与社会主义》2019 年第 6 期。

面，“扩大人民有序政治参与，保证人民依法实行民主选举、民主协商、民主决策、民主管理、民主监督”①。相较于以往的四大民主，这一表述增加了“民主协商”，从而表明选举民主、协商民主、决策民主、管理民主和监督民主已经成为中国民主政治的五种主要形式。这五大形式涵括了民主实践的基本方面，形成了各种民主形式相互支撑和互为补充的基本格局。例如，作为中国民主的特有形式和独特优势，协商民主以“广泛、多层、制度化”的协商来弥补票决与选举对抗的不足，可以充分拓展民主实践的空间和有效性。从更广义的角度而言，“中国的民主不仅仅表现在政治选举上，还体现在经济、文化、社会方方面面”②。在政治制度领域，全过程人民民主也体现为不同党政机构和制度模块之间的相互支撑，既涵盖了党委、政府、人大和政协等基本政治领域，同时也涵盖了各个行政层级。

从“全局性”的角度来看，对整个社会和政治进程进行准确的宏观调控以及对于具体的公共事务进行精细化的科学决策，长期以来都存在相当的技术难度。但是，通过新的人工智能和大数据的算法，可以对社会中复杂的决策因素和变量进行更好的捕捉和判断，从而更大限度地优化整体性的民主架构和决策模式，提高国家治理现代化的水平。在智能文明新的基础上，人工智能的要义在于算法

① 习近平:《决胜全面建成小康社会 夺取新时代中国特色社会主义伟大胜利——在中国共产党第十九次全国代表大会上的报告》,《人民日报》2017年10月28日第1版。

② 韩震:《全过程民主制度保证了中国道路的成功》,《社会主义论坛》2019年第12期。

将人类的规则进一步固定化，可以通过机器模型来简化人的决策模式，从而提高运作效率，因此，在智能文明的基础上，“全局性”可以更好地得到体现。

第二，全过程人民民主具有“全程性”，构成程序性与实质性的有机统一。民主实践需要一定的程序和制度安排，同时更需要在实质意义上保障民众的民主参与。更为重要的是，从实质民主的角度来看，民主并不是一选了事，也不是一票了之，在选举和投票之后仍然需要保障民众的基本民主参与。因此，全过程人民民主强调在整个政治过程中，包括政府产生、官员任命、政策决定、政策执行、绩效评估等各个环节，都需要贯彻民主原则和民主实践。例如，在科学决策和民主决策方面，中国的民主实践就特别强调民主程序和民主实质的统一。杨光斌认为，中国的政策过程追求“共识民主”，其中一个重要的原则就是注重全过程性而非一次性票决。[①]因此，民主既需要严肃的规则和程序，同时也要使程序并不仅仅局限于选举和投票，还应当在整个政治过程中得到体现并真正落实。

然而，真正实现“全程性”需要解决一个重要问题，即如何在不增加过多决策和协商成本的基础上，更大程度地拓展民众参与的民主程序。人工智能等相关技术最重要的功效，就是大大降低民主参与和民意集合的成本。智能技术不仅能够有效提高投票和统计的效率，同时也能够提升协商的效率。例如，可以通过自然语言处理

① 杨光斌:《中国的政策过程追求的是一种共识民主》,《领导科学》2018 年第 9 期。

等技术分析民众表达的观点及其关键词，进而通过相关的算法将民众的意愿进行更有效的加总。传统的立法听证无法以较低成本对民众的意愿进行有效的集合，但在智能技术的支持下，不仅可以增加民众参与立法的互动性，同时也能够提升意愿加总和个体性分析的效率，且目前的技术条件已经完全可行。中国对人工智能进行初步规划时，便明确提出要“加强政务信息资源整合和公共需求精准预测，畅通政府与公众的交互渠道”[①]。

第三，全过程人民民主具有“全民性”，促进各阶层民众权利的有机统一。全过程人民民主的主体是人民，就人民的内涵而言，既包括作为公民个体的人民，也包括作为整体的人民。人民民主所强调的不仅仅是个体的权利，同时也强调作为整体的人民的权利得到充分保障。相较于西方资本主义民主政治，我国的社会主义民主始终强调民主的“全民性”，这是一种更加全面和彻底的民主追求。从这个角度而言，全过程人民民主不仅体现为形式和程序的全面性，更体现为对最广大人民的民主权利的充分尊重和保障。由于目前中国社会发展依然存在不充分不均衡的问题，因此，不同阶层和地区的民众在民主需求、民主参与和民主权利上的实际状况也存在一定的差异。但是，这种状况不应成为中国民主发展的障碍，相反，应当成为中国特色社会主义民主政治的出发点，通过全过程人民民主的实践促进民主权利在全民范围内的有机统一。

① 《新一代人工智能发展规划》，人民出版社，2017，第29页。

因此，全过程人民民主既需要服务于作为整体的人民，也需要服务于作为个体的每一个人。工业文明只能提供规模化、“千篇一律”的民主，公民只能通过选票来表达政治诉求。而智能技术的应用可以利用信息数据和算法的力量做到“千人千面”，即更加精准地把握每个公民的政治意图和公共服务需求。在此基础上，广大人民的民主权利可以得到充分实现。此外，应用智能技术的公共服务还可以做到个性化和精准化，在算法设定上对弱势群体进行倾斜和援助，从而促进公共服务的均等化。只有满足了不同地区、阶层和类别的群体需求，民主的“全民性”才能够真正得以实现。

## 五、全过程人民民主与国家治理现代化的智能前景

上述三个方面的主要制度特点，实际上是对我国所坚持的人民民主在形式、程序和范围等方面的基本总结，而这些特征均可以用“全过程”这样鲜明形象的概念来加以概括。归根结底，全过程人民民主实际上是人民民主在国家治理体系层面的基本表现，体现了中国特色社会主义民主政治对实质民主的追求。综合世界范围内民主政治的发展逻辑和中国全过程人民民主的发展实践可以看到，中国制度自信的关键，就在于中国的民主发展符合人民民主的本源要求，在国家治理层面建构全过程人民民主的各种制度体系和程序政策。正是由于中国的理论和实践形成的全过程人民民主具有上文阐述的理论品格，围绕全过程人民民主所构建的一系列中国特色社会

主义民主政治制度和开展的国家治理现代化的实践，便具有了深厚的理论根源和鲜明的制度优势。在智能文明日新月异的发展背景下，中国的民主政治将呈现出更鲜明的时代特征，拥有更广阔的发展空间。同样，我们也需要深入研究全过程人民民主的理论、制度及其重要性，从全球比较和智能文明的视野深入认识全过程人民民主的制度特色和发展空间。

第一，中国制度建设将更加充分地贯彻全过程人民民主的原则。党的十九届四中全会擘画了新时代中国特色社会主义制度建设和国家治理现代化的宏伟蓝图，列出了各个方面的制度建设目标和任务。[①] 这些制度建设最终要实现的便是党的领导、人民当家作主和依法治国的有机统一，而归结到最基本的原则上，就是要贯彻人民民主的原则并将其体现到制度建设的全过程之中。有学者认为，全过程的民主的基本优势包括“重形式程序的闭路循环”“强调实质内容的全面有序”“提倡不同层级的上下联动”“强化各类主体的关系耦合”“彰显国家治理的良好成效”[②]。因此，中国的制度发展和国家治理现代化，就是围绕着全过程人民民主的特征和原则进行的，最终也需要充分发挥全过程人民民主的鲜明特色和基本优势。可以说，全过程人民民主是中国制度建设的出发点和落脚点，是中国制度能够体现出巨大优越性的根本所在。

---

① 《中共中央关于坚持和完善中国特色社会主义制度 推进国家治理体系和治理能力现代化若干重大问题的决定》，人民出版社，2019。

② 孙培军：《充分认识和发挥人民民主的全过程优势》，《学习时报》2019 年 11 月 27 日第 2 版。

在这种情况下，应当深入研究全过程人民民主的理论生长点及其技术基础。全过程人民民主是对中国民主政治新的理论总结，并且会随着中国民主政治的发展而呈现出新的理论生长点。一是在中西比较的理论视野中探究全过程人民民主的本源，充分发掘其理论实质和先进性；二是提升全过程人民民主的学理化高度，并由此引领和超越关于中国全过程人民民主的理论争议。更为重要的是，这种理论发展不仅要对民主本身进行进一步的学理化研究，更要深入研究智能技术对民主的影响以及如何运用智能技术支持全过程人民民主的进一步有效实现。同时，应当更具前瞻性地重视区块链在民主效能提升中的作用，因为区块链的本质便是人类社会交往的规则重构。目前来看，区块链 2.0 的主要表现便是智能合约，而社会整体的契约程度可以在智能合约的基础上得到进一步提高，从而对未来的民主运作产生深远影响。

第二，制度的治理效能是体现全过程人民民主优势的根本旨归。通过国家治理体系和治理能力的现代化充分实现中国的制度优势和不断提升治理效能，是中国特色社会主义制度发展成熟和完善的基本内涵。西方民主制度片面追求“选战取胜”乃至恶性竞争，对施政和治理过程缺乏有效的民主参与和监督，由此在很多国家造成了社会撕裂、效率低下和政治动荡等恶性后果。而中国在稳健的制度建设中逐步发挥全过程人民民主的巨大优势，实现了社会团结、治理高效和政治稳定，体现了全过程人民民主在制度实践方面的基本效能。习近平总书记曾经提出，评价一个国家政治制度是不是民主的、有效的，应依据八个标准[①]，这些标准的核心就在于全体人民的有效参与和制度效能的发挥。在全球大变局的背景下，中国之治与西方之乱日益形成鲜明的对比，其中的关键就在于民主制度是否能在整个政治过程中发挥出治理的效能，是否能够体现出制度的有效性。因此，深入探究如何将全过程人民民主的制度优势转化为更强大的治理效能，将会是未来我国民主政治和国家治理现代化的核心所在。

因此，应当结合智能文明的特性积极发挥全过程人民民主的制度优越性。全过程人民民主的生命力在于制度实践的效能，而效能的发挥则有赖于具体的程序和技术：一是人民民主和实质民主如何在程序和操作层面得到更切实的实现，并且有效降低民主程序的运行成本；二是不同领域和不同层级的民主制度和机制如何实现协调和有机统一，实现信息的高度统一和运作程序的有机统一；三是如何借助智能技术和算法进一步拓展民主程序和民主制度实践的覆盖范围并提升全民的民主参与程度与质量。在这些机制性问题上，智能技术和区块链技术能够发挥更大的作用。智能技术的本质是更高效率的加总，能够把民众的意愿进行更好的汇集和分析，但是人们可能会担心其算法是否公平，因此，区块链技术的分布式特性就显得至关重要。区块链技术的本质是分布和多中心化，作为区块链构成性技术的分布式账本和加密技术可以将有效的资源分布在不同的

---

① 习近平：《在庆祝全国人民代表大会成立六十周年大会上的讲话》，《求是》2019 年第 18 期。

超级节点之中，然后通过加密技术进一步保障公民的隐私权。因此，区块链技术与民主的发展趋势是一致的。智能技术与区块链技术相结合，将在民主的全过程实践以及治理效能的提升中产生非常重要的影响。

第三，全过程人民民主的制度实践可为全球发展贡献新的方案。全过程人民民主是一种更先进、更具实质性的民主实践，而中国围绕全过程人民民主所构建的基本制度和国家治理体系，也将在未来发展中体现出更大的制度优势。优势体现于比较，中国和西方之间的制度比较将成为未来全球政治发展的基本主题。在这种情况下，中国一方面需要继续完善自身的制度建设和优化全过程人民民主的制度实践，另一方面也需要通过中国制度优势的彰显来对全球产生更加深远的影响，改变制度上的“挨骂”状况。从这个意义上讲，全过程人民民主实际上鲜明地体现了中国民主在操作层面的特征和经验，而从技术层面来探索民主制度的有效性，则能够产生更广泛的借鉴意义。同时，从全球治理的角度来看，对于人工智能实现更好的治理，也需要更加灵活和包容的国际合作。[①] 而对于智能技术发展的全球协调，同样也需要进一步拓展民主治理的国际空间。

因此，应当在智能文明的背景下稳步提升全过程人民民主的效能，进而主动探索中国制度优势的全球性意义。可以从全过程人民

① Wendell Wallach and Gary Marchant, “Toward the Agile and Comprehensive of AI and Robotics”, *Processing of the IEEE*, Vol.107, No.3, 2019, pp. 505-508.

民主的制度实践和操作技术层面入手，积极总结中国民主政治的有效经验和制度措施，为世界民主政治的发展提供新的思路、手段和模式。当然，这种“主动出击”的关键在于，中国需要采取更加稳健的步骤和手段，应当在具体政治实践中发挥技术优势和制度效能来解决实际问题，进而形成积极的经验总结和示范效应，最后通过国际传播来稳步提升中国之治的吸引力。可以预见，中国的全过程人民民主将伴随着智能文明的发展而呈现出更加鲜明的理论特色和制度优势，这一方面是由于中国秉持的人民民主理念在新的技术条件下能够凸显全过程的优势，另一方面则是由于中国在智能文明发展的过程中所具有的独特优势和广阔的发展前景。因此，中国应当把握民主发展的理论前沿和智能技术发展的时代脉搏，深入推进智能技术与全过程人民民主的有机结合，通过不断提升民主实践的整体制度效能，为人类民主政治的发展提供智能文明的民主典范。

民主的发展程度与科技文明的背景、经济社会基础有着密切的关联。按照马克思主义的经典判断，民主政治的上层建筑从根本上要由物质生产的经济基础来决定。作为“第一生产力”的科学技术，对于民主的实现形式具有深刻的历史规定性。代议制民主在本质上是工业文明的产物，同时也在很大程度上悖离了民主的本源意义。因此，在进入信息文明之后，新兴民主理论都在重新讨论民主的本质和内涵，其核心取向便是将民主实践拓展至政治生活的更多方面。智能文明的发展，为民主这种全过程性的拓展提供了新的时代背景，而中国则在人民民主和智能技术的发展方面取得了相应的优势。因此，在智能文明的基础上，中国的全过程人民民主可以借助中国特色社会主义制度的优势和智能技术的支撑，进一步实现其“全局性”、“全程性”和“全民性”。当然，人类已经站在了智能文明的门槛上，未来仍然需要克服诸多的挑战和解决诸多的问题。从这个意义上看，尽管全过程人民民主在中国的实践初具规模并显示出一定的制度优势，但是全过程人民民主和国家治理现代化的完全实现依然需要一个历史过程。智能文明为这种历史过程提供了基本要素，中国需要把握这种时代趋势，进一步将全过程人民民主的制度优势转化为治理效能，从而为智能时代的世界民主政治实践提供更加丰富的方案和选择。

## 第六节

# 全过程人民民主的法治保障

全过程人民民主是对我国民主制度本质内涵的最新概括，也为进一步完善社会主义民主政治和人民代表大会制度、实现国家治理体系和治理能力现代化提供了方向性的指引。落实全过程人民民主、提升民主制度的效能，离不开健全的法律体系的保障。

### 一、全过程人民民主的实践及理论意义

全过程人民民主凝聚了中国共产党在新时代对于发展民主政治的战略思考，具有重要的实践和理论意义。

### （一）全过程人民民主是对既有民主实践、民主理论的经验总结

全过程人民民主是根植于我国丰富的民主实践基础之上的理念。作为执政党的中国共产党在团结带领中国人民的共同奋斗中，始终确保以人民当家作主为己任，从未停止过对民主的探索。

在总结中华人民共和国成立前其他政治力量所实践过的各种政治制度设计、民主形式选择失败经验的基础上，中国共产党先后探索出了人民代表大会制度、中国共产党领导的多党合作和政治协商制度、民族区域自治制度、基层群众自治制度等不同层次的民主形式，并通过宪法加以确立。除了宏观的民主制度之外，中国共产党还创设了政府信息公开制度、备案审查制度、民生实事人大代表票决制度、立法协商、人民建议等更微观的制度，并开展了相关实践。这些都是全过程人民民主理念所依托的制度载体。正是基于这些明确、具体的制度，全过程人民民主理念所总结出的我们的民主制度的特征和指导原则才具有可识别度，也才能借助这一概念形成全新的制度自信。

同时，中国共产党也不断提出、完善自身的民主理念、民主理论，并用其指导制度实践。毛泽东早就强调过直接民主的重要性——“人民自己必须管理上层建筑，……我们不能够把人民的权利问题，了解为国家只由一部分人管理，人民在这些人的管理下享受劳动、教育、社会保险等等权利”，劳动者要有“管理国家、管理军队、管理各种企业、管理文化教育的权利。实际上，这是社会

主义制度下劳动者最大的权利，最根本的权利”。[①] 邓小平同志也提出过“民主是解放思想的重要条件”，“必须有充分的民主，才能做到正确的集中”[②]，要使宪法“能够切实保证人民真正享有管理国家各级组织和各项企业事业的权利，享有充分的公民权利”[③] 等论断。此后，“扩大人民有序政治参与”“实现党的领导、人民当家作主、依法治国有机统一”等理论也随着实践发展陆续被提出，为我国指导民主政治建设提供了基本遵循。全过程人民民主理念与上述理论存在继承关系，体现了中国共产党对民主制度和理论创新的不懈努力。

### （二）全过程人民民主是对未来民主发展、民主创新的导向定位

全过程人民民主也是富有前瞻性的理论概括，它承载着中国共产党对于未来民主制度设计、实践探索的愿景和目标。与其他制度一样，民主的形式、民主的定位不是一成不变的，而是与时俱进的。唯有通过不断的发展与创新，民主制度与理念的供给才能适应社会发展的需要、符合人民的期待。

民主开发能力是一个国家治理能力和制度生命力的重要组成部分。“在任何社会，民主的发展都不是自行向前的，都需要其基础

① 《毛泽东年谱》（第 4 卷），中央文献出版社，2013，第 266-267 页。
② 《邓小平文选》（第 2 卷），人民出版社，1994，第 144 页。
③ 《邓小平文选》（第 2 卷），人民出版社，1994，第 339 页。

的推动作用和其主体的提升作用。”[①] 具体而言，“国家在推动民主发展的过程中，关键不在于它创造了多少有助于民主发展的基础和条件，而在于它是否有能力将其所创造的一切都转化为民主发展的真正动力和资源，从而切实有效地推进民主建设和发展”[②]。更为关键的是，“‘国家供给民主之善能力’，从根本上讲，是指国家将民主发展与国家建设有机结合起来而形成的……这种结合的关键在于国家有一套契合本国实际的民主建构的战略议程，具体包括：民主的价值目标选取、民主建设的路径选择、民主建设的行动原则、民主发展的议程安排”[③]。

面向新时代、大变局，民主建设能力、创新能力依然需要与时俱进，而全过程人民民主则凝聚了这样的努力，为坚持和完善人民代表大会制度、实现国家治理体系和治理能力现代化提供了新导向。

### （三）全过程人民民主是开展国际制度对话、制度互鉴的智识资源

“国泰民安”是人类共同的愿景，建立、巩固和完善民主也是各国人民共同的追求。“民有、民治、民享”“民有所呼，我有所应”，

① 林尚立：《当代中国政治：基础与发展》，中国大百科全书出版社，2017，第325页。

② 林尚立：《当代中国政治：基础与发展》，中国大百科全书出版社，2017，第326页。

③ 林尚立：《当代中国政治：基础与发展》，中国大百科全书出版社，2017，第327页。

尽管措辞有别，但都体现了共享平等的愿景和目标。这也是国际社会求同存异、开展制度对话与互鉴的智识基础。

近年来，西方民主模式的维持和发展遭遇了前所未有的挑战和危机。功利化的政党竞争使得政治极化常态化，不仅严重削弱民主共识、导致民主信任危机，而且使民粹主义抬头，干扰基于宪法的国家治理体系的正常运转。“民主退化”“民主衰落”的出现，一方面源于市场资本主义与民主之间的固有张力[①]，另一方面则由于“许多新兴的和现存的民主国家的国家能力跟不上民众对民主问责的要求”[②]。如何克服“重选举、轻治理，重承诺、轻兑现，重过程、轻结果”的弊端，成为西方民主转型与重建的焦点关切。从构建人类命运共同体的角度来看，在西方国家反思民主危机的过程中，借鉴我国民主实践和理念应该会有助益。特别是兼顾程序与实体、以治理绩效为导向的全过程人民民主，至少可以启发人们对民主多样性的认识。

此外，随着地缘政治、国际关系形势的变化，国际社会对待我国的态度也发生了深刻的改变。在百年未有之大变局的背景下，更需要让世界了解我们的国情及治理之道。在开展人权对话、全国人

---

① 达尔教授认为，市场资本主义至少在以下两个方面不利于民主：其一，“民主和市场资本主义被锁入持续的冲突中，每一方都在改变和限制另一方”。其二，“由于它对政治平等所产生的不利后果，它对于民主超越多元水平的发展是不利的”。参见罗伯特·达尔：《论民主》，李柏光、林猛译，商务印书馆，1999，第181-186页。

② 弗兰西斯·福山：《为什么民主的表现如此糟糕？》，周艳辉译，《国外社会科学》2018年第5期。

大与外国议会交流的过程中，也要更加积极主动地讲好中国民主故事、分享中国民主方案，以此建立基于价值认同的互信机制。全过程人民民主凝练了我国民主制度的本质与特色，是解释中国之治的重要智识资源。

## 二、全过程人民民主的价值取向

作为对我国人民民主的高度概括，全过程人民民主承载着具体、明确、多重的价值取向，其在主体、形式、目标、过程等方面具有鲜明且突出的特点。这些价值取向，不仅为我国过去的民主实践所遵循，也理应成为全过程人民民主建设的指导方针和衡量标准。

### （一）主体的广泛性

全过程人民民主是对人民民主的一种定性，而人民民主的最显著特征便是其广泛性。全过程人民民主首先应当是具有高度包容性、开放性的民主。这种广泛性主要体现在民主权利行使主体的广泛性，包括选举权和被选举权两个方面。

根据《宪法》第 34 条的规定，除依照法律被剥夺政治权利的人之外，“中华人民共和国年满十八周岁的公民，不分民族、种族、性别、职业、家庭出身、宗教信仰、教育程度、财产状况、居住期限，都有选举权和被选举权”。彭真同志曾指出，享有选举权的人在 18 周岁以上公民中所占的比例接近 100%，“这充分说明了我国社会主义民主的广泛性”[①]。

代表机会和代表身份也具有广泛性，且同样获得法律的保障。《宪法》规定，在全国人民代表大会中，“各少数民族都应当有适当名额的代表”[②]，“全国人民代表大会常务委员会组成人员中，应当有适当名额的少数民族代表”[③]。《全国人民代表大会和地方各级人民代表大会选举法》第 7 条规定：“全国人民代表大会和地方各级人民代表大会的代表应当具有广泛的代表性，应当有适当数量的基层代表，特别是工人、农民和知识分子代表；应当有适当数量的妇女代表，并逐步提高妇女代表的比例。全国人民代表大会和归侨人数较多地区的地方人民代表大会，应当有适当名额的归侨代表。”

### （二）形式的复合性

习近平总书记指出：“实现民主政治的形式是丰富多彩的，不能拘泥于刻板的模式。”[④]就我国民主政治的实践来看，也存在着复合多元的制度形态和实践空间。

人民代表大会制度是我国的根本政治制度，是实践人民民主的最重要的制度载体。人民通过选举代表组成全国人民代表大会和地

---

① 彭真：《关于中华人民共和国宪法修改草案的报告》，《人民日报》1982 年 12 月 6 日第 1 版。

② 我国《宪法》第 59 条第 1 款。

③ 我国《宪法》第 65 条第 2 款。

④ 《习近平谈治国理政》（第 3 卷），外文出版社，2020，第 294 页。

方各级人民代表大会，代表人民管理国家事务。中国共产党领导的多党合作和政治协商制度是从我国土壤中生长出来的新型政党制度，其所依托的中国人民政治协商会议是有广泛代表性的统一战线组织，是协商民主最主要的平台。民族区域自治制度是中国共产党运用马克思主义解决我国民族问题的基本制度，是国家的一项基本政治制度，既保证了国家团结统一，又实现了各民族共同当家作主。基层群众自治制度是实践基层民主的制度依托，切实保障了人民直接行使民主选举、民主协商、民主决策、民主管理、民主监督的权利。上述四种不同的民主形式分别被用于实现国家治理、处理政党关系、协调民族关系、推动社会自治等不同的治理目标。

在这些民主实践中，既包括直接民主制度，也包括间接民主制度。基层群众自治制度是典型的直接民主制度。县级以下人民代表大会实行直接选举，其他层级则实行间接选举。因此，人民代表大会制度融合了直接民主和间接民主的实践。

此外，全过程人民民主不仅局限于政治民主，而且也包括经济民主。经济民主是我国民主制度的有机组成部分，也是社会主义市场经济体制的基石。发扬经济民主是调动全民积极性、推动改革的重要驱动力，下放经济管理权力、保障企业经营管理自主权则是其中的关键所在。[①] 在完善和发展社会主义市场经济的过程中，发扬

① 《邓小平文选》(第2卷)，人民出版社，1994，第145-146页。

和保障经济民主依然是我们必须坚持的方针。

### （三）目标的有效性

从词源学来说，民主的本义是人民统治。[①] 因此，其理应包含对实体的治理目标和对成效的追求。但是，现代有些西方学者将民主局限于民主过程，包括有效的参与、投票的平等、充分的知情、对议程的最终控制以及成年人的公民资格[②]，弱化了对治理绩效的强调。

与此形成鲜明对比的是，我国的全过程人民民主不仅强调过程性民主，而且同时凸显经由民主的过程达致民主的结果。早在1980年，邓小平同志就强调，“在政治上创造比资本主义国家的民主更高更切实的民主”[③]是社会主义现代化建设的三大目标之一。习近平总书记也反复强调：“民主不是装饰品，不是用来做摆设的，而是要用来解决人民要解决的问题的。”[④]也有学者总结道：“好的民主政治一是有能力和动力解决问题，这是‘立’，二是有能力和动力发现问题，这是‘预’。”[⑤]

全过程人民民主，不能仅停留于民主形式、民主过程，而必须

---

① 罗伯特·达尔：《论民主》，李柏光、林猛译，商务印书馆，1999，第14页。

② 罗伯特·达尔：《论民主》，李柏光、林猛译，商务印书馆，1999，第43页。

③ 《邓小平文选》（第2卷），人民出版社，1994，第322页。

④ 习近平：《在庆祝中国人民政治协商会议成立65周年大会上的讲话》，《人民日报》2014年9月22日第1版。

⑤ 苏长和：《民主的希望和未来在中国——谈谈中国式民主与美国式民主》，http://www.aisixiang.com/data/118214.html。

始终与具体的决策目标、治理目标紧密联系，具有鲜明问题导向、结果导向。换言之，这种民主制度不仅承载着实体性功能，也致力于实现这些功能。当然，确保人民通过各种方式参与决策、治理和监督，也并非为了实现某些人所期待和追求的片面的、狭隘的治理目标，而是通过求同存异尽可能实现共识性的、公益性的治理目标。

### （四）过程的持续性

全过程人民民主涵盖了选举民主和治理民主两个领域，贯穿了人民参与政治生活的整个过程。由于我国实行的是中国共产党领导的多党合作和政治协商制度，换届呈现出与时俱进的政策连续性以及选举和治理的有效衔接。因此，与竞争性政党制度下偏重于选举的民主发展策略，我国的全过程人民民主则兼顾选举与治理两大目标。

换言之，我们不能仅仅强调和重视“一次性消费”[①]式的选举民主，而是要确保民主选举、民主协商、民主决策、民主管理、民主监督、民主问责等一系列的制度目标。我们不仅要重视通过选举培养公民的主人翁意识，而且要通过更为多元丰富的民主渠道、民主实践，使人民有切实的民主获得感，享有各种当家作主的权利。我们的民主实践及相关制度安排不受选举和换届周期的影响，且贯穿公共决策的事前、事中、事后全过程。以立法中的民主制度设计为例，立法规划及计划制定、法律法规草案征求意见、提案、审议、

---

① 桑玉成：《拓展全过程民主的发展空间》，《探索与争鸣》2020 年第 12 期。

表决、备案审查等各个环节都存在不同形式的民主机制，使得人大代表、公民、其他组织等均能为立法的完善群策群力、贡献智慧。

总之，我们的民主制度不应停留于“一次性消费”，而应当成为能够持续赋能的“日用品、耐用品”。同时，这样的民主机制也需要国家持续的投入和保障。

## 三、全过程人民民主的法治保障应遵循的原则

我国历来重视加强对民主制度及实践的法治保障。这首先建立在对民主与法治（制）紧密联系的深刻认识基础上。早在 1979 年，邓小平同志就强调：“民主和法制，这两个方面都应该加强，……没有广泛的民主是不行的，没有健全的法制也是不行的。”[①]张友渔先生也提出过类似的观点：“民主与法制两者是不可分割的。民主是法制的基础，法制是保卫民主的手段。没有民主为基础，就不可能产生有效的法制。同样，没有有效的法制，民主便得不到保障。”[②]1986 年，一份中央决议则用更加坚定的语言明确两者的关系：“不要社会主义民主的法制，决不是社会主义法制；不要社会主义法制的民主，决不是社会主义民主。”[③]

更重要的是，通过加强法治（制）来保障民主始终是我国完善

① 《邓小平文选》（第 2 卷），人民出版社，1994，第 189 页。

② 张友渔：《关于政治体制改革的若干问题》，群众出版社，1988，第 5 页。

③ 《中共中央关于社会主义精神文明建设指导方针的决议》，《人民日报》1986 年 9 月 29 日第 1 版。

民主制度的基本方略。邓小平同志富有远见地指出："为了保障人民民主，必须加强法制。必须使民主制度化、法律化，使这种制度和法律不因领导人的改变而改变，不因领导人的看法和注意力的改变而改变。"[①]这也成为推动包括制定现行宪法在内的制度建设的重要指导思想。在党的十五大上，江泽民同志强调："发展社会主义民主，制度更带有根本性、全局性、稳定性和长期性。""发展民主必须同健全法制紧密结合，实行依法治国。"[②]党的十七大报告提出："要健全民主制度，丰富民主形式，拓宽民主渠道，依法实行民主选举、民主决策、民主管理、民主监督，保障人民的知情权、参与权、表达权、监督权。"[③]习近平总书记在党的十九大报告中强调，"要长期坚持、不断发展我国社会主义民主政治，积极稳妥推进政治体制改革，推进社会主义民主政治制度化、规范化、程序化"[④]。

自改革开放以来，我国坚持通过加强法治为民主制度的建立与发展、为民主实践的开展提供坚实的保障。对于当代民主法制建设具有里程碑意义的五届全国人大二次会议所通过的七部法律中至少

---

① 邓小平：《解放思想，实事求是，团结一致向前看》，《人民日报》1983年7月1日第1版。

② 江泽民：《高举邓小平理论伟大旗帜 把建设有中国特色社会主义事业全面推向二十一世纪——在中国共产党第十五次全国代表大会上的报告》，《人民日报》1997年9月22日第1版。

③ 胡锦涛：《高举中国特色社会主义伟大旗帜 为夺取全面建设小康社会新胜利而奋斗——在中国共产党第十七次全国代表大会上的报告》，《人民日报》2007年10月25日第1版。

④ 习近平：《决胜全面建成小康社会 夺取新时代中国特色社会主义伟大胜利——在中国共产党第十九次全国代表大会上的报告》，《人民日报》2017年10月28日第1版。

有四部与建立民主制度直接相关，包括《地方各级人民代表大会和地方各级人民政府组织法》《全国人民代表大会和地方各级人民代表大会选举法》《人民法院组织法》《人民检察院组织法》。1982 年宪法则进一步夯实了各个方面的民主制度，包括赋予公民一系列的基本权利、坚持并完善人民代表大会制度、加强地方各级人民政府建设、确立民族区域自治制度及基层群众性自治制度等。[①] 确立这些法治保障的首要目的是“使全体人民能够更好地行使国家权力”[②]。此后，全国人大两次通过宪法修正案将地方各级人大的任期统一为5年[③]，为人大制度的运行、落实人民当家作主的权利提供了更完善的制度保障。选举法、代表法、监督法、立法法等法律也均从不同的侧重点提升了民主的法治保障。

与此同时，国家也通过贯彻实施法定化了的民主制度进一步巩固民主。自 1982 年现行宪法实施开始，人民代表大会制度运行平稳，不仅实现了国家政治生活的正常化，而且切实保障了人民当家作主的权利。我国已经完成了多轮全国及地方各级人大代表选举及人大换届，确保了国家治理体系的规范有序。全国及地方各级人大常委会通过执法检查、法律询问答复、法规备案审查等方式使民主

---

① 彭真：《关于中华人民共和国宪法修改草案的报告》，《人民日报》1982 年 12 月 6 日第 1 版。

② 彭真：《关于中华人民共和国宪法修改草案的报告》，《人民日报》1982 年 12 月 6 日第 1 版。

③ 1993 年宪法修正案第 11 条将县级人大的任期由 3 年改为 5 年，2004 年宪法修正案第 30 条将乡级人大任期也改为 5 年，从而统一了地方各级人大的任期。

制度相关的法律获得正确的实施。[①] 此外，全国人大常委会等还通过处理辽宁拉票贿选案、衡阳贿选案等案件来维护宪法权威，捍卫人民代表大会制度的尊严和人民当家作主的权利。

笔者认为，在新时代加强对全过程人民民主的法治保障应遵循以下几个原则：

### （一）坚持以人民为中心保障人民民主

我国《宪法》规定："中华人民共和国的一切权力属于人民。""人民依照法律规定，通过各种途径和形式，管理国家事务，管理经济和文化事业，管理社会事务。"[②]巩固和发展全过程人民民主的根本目的在于落实人民的主体地位。

习近平总书记在中央全面依法治国委员会第一次会议上指出："法治建设要为了人民、依靠人民、造福人民、保护人民。……要把体现人民利益、反映人民愿望、维护人民权益、增进人民福祉落实到依法治国全过程……"[③]在党的十九届四中全会上，他进一步强调："始终代表最广大人民根本利益，保证人民当家作主，体现人民共同意志，维护人民合法权益，是我国国家制度和国家治理体系

① 例如，全国人大常委会于 2001 年开展《村民委员会组织法》执法检查。检查发现，该法的实施存在"对立法宗旨缺乏正确理解""法制观念和民主意识比较淡薄""思想观念和工作方法不适应法律的要求""程序性的规定不够完善"等四个方面的问题，并要求各地开展有针对性的整改。参见侯宗宾：《全国人大常委会执法检查组关于检查〈中华人民共和国村民委员会组织法〉实施情况的报告》，http://www.npc.gov.cn/wxzl/gongbao/2001-10/19/content_5276127.htm。

② 我国《宪法》第 2 条第 1 款、第 3 款。

③ 《习近平谈治国理政》（第 3 卷），外文出版社，2020，第 284 页。

的本质属性，也是我国国家制度和国家治理体系有效运行、充满活力的根本所在。”[①]因此，以人民为中心理应成为全过程人民民主法治保障应坚持的首要原则。

### （二）坚持以人民代表大会制度为主渠道

人民代表大会制度是我国的根本政治制度，是体现人民当家作主的最主要、最重要的制度平台。早在20世纪50年代初，彭真同志便强调：“代行人民代表大会职能的人民代表会议，现在是全国人民的基本的组织形式。所谓基本的组织形式，就是说只有通过它才能把四万万七千五百万人民组织起来，离开它人民组织不起来。我们国家的政权是属于人民的……什么人来管这个政权呢？全国人民来管。怎么管？通过人民代表会议。”[②]

《宪法》明确规定，“人民行使国家权力的机关是全国人民代表大会和地方各级人民代表大会”[③]，两者“都由民主选举产生，对人民负责，受人民监督”[④]。因此，民主制度创新、民主实践拓展，应当主要依托、根植于人民代表大会制度。2021年6月，栗战书委员长在同全国人大代表座谈时也强调，落实习近平总书记关于全过程人民民主的重要论述，必须紧紧抓住人民代表大会这一主要民主渠道。这是完全符合宪法精神、宪法原则的制度导向，应当在为全

① 《习近平谈治国理政》（第3卷），外文出版社，2020，第123页。

② 彭真：《彭真文选》（1941—1990年），人民出版社，1991，第222页。

③ 我国《宪法》第2条第2款。

④ 我国《宪法》第3条第2款。

过程人民民主提供法治保障时加以坚持。

### （三）坚持凸显全过程人民民主的价值导向

主体广泛性、形式复合性、目标有效性、过程持续性共同构成了全过程人民民主的价值导向。这不仅塑造了全过程人民民主的竞争力和优越性，也应当成为指导民主制度化、法治化的价值导向。

当然，这并不是说每一种民主形式、民主实践都必须全部满足这四种价值导向，而是要结合民主形式、实践本身的特性凸显和追求其中的某种或某些价值。例如，在人大代表名额的分配上，应当继续将主体广泛性作为首先要坚持的原则，使得社会各个阶层都能有自己的代表、进一步扩大人民民主的社会基础。立法基层联系点巧妙地将直接民主与间接民主相结合，将人民民主与协商民主相结合，体现了民主形式复合性的特点，应当在后续制度运行中加以坚持。人民建议征集制度是以治理绩效为导向的汇集民智的制度，体现了民主目标有效性，也应当在法治化过程中始终坚持这一导向。过程持续性应当成为加强代表与选民的联系、夯实基层民主所遵循的首要原则。

### （四）坚持顶层设计与尊重人民首创相结合

完善社会主义民主政治、加强对民主创新和民主实践的法治保障，是国家治理体系和治理能力现代化与政治体制改革的重大课题，理应坚持和加强顶层设计。与此同时，以人民为中心的制度创新和实践，也离不开人民的智慧与创造。

在顶层设计方面，党的十九大、十九届四中全会都对发展社会主义民主政治作了专门部署。党的十九大提出了“保证人民依法实行民主选举、民主协商、民主决策、民主管理、民主监督”，“加强人权法治保障，保证人民依法享有广泛权利和自由”，“巩固基层政权，完善基层民主制度，保障人民知情权、参与权、表达权、监督权”，以及“加强人民当家作主制度保障”等一系列改革任务。党的十九届四中全会进一步提出了“坚持和完善人民代表大会制度这一根本政治制度”“坚持和完善中国共产党领导的多党合作和政治协商制度”“坚持和完善民族区域自治制度”“健全充满活力的基层群众自治制度”等目标。在现阶段，完善全过程人民民主的法治保障首先应当在上述目标框架内展开。

同时，“激发人民创造”[①]也应成为民主制度化、法治化遵循的原则。在宪法和法律框架内，广大人民和各个地方通过发挥智慧，创造了一些行之有效的民主制度。例如，基层民主实践中的“海选”（吉林省梨树县）、预算监督领域的民主恳谈会（浙江省温岭市）、重大决策中的人大代表票决实事项目制度（浙江省）、旧区改造中二次征询制度（上海市）、监督问责领域的人大代表约见制度（广东省）等，无一不是来源于基层的创新。全过程人民民主的法治保障也应当继续发挥人民的首创精神。

① 《中共中央关于坚持和完善中国特色社会主义制度 推进国家治理体系和治理能力现代化若干重大问题的决定》，《人民日报》2019 年 11 月 6 日第 1 版。

## 四、全过程人民民主法治保障的方式和领域

在加强全过程人民民主法治保障的过程中，我们应当兼顾已有法律的实施，创新相关法律制度。篇幅所限，下文主要就加强人民代表大会制度下民主制度、民主实践的法治保障的方式和具体领域提出建议。

### （一）加强法定民主制度的贯彻实施

宪法、选举法、代表法、全国人大组织法等系列组织法，以及立法法、监督法等系列职权立法确立了包括选举、国家机关职权行使等一系列的民主制度。实施好这些法律，不仅是落实人民民主的具体要求，也是践行依法治国的具体体现。随着国家治理体系日益现代化以及全面依法治国方略的深入推进，应当进一步加强此类法律的实施，真正让民主制度落地生根。同时，应当通过开展执法检查、专题询问等方式监督法律的实施情况。

首先，对于法律上明确的规定，应当严格执行。宪法及法律中包含大量明确的组织及行为规范。例如，根据《宪法》《地方各级人民代表大会和地方各级人民政府组织法》的规定，只有县级以上人大才能设立常委会。① 因此，任何机关无权创设乡级人大常委

① 我国《宪法》第 96 条第 2 款、《地方各级人民代表大会和地方各级人民政府组织法》第 2 条。

会。[①] 法律如对相关职位数量有明确规定的，也理应要在法定职数范围内行使任命权。例如，《地方各级人民代表大会和地方各级人民政府组织法》规定："乡、民族乡、镇的人民代表大会设主席，并可以设副主席一人至二人。"[②]那么，乡级人民代表大会的副主席的数量无论如何不能突破两人。再如，《宪法》规定，全国人大常委会及地方各级人大常委会的组成人员"不得担任国家行政机关、监察机关、审判机关和检察机关的职务"[③]。因此，如果人大常委会组成人员拟担任国家行政机关、监察机关、审判机关和检察机关的职务，必须辞去常委会的职务。[④] 又如，《村民委员会组织法》规定："任何组织或者个人不得指定、委派或者撤换村民委员会成员。"[⑤]因此，上级党委或政府不得以村委会成员工作不力为由停止其工作。[⑥]

其次，对于法律上原则性规定或者规范空白，应尽可能从加强民主的角度加以理解和实施。例如，《宪法》第 69 条规定："全国人民代表大会常务委员会对全国人民代表大会负责并报告工作。"但是，全国人大常委会究竟应当如何报告工作？其所提交大会审议的工作报告究竟应当报告哪些内容？报告的内容应当达到何种详尽

---

① 全国人大常委会法制工作委员会：《法律询问答复（2000—2005）》，中国民主法制出版社，2006，第 87-89 页。

② 我国《地方各级人民代表大会和地方各级人民政府组织法》第 18 条。

③ 我国《宪法》第 65 条第 4 款、第 103 条第 3 款。

④ 全国人大常委会法制工作委员会：《法律询问答复（2000—2005）》，中国民主法制出版社，2006，第 22、62-63、85-86 页。

⑤ 我国《村民委员会组织法》第 11 条第 1 款。

⑥ 全国人大常委会法制工作委员会：《法律询问答复（2000—2005）》，中国民主法制出版社，2006，第 4-5 页。

程度？《宪法》及《全国人民代表大会组织法》缺乏进一步的明确规范。尽管如此，全国人大常委会还是尽可能详尽地将其履职情况向大会报告。同时，随着全国人大常委会职权的日益多样化，其向大会所报告的内容也随之调整。[①] 通常，人民政府通过人民代表大会一年一度的会议向后者全面报告工作。多年来，上海市人大常委会通过制度创新，于年中召开由全体市人大代表参加的常委会扩大会议（“小人代会”），听取市长代表市政府报告上半年全市经济社会发展情况和下半年工作总体考虑，为代表知情权、监督权提供更加全面的保障。《全国人民代表大会常务委员会议事规则》仅规定：“可以邀请有关的全国人民代表大会代表列席会议。”[②]但是，十三届全国人大常委会将代表列席常委会会议作为一项常态化安排，进一步保障了代表的主体地位。

最后，对于“一府两院”年度工作报告未能获得人民代表大会通过应当如何处理，法律上并未给出明确的答案。2001 年，沈阳市中级人民法院工作报告未获通过。在全国人大常委会的指导下，通过开展整改、调整法院领导人员职务，召开特别代表大会听取审

① 例如，在 1983 年的年度报告中，全国人大常委会将“主持六届全国人大代表的选举和筹备六届全国人大一次会议”作为主要工作向大会作报告。同时，还包括开展国际议会交流的情况。2021 年的工作报告则包括了“加强宪法实施和监督”“加强重点领域立法”“依法开展法律监督和工作监督”“支持和服务代表依法履职”“发挥人大外事工作的职能作用”“加强履职能力建设”等。参见《全国人民代表大会常务委员会工作报告》（1983 年），http://www.npc.gov.cn/wxzl/wxzl/1983-06/07/content_ 1461953.htm；《全国人民代表大会常务委员会工作报告》（2021 年），http://www.npc.gov.cn/npc/kgfb/202103/84244a2f9aa84dc386484166810641e7.shtml。

② 《全国人民代表大会常务委员会议事规则》第 8 条。

议中院的整改情况和2001年的工作安排加以妥善处理[①]，积极回应该市人大代表所表达的民意，尊重和维护了人民代表大会的权威。

## （二）适时将成熟的全过程人民民主制度上升为法律

在加强法律实施的同时，还应当着眼于通过立法将行之有效的更加成熟、更加定型的全过程人民民主制度确定下来。2021年3月修正的《全国人民代表大会组织法》已经作出了初步尝试。该法从两个角度引入全过程人民民主理念。首先，将全过程人民民主作为全国人大及其常委会履职应当坚持的原则，使其“始终同人民保持密切联系，倾听人民的意见和建议，体现人民意志，保障人民权益”[②]。其次，将践行全过程人民民主作为全国人大代表履职，尤其是加强同原选举单位及人民联系的指导原则[③]。

在此基础上，加强全过程人民民主的立法保障至少可以从以下三个方面进一步深化、拓展：

其一，加强全过程人民民主的组织保障立法。党的十九大报告强调要“健全人大组织制度”，特别要“完善人大专门委员会设置，优化人大常委会和专门委员会组成人员结构”[④]。党的十九届四中全

① 胡川：《半年前被市人大否决 沈阳中院报告终获通过》，http://news.sina.com.cn/c/2001-08-09/325119.html。

② 《全国人民代表大会组织法》第4条第2款。

③ 《全国人民代表大会组织法》第44条。

④ 习近平：《决胜全面建成小康社会 夺取新时代中国特色社会主义伟大胜利——在中国共产党第十九次全国代表大会上的报告》，《人民日报》2017年10月28日第1版。

会重申了“健全人大组织制度”的改革目标。[①]《全国人民代表大会组织法》于2021年3月进行了修正,《地方各级人民代表大会和地方各级人民政府组织法》也于2022年3月进行了修正。

在加强组织保障立法过程中，提高人民代表大会和常务委员会的代表性及其成员的代表能力应当成为重要的目标。同时，也要切实维护人民代表大会的民主功能。[②]为了进一步提高人大常委会的代表性，可以考虑适度引入地域代表制并将其法定化，使得立法和决策能更多兼顾地方和基层的需求。[③]

其二，加强全过程人民民主的职权保障立法。党的十九大报告强调,“支持和保证人大依法行使立法权、监督权、决定权、任免权”[④]。党的十九届四中全会则着重强调，要“支持和保证人大及其常委会依法行使职权，健全人大对‘一府一委两院’监督制度”[⑤]。《全国人民代表大会组织法》《地方各级人民代表大会和地方各级人民政府组织法》《立法法》《各级人民代表大会常务委员会监督法》《预算法》等分别为人大系列职权的行使提供了基础性的法治

① 《中共中央关于坚持和完善中国特色社会主义制度 推进国家治理体系和治理能力现代化若干重大问题的决定》,《人民日报》2019年11月6日第1版。

② 林彦:《维护全国人民代表大会的民主功能——兼评〈全国人大组织法〉(修正草案)》,《法学评论》2020年第6期。

③ 林彦:《从来自地方，到代表地方：全国人大常委会应适度引入地域代表制》,《中国法律评论》2018年第1期。

④ 习近平:《决胜全面建成小康社会 夺取新时代中国特色社会主义伟大胜利——在中国共产党第十九次全国代表大会上的报告》,《人民日报》2017年10月28日第1版。

⑤ 《中共中央关于坚持和完善中国特色社会主义制度 推进国家治理体系和治理能力现代化若干重大问题的决定》,《人民日报》2019年11月6日第1版。

保障。

今后，还需要进一步通过完善人大职权立法，尤其是完善监督权相关的立法以落实全过程人民民主。近年来，宪法监督实践不断深入，法规备案审查制度不断完善，合宪性审查与宪法解释也在逐步制度化。尤其值得注意的是，随着备案审查实践的积累，相关的制度已经与《立法法》规定不完全一致。[①]因此，可以通过修改《立法法》缓和实践与规范之间的张力，完善立法监督权。述职评议制度将人事任免与绩效评价有机地结合起来，有效地加强了处于任与免之间的过程性监督及问责，确保“一府一委两院”依法、高效履职。建议在总结地方人大监督经验的基础上，通过修改《各级人民代表大会常务委员会监督法》将述职评议制度加以确认。此外，预算监督也是立法完善的一个重要着力点。全国人大常委会近些年来明显加强了对国有资产管理的监督，中共中央办公厅也于2021年7月下发了有关地方人大加强地方债监督的专门文件[②]。因此，预算监督权的立法保障将会被提上议事日程。

其三，加强全过程人民民主的程序保障立法。党的十九大提出要健全人大“工作制度”[③]。党的十九届四中全会则进一步提出要健

---

① 2019年底，全国人大常委会委员长会议通过了《法规、司法解释备案审查工作办法》。相较于《立法法》，该办法不仅细化了审查程序、审查标准等内容，而且还增加了《立法法》未规定的合理性审查等制度。

② 即《关于加强地方人大对政府债务审查监督的意见》。

③ 习近平：《决胜全面建成小康社会 夺取新时代中国特色社会主义伟大胜利——在中国共产党第十九次全国代表大会上的报告》，《人民日报》2017年10月28日第1版。

全“选举制度和议事规则，完善论证、评估、评议、听证制度”[①]。目前，《全国人民代表大会议事规则》的修改工作已经完成，《全国人民代表大会常务委员会议事规则》的修改也已列入立法规划。

在完善程序立法、议事规则的过程中，应当平衡好民主与集中的关系、民主代议与有效决策的关系、代议民主与其他民主形式的关系，注重保障代表的主体地位、知情权、决策权、监督权。系统总结代表列席常委会、代表票决实事、小人代会等行之有效的经验，并适当予以法定化。借鉴基层立法联系点的实践经验，将组织创新与程序创新有机地结合起来。基层立法联系点一方面克服了兼职代表联系原选举单位所面临的现实困难，另一方面则弥补了法律草案意见征求程序针对性不强的缺陷，通过组织创新为程序赋能。同时，通过可操作的程序创新，激活包括特定问题调查在内的职权。

党的十九大报告指出：“发展社会主义民主政治就是要体现人民意志、保障人民权益、激发人民创造活力，用制度体系保证人民当家作主。”[②]全过程人民民主理念体现了这样的价值追求，期待更加完善的法治保障激发出更好的民主绩效、更高的民主兑现率和获得感。

---

① 《中共中央关于坚持和完善中国特色社会主义制度 推进国家治理体系和治理能力现代化若干重大问题的决定》，《人民日报》2019 年 11 月 6 日第 1 版。

② 习近平：《决胜全面建成小康社会 夺取新时代中国特色社会主义伟大胜利——在中国共产党第十九次全国代表大会上的报告》，《人民日报》2017 年 10 月 28 日第 1 版。

# 参考文献


《马克思恩格斯全集》(第 1 卷),北京:人民出版社,1956 年版。

《马克思恩格斯全集》(第 2 卷),北京:人民出版社,1957 年版。

《马克思恩格斯全集》(第 3 卷),北京:人民出版社,1995 年版。

《马克思恩格斯全集》(第 3 卷),北京:人民出版社,2002 年版。

《马克思恩格斯全集》(第 10 卷),北京:人民出版社,1998 年版。

《马克思恩格斯全集》(第 46 卷下),北京:人民出版社,1980 年版。

《马克思恩格斯文集》(第 1 卷),北京:人民出版社,2009 年版。

《马克思恩格斯文集》(第 3 卷),北京:人民出版社,2009 年版。

《马克思恩格斯文集》(第 4 卷),北京:人民出版社,2009 年版。

《马克思恩格斯选集》(第 1 卷),北京:人民出版社,1995 年版。

《马克思恩格斯选集》(第 1 卷),北京:人民出版社,2012 年版。

《马克思恩格斯选集》(第 4 卷),北京:人民出版社,2012 年版。

《列宁全集》(第 31 卷),北京:人民出版社,2017 年版。

《列宁全集》(第 37 卷),北京:人民出版社,2017 年版。

《列宁文集》(第 3 卷),北京:人民出版社,1992 年版。

《列宁选集》(第 1 卷),北京:人民出版社,2012 年版。

《列宁选集》(第2卷)，北京：人民出版社，2012年版。
《列宁选集》(第3卷)，北京：人民出版社，1995年版。
《列宁选集》(第3卷)，北京：人民出版社，2012年版。
《列宁选集》(第4卷)，北京：人民出版社，2012年版。
《毛泽东文集》(第3卷)，北京：人民出版社，1996年版。
《毛泽东年谱》(第4卷)，北京：中央文献出版社，2013年版。
《毛泽东选集》(第3卷)，北京：人民出版社，1991年版。
《毛泽东选集》(第4卷)，北京：人民出版社，1991年版。
《邓小平思想年谱（1975—1997）》，北京：中央文献出版社，1998年版。
《邓小平文选》(第2卷)，北京：人民出版社，1994年版。
《邓小平文选》(第3卷)，北京：人民出版社，1993年版。
《江泽民论有中国特色社会主义》(专题摘编)，北京：中央文献出版社，2002年版。
《江泽民文选》(第2卷)，北京：人民出版社，2006年版。
《江泽民文选》(第3卷)，北京：人民出版社，2006年版。
《习近平关于“不忘初心、牢记使命”论述摘编》，北京：中央文献出版社，2019年版。
《习近平关于全面依法治国论述摘编》，北京：中央文献出版社，2015年版。
《习近平谈治国理政》，北京：外文出版社，2014年版。
《习近平谈治国理政》(第1卷)，北京：外文出版社，2018年版。
《习近平谈治国理政》(第2卷)，北京：外文出版社，2017年版。
《习近平谈治国理政》(第3卷)，北京：外文出版社，2020年版。
邓小平:《解放思想，实事求是，团结一致向前看》，1978年12月13日。
江泽民:《高举邓小平理论伟大旗帜　把建设有中国特色社会主义事业全面推向二十一世纪——在中国共产党第十五次全国代表大会上的报告》，1997年9月12日。

江泽民:《在学习邓小平理论工作会议上的讲话》，北京：人民出版社，1998年版。
习近平:《关于〈中共中央关于制定国民经济和社会发展第十四个五年规划和二〇三五年远景目标的建议〉的说明》,《人民日报》，2020年11月4日。
习近平:《加强政党合作 共谋人民幸福——在中国共产党与世界政党领导人峰会上的主旨讲话》，北京：人民出版社，2021年版。
习近平:《坚持和完善人民代表大会制度 不断发展全过程人民民主》,《人民日报》，2021年10月15日。
习近平:《决胜全面建成小康社会 夺取新时代中国特色社会主义伟大胜利——在中国共产党第十九次全国代表大会上的报告》，北京：人民出版社，2017年版。
习近平:《在庆祝全国人民代表大会成立六十周年大会上的讲话》,《求是》，2019年第18期。
习近平:《在庆祝中国共产党成立100周年大会上的讲话》，北京：人民出版社，2021年版。
习近平:《在庆祝中国人民政治协商会议成立65周年大会上的讲话》，北京：人民出版社，2014年版。
习近平:《在中央政协工作会议暨庆祝中国人民政治协商会议成立70周年大会上的讲话》，北京：人民出版社，2019年版。
习近平:《之江新语》，杭州：浙江人民出版社，2007年版。
《〈中共中央关于坚持和完善中国特色社会主义制度、推进国家治理体系和治理能力现代化若干重大问题的决定〉辅导读本》，北京：人民出版社，2019年版。
《辞源（修订本）》，北京：商务印书馆，2009年版。
全国人大常委会法制工作委员会:《法律询问答复（2000—2005）》，北京：中国民主法制出版社，2006年版。

《高举新时代改革开放旗帜 把改革开放不断推向深入》,《人民日报》，2018 年 10 月 26 日。

《坚持和践行全过程民主 推进新时代立法工作高质量发展》,《求是》，2021 年第 13 期。

《建党以来重要文献选编（1921—1949）》（第 10 册），北京：中央文献出版社，2011 年版。

《老一代革命家论人民政协》，北京：中央文献出版社，1997 年版。

《彭真文选》（1941—1990 年），北京：人民出版社，1991 年版。

《全面领会习近平总书记关于全过程民主重要论述的深刻内涵 支持和确保人民当家作主——栗战书与列席十三届全国人大常委会第二十九次会议的全国人大代表座谈》,《中国人大》，2021 年第 12 期。

《全面深入做好新时代政法各项工作 促进社会公平正义保障人民安居乐业》,《人民日报》，2019 年 1 月 17 日。

《十八大以来重要文献选编》（中），北京：中央文献出版社，2016 年版。

《十六大以来重要文献选编》（中），北京：中央文献出版社，2006 年版。

《树牢“四个意识”坚定“四个自信”坚决做到“两个维护”勇于担当作为 以求真务实作风把党中央决策部署落到实处》,《人民日报》，2018 年 12 月 27 日。

《新一代人工智能发展规划》，北京：人民出版社，2017 年版。

《中办印发〈关于加强人民政协协商民主建设的实施意见〉》,《人民日报》，2015 年 6 月 26 日。

《中共中央关于党的百年奋斗重大成就和历史经验的决议》，北京：人民出版社，2021 年版。

《中共中央关于坚持和完善中国特色社会主义制度 推进国家治理体系和治理能力现代化若干重大问题的决定》，北京：人民出版社，2019 年版。

《中共中央关于全面推进依法治国若干重大问题的决定》，北京：人民出版社，

2014 年版。
《中共中央关于制定国民经济和社会发展第十四个五年规划和二〇三五年远景目标的建议》,《光明日报》, 2020 年 11 月 4 日。
《中国共产党第十九届中央委员会第四次全体会议文件汇编》, 北京: 人民出版社, 2019 年版。
《中国共产党章程》, 北京: 人民出版社, 2017 年版。
《中国共产党尊重和保障人权的伟大实践》, 北京: 人民出版社, 2021 年版。
白钢:《现代西方民主刍议》,《书屋》, 2004 年第 1 期。
鲍洪俊:《习近平: 基层民主越健全, 社会越和谐》,《人民日报》, 2006 年 9 月 25 日。
常健:《现代领导科学》, 天津: 天津大学出版社, 2008 年版。
陈承新:《最广泛最真实最管用的社会主义民主》,《人民日报》, 2021 年 10 月 26 日。
陈华森:《我国民族区域自治制度的内在机理及其现实价值》,《政治学研究》, 2013 年第 3 期。
陈周旺:《全方位民主: 中国特色社会主义民主的理论体系与制度选择》,《学术月刊》, 2021 年第 2 期。
程竹汝:《论全过程人民民主的制度之基》,《中共中央党校(国家行政学院)学报》, 2021 年第 6 期。
程竹汝:《人大制度内涵的充分展现构成全过程民主的实践基础》,《探索与争鸣》, 2020 年第 12 期。
储建国:《全过程人民民主的理论逻辑与核心内容》,《国家治理周刊》, 2021 年 9 月第 1-2 期。
杜运泉:《全过程民主: 中国特色社会主义民主政治之路》,《探索与争鸣》, 2020 年第 12 期。
樊鹏:《全过程人民民主: 具有显著制度优势的高质量民主》,《政治学研究》,

2021 年第 4 期。
房宁:《中国道路的民主经验》,《红旗文稿》, 2014 年第 6 期。
封丽霞:《民主立法: 全过程民主的展现》,《中国党政干部论坛》, 2021 年第 7 期。
高春芽:《正当性与有效性的张力——西方国家代议民主的运行机制及其困境》,《当代世界与社会主义》, 2017 年第 6 期。
高奇琦、杜欢:《智能文明与全过程民主的发展: 国家治理现代化的新命题》,《社会科学》, 2020 年第 5 期。
高奇琦:《人工智能、四次工业革命与全球政治经济格局》,《当代世界与社会主义》, 2019 年第 6 期。
谷志军、陈科霖:《当代中国决策问责的内在逻辑及优化策略》,《政治学研究》, 2017 年第 3 期。
郭敬丹、杨恺:《"开门立法": 上海基层立法诠释全过程民主》,《新华每日电讯》, 2021 年 8 月 4 日。
韩震:《全过程民主制度保证了中国道路的成功》,《社会主义论坛》, 2019 年第 12 期。
何包钢:《中国协商民主制度》, 陈承新摘译,《浙江大学学报(人文社会科学版)》, 2005 年第 3 期。
黄颂杰:《普罗太戈拉和古希腊民主政治》,《复旦学报(社会科学版)》, 1981 年第 1 期。
黄炎培:《八十年来》, 北京: 中国文史出版社, 1982 年版。
孔繁斌:《全过程民主: 政策参与过程优化的新情景》,《探索与争鸣》, 2020 年第 12 期。
蒯正明:《全过程民主视域下深化人民政协协商民主建设路径探析》,《学术界》, 2021 年第 6 期。
李慧凤、郁建兴:《基层政府治理改革与发展逻辑》,《马克思主义与现实》,

2014年第1期。
李良栋等:《中国特色社会主义民主政治发展道路研究》，北京：中共中央党校出版社，2013年版。
李林:《全过程人民民主的本质特征和理论内涵》,《社会治理》，2021年第8期。
李林:《深刻理解全过程人民民主丰富内涵》,《北京日报》，2021年10月25日。
李铁映:《论民主》，北京：人民出版社，2001年版。
李笑宇:《全过程人民民主：运行机制与显著优势》,《科学社会主义》，2021年第5期。
林尚立:《当代中国政治：基础与发展》，北京：中国大百科全书出版社，2017年版。
林尚立:《论人民民主》，上海：上海人民出版社，2016年版。
林尚立等:《复合民主：人民民主促进民生建设的杭州实践》，北京：中央编译出版社，2012年版。
林彦:《从来自地方，到代表地方：全国人大常委会应适度引入地域代表制》,《中国法律评论》，2018年第1期。
林彦:《全过程人民民主的法治保障》,《东方法学》，2021年第5期。
林彦:《维护全国人民代表大会的民主功能——兼评〈全国人大组织法〉(修正草案)》,《法学评论》，2020年第6期。
刘华东、陈慧娟:《全过程民主是人民当家作主的生动实践》,《光明日报》，2021年7月10日。
刘九勇:《全过程人民民主的传统思想渊源》,《政治学研究》，2021年第4期。
刘乐明:《发展全过程人民民主》,《人民日报》，2021年8月26日。
刘乐明:《理解全过程民主的三个维度》,《中国社会科学报》，2020年6月10日。
鲁品越:《全过程民主：人类民主政治的新形态》,《马克思主义研究》，2021年第1期。

马雪松:《人民政协专门协商机构制度建设的国家治理逻辑》,《理论探讨》,2020年第2期。
莫纪宏:《在法治轨道上有序推进“全过程人民民主”》,《中国法学》,2021年第6期。
彭海红:《基层群众自治制度体现人民民主实质》,《红旗文稿》,2018年第20期。
蒲晓磊:《基层立法联系点保证人民当家作主》,《法制日报》,2019年12月3日。
亓光:《全过程民主:中国共产党治国理政的思维变革与政治逻辑》,《社会科学研究》,2021年第2期。
亓光:《确定性思维视域下的西方民主话语:表象、本质及其批判》,《社会科学研究》2018年第3期。
任勇:《中国民族区域自治制度创建与发展:基于中国共产党治理的研究》,《民族研究》,2019年第1期。
桑玉成:《反思与纠偏:科学决策的必要环节》,《探索与争鸣》,2021年第1期。
桑玉成:《全过程人民民主:人民当家作主的本质特征》,《北京日报》,2021年8月9日。
桑玉成:《社会主义民主优势的集中体现》,《人民日报》,2021年8月3日。
桑玉成:《拓宽全过程民主的发展空间》,《探索与争鸣》,2020年第12期。
商红日:《全过程人民民主的发展机理研究》,《统一战线学研究》,2021年第5期。
上官酒瑞:《参与式预算是全过程民主的实践形式》,《探索与争鸣》,2020年第12期。
时和兴:《全过程人民民主是全链条全方位全覆盖的民主》,《学习时报》,2021年12月1日。
宿正伯:《全过程人民民主中的人民政协》,《人民政协报》,2021年11月17日。

孙剑纲:《新时代全过程人民民主的人大实践》,《中共中央党校(国家行政学院)学报》,2021年第6期。
孙培军:《充分认识和发挥人民民主的全过程优势》,《学习时报》,2019年11月27日。
唐亚林、王小芳:《网络化治理范式建构论纲》,《行政论坛》,2020年第3期。
唐亚林:《"全过程民主":运作形态与实现机制》,《江淮论坛》,2021年第1期。
唐亚林:《当代中国财政权的控权机制设计及其实现路径》,《中共中央党校学报》,2017年第5期。
唐亚林:《当代中国政治发展的逻辑》,上海:上海人民出版社,2019年版。
唐亚林:《党的领导是全过程人民民主的根本政治保证》,《中国党政干部论坛》,2021年第7期。
唐亚林:《人心政治论》,《理论与改革》,2020年第5期。
唐亚林:《社会主义民主就是人民当家作主》,《红旗文稿》,2020年第13期。
陶文昭:《为什么说人民民主是一种全过程民主》,《中国党政干部论坛》,2021年第7期。
佟德志、漆程成:《人民代表大会制度的复合优势与合力效能》,《理论与改革》,2020年第1期。
佟德志:《70年基层民主建设的历史与逻辑》,《人民论坛》,2019年第27期。
佟德志:《人民政协的制度优势与治理效能》,《人民论坛·学术前沿》,2020年第1期。
王炳权、张君:《发展全过程人民民主丰富人类政治文明形态》,《人民日报》,2021年12月15日。
王沪宁:《〈中国政府与政治〉序言》,载高民政《中国政府与政治》,山东:黄河出版社,1993年版。
王俊拴:《党内民主对人民民主的示范和带动作用分析——学习十六大报告的点滴体会》,《政治学研究》,2003年第2期。

王浦劬、汤彬:《当代中国治理的党政结构与功能机制分析》,《中国社会科学》,2019年第9期。
王绍光:《民主四讲》,北京:生活·读书·新知三联书店,2018年版。
王绍光:《祛魅与超越》,北京:中信出版社,2010年版。
王涛:《政治过程视域的中国协商民主类型研究》,《探索》,2020年第2期。
王宗礼、李振江:《全过程人民民主:社会主义民主政治理论与实践的重大创新》,《行政论坛》,2021年第4期。
魏凤莲:《对近年来国内古希腊民主制研究的思考》,《史学月刊》,2009年第9期。
肖捷:《加快转变政府职能》,载《党的十九届五中全会〈建议〉学习辅导百问》,北京:党建读物出版社、学习出版社,2020年版。
肖立辉:《全过程人民民主:人类政治文明的民主新探索》,《中国党政干部论坛》,2021年第7期。
辛向阳:《人民民主是一种全过程的民主》,《光明日报》,2020年5月29日。
邢亚飞:《在人大践行"全过程民主"中发挥人大建议征集的作用》,《上海人大月刊》,2021年第3期。
徐行:《"两会制度"推动中国政治发展》,《中国社会科学报》,2017年3月16日。
严书翰:《中国共产党发展理念的演进与创新——兼论习近平发展思想的科学内涵》,《人民论坛·学术前沿》,2016年第3期。
燕继荣等:《中国现代国家治理体系的构建》,北京:社会科学文献出版社,2018年版。
燕继荣等:《中国治理:东方大国的复兴之道》,北京:中国人民大学出版社,2017年版。
杨光斌:《民主的"飞来峰"不易成功》,《人民日报》,2016年4月22日。
杨光斌:《中国的政策过程追求的是一种共识民主》,《领导科学》,2018年第

9 期。
杨光斌:《中国决策过程中的共识民主模式》,《社会科学研究》, 2017 年第 2 期。
杨雪冬、黄小钫:《人民民主的百年探索及启示》,《理论导报》, 2021 第 3 期。
杨振武:《发展全过程人民民主 彰显中国式民主优势》,《人民日报》, 2021 年 8 月 4 日。
于浩、孟伟:《"35 条具体措施" 为代表履职添活力》,《中国人大》, 2020 年第 5 期。
虞崇胜:《全过程人民民主具有自我完善和发展能力》,《中国党政干部论坛》, 2021 年第 7 期。
张君:《全过程人民民主:新时代人民民主的新形态》,《政治学研究》, 2021 年第 4 期。
张明军:《全过程人民民主的价值、特征及实现逻辑》,《思想理论研究》, 2021 年第 9 期。
张树华、冯钺:《中国民主的比较优势和光明前景》,《人民日报》, 2021 年 12 月 20 日。
张树华:《人民是全过程民主的底色和特质》,《光明日报》, 2021 年 8 月 31 日。
张文显:《依法执政的概念解读》,《人民论坛》, 2005 年第 7 期。
张贤明:《全过程人民民主的推进之道》,《光明日报》, 2021 年 9 月 11 日。
张贤明:《政治文明的基本形态:责任政治》,《吉林大学社会科学学报》, 2004 年第 6 期。
张友渔:《关于政治体制改革的若干问题》, 北京:群众出版社, 1988 年版。
赵家祥:《历史唯物主义原理》, 北京:北京大学出版社, 1992 年版。
赵强:《政治协商在国家治理中的结构性作用》,《上海政法学院学报(法治论丛)》, 2019 年第 1 期。
郑慧:《中国的协商民主》,《社会科学研究》, 2012 年第 1 期。
郑永年:《中国改革路线图》, 北京:东方出版社, 2016 年版。

周佑勇:《全过程人民民主的制度优势和法治保障》,《学习时报》, 2021年11月29日。

祝灵君:《推进全过程民主离不开党的领导》,《探索与争鸣》, 2020年第12期。

[澳]丽莎·希尔:《激情社会——亚当·弗格森的社会、政治和道德思想》, 张江伟译, 上海: 华东师范大学出版社, 2020年版。

[德]罗伯特·米歇尔斯:《寡头统治铁律: 现代民主制度中的政党社会学》, 任军锋等译, 天津: 天津人民出版社, 2003年版。

[法]卢梭:《社会契约论》, 何兆武译, 北京: 商务印书馆, 2003年版。

[古罗马]西塞罗:《论共和国》, 上海: 上海人民出版社, 2006年版。

[古希腊]亚里士多德:《政治学》, 吴寿彭译, 北京: 商务印书馆, 1965年版。

[加]艾伦·梅克森斯·伍德:《民主反对资本主义——重建历史唯物主义》, 吕薇洲等译, 重庆: 重庆出版社, 2007年版。

[加]查尔斯·泰勒:《现代社会中的理性》, 蒋馥朵译, 台湾: 联经出版事业公司, 2018年版。

[美]阿尔文·托夫勒:《第三次浪潮》, 朱志焱等译, 北京: 新华出版社, 1996年版。

[美]阿伦·利普哈特:《民主的模式: 36个国家的政府形式和政府绩效》, 陈崎译, 北京: 北京大学出版社, 2006年版。

[美]戴维·罗森布鲁姆等:《公共行政学: 管理、政治和法律的途径》, 张成福等译, 北京: 中国人民大学出版社, 2002年版。

[美]弗兰西斯·福山:《为什么民主的表现如此糟糕?》, 周艳辉译,《国外社会科学》, 2018年第5期。

[美]赫伯特·马尔库塞:《单向度的人: 发达工业社会意识形态研究》, 刘继译, 上海: 上海译文出版社, 1989年版。

[美]卡罗尔·佩特曼:《参与和民主理论》, 陈尧译, 上海: 上海人民出版社, 2006年版。

[美]科恩:《论民主》,聂崇新等译,北京:商务印书馆,1988年版。

[美]肯尼斯·阿罗:《社会选择与个人价值》,丁建峰译,上海:上海人民出版社,2010年版。

[美]罗伯特·达尔、伊恩·夏皮罗:《论民主》,李风华译,北京:中国人民大学出版社,2013年版。

[美]乔万尼·萨托利:《民主新论》,冯克利、闫克文译,上海:上海人民出版社,2008年版。

[美]塞缪尔·亨廷顿:《变化社会中的政治秩序》,王冠华、刘为等译,上海:上海人民出版社,2008年版。

[美]塞缪尔·亨廷顿:《第三波——20世纪后期民主化浪潮》,刘军宁译,上海:上海三联书店,1998年版。

[美]约瑟夫·熊彼特:《资本主义、社会主义与民主》,吴良健译,北京:商务印书馆,2012年版。

[美]詹姆斯·马奇、约翰·奥尔森:《重新发展制度:政治的组织基础》,张伟译,北京:生活·读书·新知三联书店,2011年版。

[英]伯特兰·罗素:《权力论》,吴友三译,北京:商务印书馆,1991年版。

[英]约翰·邓恩:《民主的历程》,林猛等译,吉林:吉林人民出版社,2011年版。

[英]约翰·密尔:《代议制政府》,汪瑄译,北京:商务印书馆,1982年版。

[英]约翰·汤姆林森:《全球化与文化》,郭英剑译,南京:南京大学出版社,2002年版。

Dirk Helbing, ed., *Toward Digital Enlightenment: Essays on the Dark and Light Sides of the Digital Revolution*, Zurich: Springer, 2019.

John Keane, *Democracy and Media Decadence*, Cambridge: Cambrige University Press, 2013.

Thomas L. Gais, Mark A. Peterson, Jack L. Walker, "Interest Groups, Iron

Triangles and Representative Institutions in American National Government", *British Journal of Political Science*, Vol.14, 1984.

Wendell Wallach and Gary Marchant, "Toward the Agile and Comprehensive of AI and Robotics", *Processing of the IEEE*, Vol.107, No.3, 2019.

# 后记

中国共产党成立100年来，在革命、建设和改革的不同历史时期，一直坚持人民当家作主。党的十八大以来，人民民主更是迎来了全面发展的新时代。在庆祝中国共产党成立100周年大会上，习近平总书记提出了发展全过程人民民主的要求，极大地丰富了中国特色社会主义民主的内涵。党的十九届六中全会更是将发展全过程人民民主写入《中共中央关于党的百年奋斗重大成就和历史经验的决议》。

围绕着这些丰富的民主政治实践，也产生了一大批民主政治理论研究的成果。本书就是这些理论研究与思考形成的重要成果。本书的作者不仅有来自高校的，更有来自中国社会科学院、中共中央党校（国家行政学院）等社会科学战线的各路大军；不仅如此，本书的作者不仅有来自政治学，也有来自法学、马克思主义理论等学科的教授、博士生导师。这表明，对全过程人民民主的研究，已经初步形成了各类单位共同关注、各种学科交叉融合的全面研究局势，这为我们更加全面地研究全过程人民民主提供了更好的视角。参与本书撰写的专家及其单位、职务介绍如下：

张树华，中国社会科学院政治学研究所所长，中国社会科学院大学政府管理学院院长，教授、博士生导师，中国社会科学院社会主义民主研究中心主任，全国政协委员，国家“万人计划”哲学社会科学领军人才，中国政治学会常务副会长。

肖立辉，中共中央党校（国家行政学院）政法部副主任，教授、博士生导师。

鲁品越，上海财经大学马克思主义学院资深教授、博士生导师。

王宗礼，西北师范大学马克思主义学院教授、博士生导师，中国政治学会副会长，中国社会科学院社会主义民主研究中心常务理事。

李振江，西北师范大学马克思主义学院博士研究生。

时和兴，中共中央党校（国家行政学院）副教育长，教授、博士生导师。

张明军，华东政法大学副校长，教授、博士生导师，教育部高等学校政治学类专业教学指导委员会委员。

张贤明，吉林大学行政学院院长，教授、博士生导师，教育部“长江学者”特聘教授，国家“万人计划”哲学社会科学领军人才，中国政治学会副会长，中国社会科学院社会主义民主研究中心常务理事，国务院学位委员会政治学学科评议组成员，教育部高等学校政治学类专业教学指导委员会委员。

亓光，中国矿业大学马克思主义学院院长，教授、博士生导师，国家“万人计划”青年拔尖人才。

张君，中国社会科学院政治学研究所助理研究员。

祝灵君，中共中央党校（国家行政学院）党的建设教研部副主任，教授、博士生导师，中国社会科学院社会主义民主研究中心理事。

程竹汝，上海交通大学马克思主义学院教授、博士生导师，中国政治学会副会长，中国社会科学院社会主义民主研究中心常务理事。

孔繁斌，南京大学政府管理学院院长，教授、博士生导师，全国公共管理专业学位研究生（MPA）教育指导委员会委员。

蒯正明，山东大学马克思主义学院教授、博士生导师。

桑玉成，复旦大学国际关系与公共事务学院教授、博士生导师，上海政治学会会长，中国政治学会学术委员会副主任，中国社会科学院社会主义民主研究中心特约研究员。

虞崇胜，华中科技大学国家治理研究院特聘研究员，武汉大学教授、博士生导师。

唐亚林，复旦大学国际关系与公共事务学院教授、博士生导师，中国社会科学院社会主义民主研究中心理事。

商红日，上海师范大学哲学与法政学院教授、博士生导师。

高奇琦，华东政法大学政治学研究院院长，教授、博士生导师，国家重大人才计划青年学者，中国社会科学院社会主义民主研究中心理事。

杜欢，华东政法大学政治学研究院助理研究员。

林彦，上海交通大学凯原法学院教授、博士生导师。

漆程成，天津师范大学讲师，政治学理论博士。

佟德志，天津师范大学党委常委、副校长，政治学教授、博士生导师，国家重大人才计划特聘教授，国家重大人才计划哲学社会科学领军人才，国务院学位委员会政治学学科评议组成员，教育部高等学校政治学类专业教学指导委员会委员，中国政治学会副会长，中国社会科学院社会主义民主研究中心常务理事。

在将这些成果收入本书之前，我们征得了作者的同意，在此表示诚挚的感谢。同时，为了更好地使整本书形成一个结构完整、逻辑严谨的统一体，我们对之前发表过的论文进行了一些修改。相关的章节以及原文出处的具体信息如下：

代序（张树华：《发展全过程人民民主》，原载《红旗文稿》，2021 年第 17 期）

导论 （佟德志、漆程成）

第一章　全过程人民民主的探索与创新

第一节　人类政治文明的新探索（肖立辉：《全过程人民民主：人类政治文明的民主新探索》，原载《中国党政干部论坛》，2021 年第 7 期）

第二节　人类民主政治的新形态（鲁品越:《全过程民主:人类民主政治的新形态》，原载《马克思主义研究》，2021 年第 1 期）

第三节　社会主义民主的重大创新（王宗礼、李振江:《全过程人民民主:社会主义民主政治理论与实践的重大创新》，原载《行政论坛》，2021 年第 4 期）

第二章　全过程人民民主的形态与特征

第一节　全过程人民民主的全面特征（时和兴:《全过程人民民主是全链条全方位全覆盖的民主》，原载《学习时报》，2021 年 12 月 1 日）

第二节　全过程人民民主的价值与实践（张明军:《全过程人民民主的价值、特征及实现逻辑》，原载《思想理论研究》，2021 年第 9 期）

第三节　全过程人民民主的责任逻辑（张贤明:《全过程民主的责任政治逻辑》，原载《探索与争鸣》，2020 年第 12 期）

第四节　全过程人民民主的治理思维与逻辑（亓光:《全过程民主:中国共产党治国理政的思维变革与政治逻辑》，原载《社会科学研究》，2021 年第 2 期）

第五节　全过程人民民主的实践形态（张君:《全过程人民民主:新时代人民民主的新形态》，原载《政治学研究》，2021 年第 4 期）

第三章　全过程人民民主的要素与结构

第一节　全过程人民民主与党的领导（祝灵君:《推进全过程

民主离不开党的领导》，原载《探索与争鸣》，2020 年第 12 期）

第二节 全过程人民民主与人大制度（程竹汝：《人大制度内涵的充分展现构成全过程民主的实践基础》，原载《探索与争鸣》，2020 年第 12 期）

第三节 全过程人民民主与政府决策（孔繁斌：《全过程民主：政策参与过程优化的新情景》，原载《探索与争鸣》，2020 年第 12 期）

第四节 全过程人民民主与政协协商（蒯正明：《全过程民主视域下深化人民政协协商民主建设路径探析》，原载《学术界》，2021 年第 6 期）

第四章 全过程人民民主的推进与发展

第一节 拓展全过程人民民主的发展空间（桑玉成：《拓展全过程民主的发展空间》，原载《探索与争鸣》，2020 年第 12 期）

第二节 全过程人民民主的自我完善与发展（虞崇胜：《全过程人民民主具有自我完善和发展能力》，原载《中国党政干部论坛》，2021 年第 7 期）

第三节 全过程人民民主的实现机制（唐亚林：《“全过程民主”：运作形态与实现机制》，原载《江淮论坛》，2021 年第 1 期）

第四节 全过程人民民主的发展机理（商红日：《全过程人民民主的发展机理》，原载《统一战线学研究》，2021 年第 5 期）

第五节 全过程人民民主与智能文明（高奇琦、杜欢：《智能文明与全过程民主的发展：国家治理现代化的新命题》，原载《社

会科学》，2020年第5期）

第六节　全过程人民民主的法治保障（林彦：《全过程人民民主的法治保障》，原载《东方法学》，2021年第5期）

在著作的编写过程中，漆程成博士做了大量的资料搜集与整理工作，我的研究生张朝霞、樊浩、林锦涛、黄佳雯、孔德傲等人也做了相应的资料搜集和整理工作。

这些文章的收录和选编遵循了系统性、权威性两个基本的原则。从系统性来看，本书的编写不是一般性地收入相关论文，而是按照全过程人民民主的结构与逻辑将相关内容收入，并做相应调整的。同时，收入的都是相关领域权威专家的论文，这保证了本书的质量。

第一，系统性。本书的选编，并不是一般性的选编，而是按照全过程人民民主内在的逻辑，围绕着全过程人民民主的探索与创新、形态与特征、要素与结构、推进与发展等基本的结构展开，这就使得本书的选编形成了某种程度的系统性。同时，我们还对原来发表的内容进行了相应的修改，以增强其系统性。

第二，权威性。这些研究是政治学、法学、马克思主义理论、公共管理等领域中的重要学者在权威期刊上发表的重要论文。这些论文都已经在《政治学研究》《探索与争鸣》等国内重要的学术期刊以及重要报纸予以刊登。

推动中国民主的发展，我们是真诚的！

**佟德志**

图书在版编目（CIP）数据

全面发展全过程人民民主 / 佟德志主编；漆程成副主编. -- 北京：中国人民大学出版社，2022.6

ISBN 978-7-300-30611-7

Ⅰ. ①全… Ⅱ. ①佟… ②漆… Ⅲ. ①社会主义民主—研究—中国 Ⅳ. ①D616

中国版本图书馆CIP数据核字（2022）第082315号

**全面发展全过程人民民主**

主　编　佟德志

副主编　漆程成

Quanmian Fazhan Quanguocheng Renmin Minzhu

| | | | |
|---|---|---|---|
| 出版发行 | 中国人民大学出版社 | | |
| 社　址 | 北京中关村大街31号 | 邮政编码 | 100080 |
| 电　话 | 010-62511242（总编室） | | 010-62511770（质管部） |
| | 010-82501766（邮购部） | | 010-62514148（门市部） |
| | 010-62515195（发行公司） | | 010-62515275（盗版举报） |
| 网　址 | http:www.crup.com.cn | | |
| 经　销 | 新华书店 | | |
| 印　刷 | 涿州市星河印刷有限公司 | | |
| 规　格 | 148mm×210mm　32开本 | 版　次 | 2022年6月第1版 |
| 印　张 | 11.875 插页3 | 印　次 | 2022年6月第1次印刷 |
| 字　数 | 233 000 | 定　价 | 68.00元 |